COLLECCAO
DE
TRATADOS E CONCERTOS DE PAZES

COLLECCAO
de
TRATADOS E CONCERTOS DE PAZES
que o

Estado da India Portugueza
fez
com os Reis e Senhores com quem teve relacoes
nas partes

da Asia e Africa Oriental
desde
O principio da conquista ate ao fim do seculo XVIII
por

Julio Firmino Judice Biker
Primeiro Official e Chefe de Reparticao aposentado
da Secretaria d'Estado dos Negocios Estrangeiros, Socio
correspondente do Instituto de Coimbra,
e da Real Academia de Historia de Madrid,
e Official da Academia em Franca

Tomo IV

GYAN

Published by

Gyan Publishing House
5, Ansari Road
Daryaganj, New Delhi-110002
Phone: 011-47034999, 9811692060
E-mail: books@gyanbooks.com

Distribution Network
gyanbooks.com
India, USA, Canada, UK, Australia, France

ISBN : 978-81-212-3260-9 (Set)
ISBN : 978-81-212-4776-4 (HB)
First Published, 1884

2nd Impression 2020

Printed at: Gyan Press, Delhi.

Colleccao de Tratados e Concertos de Pazes Tomo IV
Author: Julio Firmino Judice Biker

Collecção

de

Tratados e concertos de pazes

que o

Estado da India Portugueza

fez

com os Reis e Senhores com quem têve relações

nas partes

da Asia e Africa Oriental

desde

o principio da conquista até ao fim do seculo XVIII

por

Julio Firmino Judice Biker

Primeiro Official e Chefe de Repartição aposentado
da Secretaria d'Estado dos Negocios Estrangeiros, Socio correspondente
do Instituto de Coimbra,
e da Real Academia de Historia de Madrid,
e Official da Academia em França

Tomo IV

Lisboa–Imprensa Nacional–1884

N'este volume publicâmos mais algumas cartas importantes do Grande Affonso de Albuquerque, segundo Governador da India, para El-Rey Dom Manuel, as quaes não poderam ser incluidas no tomo 1.º d'esta collecção, como desejavamos, por não ter sido possivel obter as copias a tempo.

Conseguimos ver as cartas, que já estão impressas, e vão ser publicadas pelo nosso illustrado amigo Sr. R. A. de Bulhão Pato, encarregado pela Academia de continuar a collecção de monumentos ineditos para a historia das conquistas dos portuguezes, e foi-nos de grande auxilio este importante trabalho, porque podémos conferir as nossas copias, e corrigir algumas faltas.

Lisboa, 26 de Janeiro de 1884.

Kaiserlich Deutsche Gesandtschaft in Portugal.—Lisbonne ce 20 novembre 1883.

Monsieur.—Vous avez eu l'extrême obligeance de remettre au chancelier de l'Empire, sous bande, la troisième partie de votre ouvrage aussi interessant que précieux intitulé: «Collecção de tratados e concertos de pazes que o Estado da India Portugueza fez com os Reis e Senhores com quem teve relações nas partes da Asia e Africa oriental».

Je viens d'être chargé de Son Altesse Sérénissime le Prince de Bismarck, et j'ai maintenant l'honneur de vous exprimer, Monsieur, ses meilleurs remerciments de l'aimable envoi.

En vous priant, Monsieur, d'agréer ce témoignage de reconnaissance de Son Altesse Sérénissime, je saisis cette occasion de vous reitérer l'assurance de ma considération la plus distinguée.

Le Ministre d'Allemagne,

Baron de Schmidthals.

Monsieur, Monsieur J. F. J. Biker, ci-devant Chef de Département au Ministère des Affaires Étrangères, à Lisbonne.

Bibliothèque Sainte Geneviève.—Paris, le 5 Janvier 1884.

Monsieur.—Je viens vous remercier au nom de l'administration, du tome troisième de votre importante collection publié sous le titre suivant: *Collecção de tratados e concertos de pazes que o Estado da India Portugueza fez com os Reis e Senhores com quem teve relações nas partes da Asia e Africa oriental.* Cet important répertoire est digne de tous points de ceux dont il a été précédé, s'il ne leur est même supérieur en raison des documents qu'il révèle au monde diplomatique. Avec mes remerciments veuillez agréer, Monsieur, l'expression de mes sentiments les plus distingués.

Ferdinand Denis.

A Monsieur J. F. Judice Biker, etc., etc., etc.

... Sr. — Continúa o mêu bom amigo a aproveitar nobre e utilissimamente os ocios da sua aposentação. Tantos volumes de documentos preciosos para a nossa historia nacional, politica e diplomatica, ainda não satisfizeram a sua honrosa ambição de tornar-se acredor do reconhecimento de todos os amantes das boas lettras, principalmente das boas lettras serias e proveitosas. Bem haja o intelligente e erudito collector, que, não sómente descobre, revolve e coordena, senão que tambem com breves, mas substanciaes prologos e notas guia, elucida e instrue sobre muitos pontos escuros e duvidosos, abrindo novo e facil caminho a futuros escriptores, que na nossa terra hajam de seguir as pisadas de Guizot, de Botta, de Macaulay. Nem ao antigo e benemerito funccionario da Secretaria dos Negocios Estrangeiros devem sómente sollicito e illustrado desvelo os factos e cousas memoraveis respectivas ao continente de Portugal e suas possessões visinhas. Igual serviço tem prestado e presta em relação a nossos dominios ultramarinos.

«... Onde inda agora
Suas quinas triumphaes o Luso arvora.»

Por mercê de V. acabo de me instruir e recrear com a leitura do 3.° tomo da interessante collecção relativo á India Portugueza. Á publica e geral gratidão tem jus o zeloso, indefesso e illustrado publicador de tantos e tão importantes livros. Pelo que me diz respeito, a bondade com que por V. tenho sido brindado successivamente com perto de 30 volumes das suas importantissimas publicações, exige de mim hum sincero e muito explicito testemunho de profundo reconhecimento. Digne-se V. acceital-o com a mesma benignidade com que se tem espontaneamente dignado enriquecer a minha pequena mas selectissima livraria.

Ufano-me de confessar-me respeitosamente

De V.
obed.[e] cr.[o] e am.[o] obrig.[mo]

Antonio José Viale.

S. C. No Pateo das Vaccas, 18 de Janeiro de 1884.

Carta de Affonso de Albuquerque a El-Rey dando-lhe noticia de Goa, e sua importancia para a segurança da India

(Torre do Tombo, C. Chron., parte 1.ª, maço 9, doc. 87.)

1510 Outubro 17

Senhor.—As cousas de goa sam tam gramdes, que tocam tamto á seguramça da imdia e a tudo o que nos compre e desejaees, asy pera gastos, despesas, ofeciaees, madeira, ferro, salitre, linho, arrozes, mercadarias, roupas dalgodam, que me parece que sem ela nom poderês soster a imdia, porque os calafates e carpynteiros com molheres de cá e trabalho em terra quente, como pasa hum ano nom sam mais homeens, e com goa pode voss alteza escusar os deses Regnos, porque os ha mais e milhores que os que cá amdam.

Afora este bem de goa, tem outra cousa mui danosa pera a seguramça da imdia, que tem muitas naos e galees e podem hy fazer quamtas quiserem; e por ser pesuida destes turcos estramjeiros, sempre foy guerreira mais que os outros lugares e sempre di sairam darmada e ouue cossairos; e he tam danosa per as naoos de carga e pera seguramça e sesego com que a am de tomar, que nom poeria duuida, se s aly meterem Rumis, que nom façam muito dano ás nossas naos, porque ou as tomarám quamdo vem demamdar amjediva, ou lhe faram perder a carga: he ilha cercada dagua, de muita Remda, e muito proveitosa; barra de muit agua, porto morto de todollos vemtos, ilha de muitos mamtimentos e muita criaçam, veados tantos que he hũa cousa despamto, lebres, perdizes, lauoiras darrozaees e de triguo abastada, muito de feno, pera a jemte de

1510 Outubro 17 cavalo, se hy ouuer destar, podela soster e defemder, como hy ouuer espaço pera segurar, porque se ho teuera, nunca ma os turcos emtraram.

Oulhe voss alteza bem, que se soees senhor de goa, metees em tamta comfusam ha Regno de daquem, que nom seria muita duuida deyxarem a terra, se vos virem fazer forte em goa, porque eles nom tem outro bem nem outra seguramça de seu estado senam as costas que tem em goa, porque he ilha, e perdemdo a terra, am se de recolher a ela, ho que nom podem fazer a dabull; e tenho isto sabido per certa ciemcia pellos mesmos mouros, porque o regno de daquem está desta maneira que aqui direi a voss alteza

O rei de daquem deu a terra em capitanias ou senhorios repartidos per escrauos seus, turcos de naçam, e algums persios poucos; estes se aleuamtaram e nom lh obedecem senam em lhe chamarem Rey; mamdam lhe aguora algũa joya, se querem; tem comtinoa guerra estes alguazis huns com os outros e tomam os lugares huns ós outros e ás vezes fazem amizade uns contra os outros e cada huum se trabalha por aver o rei de daquem á mão e o ter em seu poder; o çabayo ho tem agora, e este he o mor alguazil deles e que mais terra tem e o que he senhor de goa; outro alguazill he o senhor de chaull; este teue sempre comtinoa guerra co çabayo e tem, e se neste tempo que ganhei goa, o senhor de chaull nom morrera, nunca a perdera, porque viera logo sobre o filho de çabayo quamdo veyo cerquar a ilha, e o desbaratara, mas fycou lhe hum filho moço he começou emtender primeiro em seu alguazilado; assy, senhor, que digo que nesta dyuisam amtr eles, temdo lhe vossa alteza tomado goa, que he hũa gram quebra pera eles; com este fauor be logo a terra dos jemtios leuada comtr eles, e quero perder a vida se voss alteza isto nom vê, se guanha goa e a ssegura loguo; porem se á detreminação em que á feitura desta estou que he, acabada a cargua, ir com todalas naaos e leuala nas mãaos, a mim me parece que deitando os mouros dela fora, ela se pode bem segurar e defemder com menos jemte, aimda que o que me mais comtemta do feito de goa, poder ela sofrer e soster muita jemte sem nenhum gasto nem despesa vossa; e despois que goa se segurar bem sem ter mouros demtro, quatrocemtos portugueses a teram viua pera sempre; mas ainda díguo que, pois ela pode soster dous e tres e quatro mill homens, e a voss alteza compre telos na imdia pera seguramça dela e pera serdes senhor dela seguro, que por iso a deue voss alteza de soster e ter, porque todalas naos que quiserdes podeis aly fazer: mais diguo, senhor, se timoja, que he mero tirano, dá por ela cem mill cruzados e se obriga a ter seis e sete mill homeens pera defender, em que se gastarám outros tamtos, parece, senhor, que peso he o de goa, pera voss alteza gastar de vossa fazemda com muita confiamça.

1510 Outubro 17

Diguo, senhor, isto de timoja, porque posto que seja nosso amiguo, he homem mui imtereseiro, e por omde pode aver, mall ou bem sempre se trabalha por iso; em nossos feitos sempre deles Recebeo muito proueito e muito pouco dano; e algum descomtemtamento e receo, se o dele tenho, he este; porem homem he que tem de nossas bõas obras alguum conhecimemto e que se pega bem comnosco; nom he homem de jemte nem de força, senam homem de credito amte elrrey d onor, o qual lhe faz muita omrra por o nosso.

Á partida minha de cananor deixo ordenado e mandado aos capitãees morees das naos que vam pera portugall, que tamto que suas cargas forem acabadas, me vam buscar amjediva, porque já emtam serei voluido de canbaya de asemtar as pazes, trato e feitoria, e tirar esses catiuos que lá jazem, e vir amjediva e aly nos ajumtarmos todos e tornarmos sobre goa e fazermos o que podermos: espero em nosso senhor que nos ajudará; do que aly fezermos ou nam fezermos, voss alteza será diso sabedor, e minha temçam he no cabo deste tempo entrar o mar Roxo, e se for seguro de mamtymemtos e agua, emvernarei em adem, e se disto nom for seguro, no fim do mês de mayo virey em-

1510 Outubro 17 vernar a urmuz: esprita em cananor a xbij dias d outubro de 1510.

Por lettra do proprio: feytura e servydor de vosa alteza

Afonso d alboquerque.

(Sobrescripto) Pera el Rey noso senhor — segunda via.

Nas costas, por lettra coeva: xbj *(sic)* d outubro 1510 — d afonso d alboquerque de xbij d outubro de b^{c}x do que sabia de goa e do que esperaua acerqa della fazer.

Carta de Affonso de Albuquerque para El-Rey sobre a conquista de Goa

(Torre do Tombo, C. Chron., parte 1.ª, maço 9, doc. 109.)

1510 Dezembro 22 Senhor.—A carta qe esprevy a vosa alteza sobre a tomada de goa, foi logo aquelle dia á tarde, porqe determynei mandaar huum navyo a cananor per avisar vosa alteza polas naos da carga, as qaes mandey que viessem todas per gooa, porqe não perdiam nada do seu çamynho, e davam favor ao feito de gooa, e amostravam ha yndia poder eu vir sobre goa com mais naos, se quysera, e poor fazer esta mostra á yndia, pola esperamça que tem da vinda dos Rumes nom se alvoraçarem, mas serem certeficados do poder e gramdeza de vosas armadas e como poodemos ajumtar vimte, trimta e qorenta naos, se comprir; e qys fazer esta mostra, e nam sei se os capitães comprirám meos mandados, ou se fumdados em dar boa Rezão de sy farão outro camynho.

Na tomada de goa e desbarato de suas estamcyas e emtrada da forteleza noso senhor fez muyto por nós, porqe

qis que acabasemos huum feito tam gramde e milhor do 1510
qe nós poderamos pedir: aly falecêrão passante de trezem- Dezembro
tos turqos, e daly até o paso de banastary e de gomdaly 22
per eses camynhos jaziam muytos mortos qu escaparam ferydos e cayam aly, e outros muytos se afogaram á passagem do Rio e muitos cavalos: despois queimei a cydade e trouxe tudo á espadaa, e per qatro dias comtinuadamente a vosa gente ffez samgue nelles; por omde qer que os podiamos achaar, nom se dava vida a nenhum mouro, e emchiam as mezquitas delles e punham le o fogo: aos lavradores da terra e bramenes mandei que nam matassem: achamos per comta serem mortos seis mill almas mouros e mouras, e dos seus piães archeiros, muytos deles faleceram; foy, senhor, hum feito muy gramde, bem pelejado e bem acabado, e afora ser goa hũua tam gramde cousa e tam primcipall, aymda se cá nom tomou vingança de treição e malldade que os mouros fizesem a vosa alteza e a vosas gentes, senão este, o qal soará em toda a parte, e com este temor e espamto fará vir gramdes cousas á vossa obediencia, sem nas comquystardes, e as senhoreardes: nam farám malldade, sabendo que tem a paga mui prestes.

Allgums gentios homens principaes, a que os turquos tem tomado suas terras, sabendo a destruição de gooa, decêrão da sera onde estam Recolhidos, e vieram em mynha ajudaa e tomárão os passos e camynhos, e todolos mouros que escaparam de goa trouxeram á espada, e nom deram vida a viva creatura. Roubaram gramde aveer, porque tomárão todo o dinheiro do pagamento dos soldos qu escapou de goa, e matárão hum turqo homem primcipall que o levava, que era thesoureyro: nenhũa sepoltura nem ydifycio de mouros nom deixo em pee; os que agora tomam vivos, mando os assar: tomaram aquy hum arrenegado, e mandei o queimar.

A determinação em que fiqo, he nom deixar viver mouro em goa, nem emtrar nela, soomente gentios, e deixar gemte por agora aquela que me bem parecer e algums navios, e com outra armada hir ver o mar Roxo e hurmuz e o mais

1540 Dezembro 22 que tenho escrito a vosa alteza, se a nosso senhor aprouver.

As naos dos mouros que tinham feitas, me trabalho por botar ao mar e algũas estam já no mar, e asi me trabalho por deitar as que estam por acabar e fazer; se a nosso senhor aprouver de eu soster goa, trabalharey de as acabaar, e far se am outras e muitas e quamtas vosa alteza quyzer: achámos gramde abastamça de ferro e de pregadura; dei seguro ao povo meudo e ofyciaes, calafates e carpimteiros, ferreiros, pintores, e logo teremos abastamça d ooficiaes pera tudo o necesairo.

Deixo todalas Remdas a tymoja, tyramdo as da ylha; ha de paguar o soldo aos portugueses e a toda outra gente necesaira: com hũa nao de cavalos que tomamos, e com os que se tomaram aos turqos, amtre boons e maos haverá hy cemto e qoremta cavallos; nom temos aynda sellas nem freos, senão huuns poucos devasos sem coiro, que achei em cochym.

Aqy se tomárão allgũas mouras, molheres alvas e de bom parecer, e alguuns homens limpos e de bem quiseram casar com ellas e fiqar aquy nesta terraa, e me pediram fazemda, e eu os casei com elas e lhe dei o casamento ordenado de vosa alteza, e a cada hum seu cavalo e casas e terras e gado, aquylo que arrezoadamente me parecya bem: averá hy qatrocentas e cymqoemta almas; estaas cativas e estas molheres que casão, tornam a suas casas e desenterram suas joyaas e suas fazendas e suas arrecadas d ouro e aljofar e Robis, e colares e manylhas, contas, e tudo lhe deixo a elas e a seos marydos: os bens e terras da mezquyta deixo á ygreja da emvocaçam de santa cateryna, em cujoo dia nos noso senhor deu a vitoria polos merecimentos dela, a qual ygreja mando fazer demtro na forteleza na cerqua grande.

Lá mando a vosa alteza a mostra das suas cubertas, as quaes jeralmente todos trazem nos cavalos por amor das frechas, que he a primcipal arma das suas batalhas. Parecem me muyto leves, e seryãoo proveitosas pera guerra d allem, porque sam todos mouriscos pequenos e poderiam com ellas, porque os de cá caminham com ellas: mando tambem a vosa alteza os seus espimgardões, que tiram com virotões, e trasem gramde sooma desta gemte: mando a vosa alteza a mostra das espimgardas dos Rumes e a *fumdição* (?) das que os mouros faziam em gooa, e asim mando mais a vosa allteza da sua artelherya grossa duas bonbardas grossaas; e mais mando a vosa alteza hũua sela das de cá, que me el Rey d onor mandou: mando a narsynga huum messageiro, e mando allguuns cavalos a el Rei de naarsymgua e Representar lhe o feito de goa, aynda que já tenho mandado dous piães com cartas a braldez, que já lá tinha mandado, e ver se com este feito de gooa lhe podemos tirar o credito que tem nos turqos e medo que lhe am, e averem que somos homens que faremos tam boons feitos na terra como no maar, e asy ver se o poso fazer aballar seus arrayaes contra os turquos de daquem, e quererem nossa amyzade verdadeira. 1510 Dezembro 22

Despois de ter esta esprita, mandei dioguo fernandez cryado de vosa alteza com trezentos homens nas galés e paraos, e gemte, piães da terra, com capitães del Rey d onor e de timoja, e foram per terraa a bamda, hũua terra em que os turqos aynda estavam com jemte de cavalo e de pé, e per força os lançaram fóra dele, e agora vam sobre condall, outra terra de goa, e vay a nosa gemte per mar lá, e a jemte da terra per terra, e acabado de os lamçar d aquy fóra, o que espero em noso senhor, nom fiqa mais por fazer, porque toda a outra terra de cintaqola até goa está á vosa obediencia toda, e estam vosos alcaides em cada lugar, e de goa até comdall, que he comtra dabull, nom nos falece já senão comdall: peço vos, senhor, por mercê que me creaes de comselho, e que façaes muito fundamento de goa, porqe he tam gramde cousa e tam principal, que vos certifiqo, senhor, que, sendo cousa que Deos nom permyta, perdemdo se a ymdia, de goa a podês tornar a ganhar e comquistaar, e póde noso senhor abryr camynho, como em muy pouco tempo pooderiam as vosas gemtes emtrar o Reino de

1510 Dezembro 22 daquem e de narsynga, porque a força dos turqos soo per sy nom he muito gramde, se os gemtios nom fosem seus soditos e nom andasem naa guerra com elles; e os gentios são homens cheos de novidades, e se acharem capitam português que dê escalla franqa e soldo, são logo cem mill piães com elles, e tomam a Remda da terra em pagamento de seos soldos; e os turqos são deuisos amtre sy; toda sua força he piães gemtios: poderá ser que parecerá esta cousa hum pouco duvidosa, e a mym cá parece me muy bem, porque vejo a hum escravo conprado por cynquo xerafins fazer se senhor de muitas Rendas e de muitas terras: goa podês nella ordenar e fazer todo o que quiserdes; nom ha mister soldo nem mantimento de vosa alteza, amtes pooderês aver dela quanto gemgivre determynardes de mandar pera eses Reynoos; e espero em nosso senhor, segundo os homens que sam casados nesta terra e follgão de viver nela, que os mesmos lavradores serão os portugueses, os quaes são casados já quy muitos, e os de cananor querem se vir viver aquy: escrita em goa aos xxij dias de dezembro de 1510.

Por lettra do proprio: feytura e servydor de vosa allteza

Afonso d alboquerque

(Sobrescripto) Pera el Rey noso senhor.

Extractos da carta de Affonso de Albuquerque para El-Rey sobre a sinceridade dos Reis Mouros, e da importancia de Goa

(Torre do Tombo, C. Chron., parte 1.ª, maço 11, doc. 50.)

1512 Abril 1 ....

Poderá ser que esquecerá lá aos que fazem ho feyto da imdia leve e que nam avees quaa mester jemte nem armas, senam trato, as bramduras com que os Rex mouros e senhores desta terra respomdem e falam aas cousas que lhe cometem por voso seruiço, debaixo das quaees jazem todas suas maldades, emganos e traiçõees; e quero vollas eu, senhor, aquy lembrar: cojatar e el rrey d urmuz, se lhe falam em voss alteza, dizem que sam vossos espravos e que ho rreyno he vosso, beijam vossas cartas e poem nas na cabeça, pagam vos pareas: ora mamde voss alteza lá asentar vossa feitoria e forteleza debaixo destas bramduras e verdade sua, e pedir lhe ho rregno que lho voso capitam ganhou e tornou emtregar com juramemtos na sua ley, e vejamos como ho comsemtem, senam com bõoa jemte e bem armada e bõoas naoos: dezia el rrey de malaca que era voso seruidor e que a terra era vossa, e que ele matara bemdará, porque matara os vosos cristãaos, e que a fazemda das naaos que loguo era pagua, e que folgaua com vosso trato, paz e amizade; e com estas bramduras fez muy forte sua cidade e sua terra, e tinha mais de $\overline{xx}$ homeens[1] de peleja com bõoas armas e bõoa artelharia, e nam quis voso trato, paz nem concerto com voss alteza, e aguardou ser desbaratado primeiro duas vezes. El rrey de cambaya deseja paz e amizade de voss alteza, e precura com embaxadores e rrecados seus a meude, e diz que dará lugar pera fazer forteleza; veja ora voss alteza, se tirardes jemte e armas e bõoa armada aa imdia, se comprirá isto que vos promete; e tambem veja voss alteza, se he bem que debaixo de suas bramduras e moralidades e bõoas palavras se deva comfiar dele vossa jemte e vossa fazemda sem forteleza em terra. E asy miliquiaz nam diz ele que he vosso vassalo e que vos ha sempre servir bem e leallmente? este tall, se nos ele viir em algũa quebra, credes voos, senhor, que nam dirá ele que he vassalo del rrey de cambaya e que nam podia fazer pazes sem sua licemça? os mouros de calecut nam beijavam eles os pees ao voso feitor e tomavan o por juiz e detreminador de suas deferemças, chamamdo se vossos espravos? nam vee

1512 Abril 1

[1] Vinte mil homens.

1512 Abril 1 voss alteza ho que fizeram e os modos que tiveram com pedr alvares e co vosso feitor, pera se fazer escamdolo na terra, ordenada e criada per eles esta astucia? os mouros de cananor nam sabe voss alteza que se chamam eles vossos espravos, e vem beijar os pees ao vosso feitor e vem com gramdes vmilldades e sòmitimemtos debaixo de voso capitam, e por muy piquena cousa vos cercaram vossa forteleza duas vezes e comtrariaram sempre nam se fazer? e como dizem que vem Rumis, nam vemdem pam na praça á vossa jemte: chaull paga vos pareas e sam homeens muyto sumitidos em voso seruiço, e debaixo desta verdade e bramdura ajudaram a desbaratar voss armada e afauoreceram os Rumis, e deram omrrada sepultura a maymame, capitam de calecut, que emtam aly morreo, que oj este dia em dia está diamte dos nosos olhos, casa muy bem obrada e muy fermosa, canunizado por samto, porque morreo em guerra comtra os cristãaos: batecala nam vos paga ij̄ fardos[1] d arroz de pareas, sumitido a tudo ho que deles quiserdes fazer? e dam ajuda ao çabayo comtra nós de muitos cavallos d urmuz, muyto salitre e emxofre, e gramdes cafilas de mamtimentos; e nós, quamdo himos, dizem que nam ha arroz na terra, senam ho que os mercadores tem pera suas naos. El Rey d onor nam vos tem ele dado mirgeu com mill e tamtos pardaos de pareas? e ajuda ho çabayo contra nós, e traz seus embaxadores comtinuadamente em sua casa: coulam nam estava somitido á vossa obidiemcia? e polo vosso feitor aver algum descomcerto cos mouros e naos de calecut, ho leixaram hy espedaçar oos mouros e quamtos com eles *(sic)* estavam: os mouros de cochim nam sam eles vosos espravos, e feitos gramdes rricos com vosos tratos? como hy haa algum Reboliço na imdia, loguo a sua bolsa e companhia e ajuda he metida no negoceo: a cidade de goa nam recebeo ela meu seguro, e lhe quitey gram parte dos direitos que soyam de pagar, e lhe outorguey todalas terras, rremdas e soldos que lhe ho çabayo tinha dado, e asy as terras de suas mizquitas,

[1] Dois mil fardos.

e viverem á sua vomtade debaixo da sua maa seita? e como viram tempo desposto, tomaram suas armas comtra mim e poseram me em desbarato. E el rrey de narsymgua nam tem elle amizade e paz comvosco? e ajuda ho çabayo comtra nós secretamente; e demtro em besnigar nam matou hum Rumy frey luis? e nam fez nisso nehũa cousa; e na primeira vez que nos os mouros entraram goa, hy matamos hum seu capitam, e pesou lhe muy bem co a tomada de goa, e ha muy gramde medo de voss alteza: a estes taees cortar lhe os governos, tomar lhe a rribeira do mar, fazer lhe muy bõoas fortelezas nos lugares primcipaees, porque d outra maneira nam avees de meter a imdia a caminho, ou temde sempre hum peso de jemte nestas partes, que os tenha sempre asesegados, porque a amizade que asemtardes com quallquer Rey ou senhor da imdia, se a nam segurardes, tende, senhor, por certo que volvemdo lhe as costas, os temdes logo por imigos. E isto que diguo, custume he jerall quaa amtr eles; nam ha quaa ho primor desas partes em guardar verdade nem amizade nem fee, porque a nam tem, e portamto, senhor, comfiay em bõoas fortelezas e mamday as fazer, seguray com tempo a imdia, nam ponhaes ho couodo na amizade dos rrex e senhores de quá, porque nam emtrastes vós com querela na imdia pera vos asenhoreardes ho trato delas com bramduras nem comcerto de pazes, nem vos faça nimguem lá emtemder que he isto dura cousa d acabar, e acabando o, que vos obrigará a muito. E diguo vos, senhor, isto, porque tenho eu imda oos pees na imdia, e pera hum feito de tamto voso seruiço, tam gramde e tam proveitoso e tam rricco, querya eu que os homeens vemdessem suas fazemdas e viessem a esta empresa, e nam pera fazer forteleza na caza do cavaleiro. 1512 Abril 1

El Rey de vemgapor nam se mostra ele vosso servidor muyto? como tomey goa, mandey logo hum capitam a çupa com quinhemtos piãees, hũa tanadaria das terras de goa que comfina com sua terra, e mandey gaspar chanoca com cavallos a el rrey de narsymgua, noteficamdo lhe que vossa alteza mamdára tomar goa, pollo ajudar comtra os mouros, e

1512 Abril 1 primcipallmente comtra o çabayo, que lhe sempre fizera guerra, dizendo lhe que se quisese entemder no rreino de daquem, que eu ho ajudaria; e mandey a el rrey de vemgapor presemte de peças de brocados e ezcarlatas e joyas bõoas, pedimdo lhe que me leixase comprar em sua terra duzemtas selas e duzemtas cubertas de cauallos; desimulou o muy bem e nunća ho comsymtio, dyzemdo que sem licemça del rrey de narsymga ho nam avia de fazer.

Afora todas estas cousas que acima dito tenho, ha hy algum portuguees que se desmande na imdia e seja achado de mouros, que lhe loguo nam levem a cabeça nas maãos? e ha hy algum navio que chegue a porto de mouros, se ho vêm estar a mao rrecado, que ho nam apalpem loguo pera ho tomar? afora outros emganos e maldades que lhe mevdamente homem quaa sofre: ora veja voss alteza, se na terra omde nos a nós tem este amor, se ha voss alteza de mester jemte e armas e bõoas fortelezas pera as soster, ou se nos deitaremos a durmir descamsados sobre a verdade destes cães, com as portas das fortelezas abertas; e a quem vos a vós, senhor, desta maneira espreve de quá da imdia, mandai lhe voos criar ho filho.

. . . .

Voss alteza tem goa nas mãaos, e temdes a mayor cousa destas partes pera enfrear a imdia e a ter asesegada; porque asy cercada como achey, aimda goa he tam temida que nam leixarám os rex e senhores destas partes precurar e desejar vossa amizade com medo dela; e agora deste cerqo se mostrou mais verdadeiramente as forças de vosos portugueses e de vosas fortelezas, e os turcos cheos de soberba e de vitorya comtra estes jemtios em descredito ficam nos olhos de toda a imdia, e os portugueses em gramde estima e fama: guarday vos, senhor, de comselhos d omeens a que a guerra emfada, porque goa em voso poder ha de fazer pagar trebuto a el rrey de narsymgua e a el rrey de daquem: lembrevos, senhor, isto que vos digo, porque com ajuda de deus cedo ho verees, porque el rrey de narsymgua, por segurar batecala e seus portos e os tratos dos cavalos que vam a sua terra, ha de fazer ho que vós quiserdes, e os turcos do Reino de daquem; e o çabayo, por segurar dabull, á vos de dar de necesidade as terras de goa, porque, tomando lhe Dabull, tiraes lhe todolos cavalos d arabia e persia, e jemte branca, que nam tem por omde emtrar no reino: afauorecê a muyto, porque asy averees as terras de goa, que m a mim quá parece muy lijeira cousa d acabar, e que de necesidade volas am de dar, porque he muy gramde renda e gram senhorio nestas partes. 1512 Abril 1

As vossas fortelezas feitas a nossa vsamça com cavas, torres e artelharia, bem prouidas e bõoa jemte, com ajuda da paixam de noso senhor nam tenhaees receo delas nestas partes, aimda que vos lá digam que estam cercadas; porque, mediamte deus, se hi nam ouuer traiçam, nam ha hy que temer de os mouros comtraryarem vossas fortelezas e cousas de que vos comvem lamcar mão; nam he d estranhar cercarem nas os Rex e senhores a que as tomardes, e serem cercadas hũa e duas e dez vezes; mas a portugueses cos capacetes nas cabeças amtr as ameyas nam lhe tomam asy a forteleza: bem sabe voss alteza que amjediva, que he hum mato maninho, vieram cercar os mouros vossa jemte que hy estava; pero d anhaya em çofala cercado foy de mais de $\overline{xx}$ homens [1]; cananor duas vezes volo cercaram; e goa, que he hũa tam gram cousa, chave do reino de daquem e de narsymga, cabeça de Reino, comfiamça e escora do senhorio do çabayo, rezam he que os turcos, que tamtos anos guerrearam com narsymga sobre ho feito de goa, tomada duas vezes de $\bar{j}b^c$ portugueses [2] com tamto estrago neles, que venham com seus arrayaees sobr ela e a cerquem hũa e duas e dez vezes, e que iij^c cavaleiros [3] portuguezes lha defendam. Eu, senhor, nam m espanto de ha virem cercar, porque me parece que goa ha de ser caminho pera lamçar fora os turcos do reyno de daquem; e quamto mais viir aprefiar

[1] Vinte mil homens.

[2] Mil e quinhentos portuguezes.

[3] Trezentos cavalleiros.

1512 Abril 1 sobr ele, tamto mais m aa de parecer que he a milhor empresa que voss alteza nestas partes pode ter, porque de necesidade ha de tomar asento com muyto voso proueyto e muyto voso serviço, porque goa remde ij̅ᶜ cruzados [1], e o livro que vos lá levaram, era feito per conselho de timoja, que folgaua d apagar a renda: as forças das tanadarias de goa e e lugares primcipaees todos tem Rios gramdes, em que podem emtrar caravelas e galees nossas, e com piquenos curtijos em que estêm seguros trinta homens portugueses em cada tanadaria, podees comer os dereitos da terra seguramente; e goa nam vos gasta mais que vosos soldos e mamtimentos ordenados; e cuidam os danadores das cousas de voso seruiço, porque vêm pagar os mamtimentos á vossa jemte per arroz pacharill e nam por curzados, que he gramde gasto, e dizen o aqueles que fojem dela quamdo ela está cercada, e vem buscar as molheres mundairas de cananor e cochim. E sofro lhe eu quá isto, e pollos nam danar amte voss alteza os nam nomêo aquy.

....

Carta de Affonso de Albuquerque a El-Rey participando-lhe os Capitulos que fez contra El-Rey de Cananor

(Torre do Tombo, C. Chron., parte 1.ª, maço 22, doc. 96.)

1512 Outubro 11 Senhor.—A mim me pareceo voso seruiço fazer com el Rey de cananor que todavia tirase este seu alguazill de cananor e posese outro, e creo que se muito tardara en o fazer, que m ouuera d obrigar a mais, porque ele tem tres cousas pera nam poder deixar de ser; a primeira he pouco siso, a segunda he ser amigo dos mouros, a terceira he ser

1 Duzentos mil cruzados.

muy gram tirano e cobiçoso; e trazia nos tam Revoltos e tam cheos de desasesego todolos moradores de cananor e a forteleza, que parecia que agora novamente começavamos dasemtar na terra; e chegamdo a cananor mamdey falar a el Rey, el Rey duuidou de ho fazer; emtam fiz huns capitolos comtra ele, os quaees sam estes. 1512 Outubro 11

Item: primeiramemte, que ele tomara toda artelharia, pimemta e outras cousas muitas das naaos que se perderam nos baixos de padua, e nan a qerya tornar.

Item: que matara arevollo, por ser servydor de vos alteza, e vosos oficiaees da feitoria e capitam da forteleza confiarem muito delle.

Item: que mandara matar hum mouro que lá foy n armada do viso Rey, que vos alteza quaa tornou mandar, por dizer qui vira muitas naaos e jemte em lixboa e outras gramdezas de vos alteza.

Item: que nam leixava viir nehum mercador tratar a vosa feitoria nem falar ao capitam e moradores da forteleza, sem sua licemça.

Item: que matara ho natury primcipe de cananor com peçonha, por ser servidor de vos alteza.

Item: que calecut navegava todo cos seguros que lh ele vemdia e pedia na forteleza, em tall maneira que ho arroz era mais de barato em calecut que em cananor.

Item: que era muito liado com mamalle e com outros mouros que nos querem mall, em tall maneira que se nam fazia na terra senam ho que eles mamdavam e queryam; e como hy avia novas de Rumis, nam vemdiam pam na praça aos portugueses.

Item: que avemdo tres anos que nam viera a cananor, temdo lhe vos alteza feito muita mercee e eu dado dadivas, boom trato e gasalhado, chegamdo agora a cananor achara a cidade toda despejada, como jemte posta em algũa maa detreminaçam, ou detreminada em ajudar os Rumis.

Item: que tinha destruido pocaracem voso seruidor e o nam leixar viver por ser voso amigo.

Item: que tinha destruido ho alguazill velho, por vos ir

1512 Outubro 11 seruir a goa com jemte, e telo ençarrado em casa com naires que ho guardavam.

Item: que mamale se fazia comquistador das ilhas com seu fauor, e que el rrey de cananor per seu comselho dera ho nome de rrey das ilhas a hum irmãao de mamale.

Item: que as naaos e mercadores d urmuz eram Roubados e mall tratados deles, semdo lugar de vos alteza.

Item: que ele e mamalle fezeram hũa armada de muitos paraos e jemte, e se foram em busca dos Rumis, que deziam que vynham ao lomgo da costa, estamdo eu em malaca, e goa cercada de mouros; e daly tomaram as naos d urmuz per força d armas sobre meu seguro, e os fizeram viir a cananor por força.

Item: que hum guzarate seruidor de vos alteza e de vosa forteleza, com seu medo de ho nam matarem, como fizeram aos outros, se tornara em espia e descubrydor de todos nosos segredos, e hum seu sobrynho, que premdera nese mar, e lh achara muitas espimgardas, que levava pera os mouros, e como levara polvora, emxofre e salitre aos mouros que faziam a guerra a goa.

Item: mais em tempo do governo deste alguazill cercaram os mouros a fortaleza del Rey noso senhor per seu comsimtimento, e lhe fizeram a guerra ele e eles, sem aver hy causa, podemdo ele estorvar com seu oficio, e no mesmo caso foy mais culpado que os mouros; e agora per derradeiro fuy avisado pela molher e filhos de cojebequy, que estam presos em calecut, que nos querya tornar a tomar a forteleza, quamdo me vyo fora da imdia.

Mostrados estes capitolos a el Rey, alguns deles confesou, outros negou, e a outros deu algũas escusas e rrezõees em defesa do seu alguazill, escusamdo se nam o tirar, porque he homem mole e governado por ele: quamdo vy que todavia ho querya ter, lhe mamdey dizer, que em quallquer terra do mundo omde ouuese justiça, nos dariam hum juiz sem sospeita, que emtendese em nosas deferenças, e que todavia nos devia de dar outro, vemdo como este era comtrario a voso seruiço e cheo de todo desasesego; e peramte hum seu esprivam que lhe este rrecado levava, mamdey dar juramento dos samtos avaamjelhos aos vosos oficiaees e ao capitam da forteleza, que mais nam Recebesem ho alguazill demtro na forteleza, nem fizesem mais comcerto com elle, nem compras, nem vemdas de preços de vosas mercadarias, nem lhe Requeresem cousa nehũua; e quamdo algũa cousa comprise, que ho fosem falar a el Rey; e asy lhe mamdava que nam desem seguros a naos de cananor, e abastava navegarem sem seguros, pois que vos alteza asy mamdava; e asy lhe mandey que nam comprasem o jemjivre a cananor, e lhe fiz logo peramte ho esprivam del Rey quaremta seguros pera os pagueres de calecut, dizemdo que quem trouxese ho paguer carregado de jemjivre beledy, lhe dava lugar que fose caregar d arroz: quamdo el Rey estas cousas vyo, emtam me outorgou pôr outro alguazill. 1512 Outubro 11

Amtes disto chegamdo eu a cananor, me veyo ho alguazill ver e mamale, e outro seu irmãao que fizeram Rey, e eu mandey chamar os capitãees e oficiaees de vos alteza, e peramte eles dise a mamalle e ao alguazill, que qe dereito tinham eles nas ilhas pera fazerem seu irmãao Rey, e como ousava mamale de se fazer comquistador, sabemdo que se chamava vos alteza comquistador das imdias? e pergumtei lhe que direito era ho que tinham nas ilhas? Respomde me mamale, que hum gramde homem se alevamtara comtra ho Rey das ilhas, e que ho Rey das ilhas lhe pedira socorro e que ele lho dera, e que emtam lhe dera certas ilhas; e eu mamdey emtam chamar peramte mamale ho misijeiro do rrey das ilhas, ho quall se mamdava meter á vosa obidiemcia e emtregar as ilhas e senhorio delas a vos alteza, e que ho livrase do poder dos mouros de cananor: ho misijeiro lhe dise que ele tinha ho Rey fora de sua pose e tomado as ilhas por força, e agora ho qerya lamçar fora e fazer seu irmãao Rey, e que as ilhas que lhe dera, fôra porque ho tiveram Retevdo em cananor, e polas opresõees que lhe faziam, e nam por sua vomtade. Dise emtam mamalle, que ele tinha cartas diso, e que fose el rrey de cananor juiz diso; e eu lhe rrespomdy, que el rrey de

1512 Outubro 11 cananor era jemtio e que as ilhas eram de mouros e que os naires nam navegavam, nem el rrey era juiz desa causa; e que nam divera ele dar nome de Rey a seu irmãao, nem comsymtir comquystar as ilhas a mamalle, vemdo voso poder e força na imdia, e semdo esa vosa obrigaçam e voso senhorio; e mais lhe dise, que eu lhe mamdava de vosa parte, que de demtro de cimqo meses tirarem sua jemta e seu governador das ilhas, e deyxasem el Rey isemto com todo seu poder e mando, pois se fizera vasalo de vos alteza e viera á vosa obidiemcia; e que se algum direito tinham nas ilhas, fosem rrequerer sua justiça diamte de vos alteza, e que pasado ho tempo que lhe aly limitava, soubese certo que cousa sua que se achase nas ilhas, se nam daria vida; e mais que lhe emtregava ho rrey das ilhas vivo da parte de vos alteza e lhe dava voso reall seguro, e semdo caso que ele Recebese algum Revés ou comtradiçam em seu governo e mando, ou polo mesmo caso lhe fose feita algũa imjuria ou morte a sua pesoa, que ele fose obrigado a dar comta diso, a quall lhe serya tomado per mim muy estreita: e mais lhe dise, que vos alteza mandava aly fazer forteleza, e a navegaçam de malaca nosa avia de ser por aly comtinuadamente, que se decesem de sua errada famtesya.

Dito isto, ho irmãao que se chamava Rey das ilhas, começou de tratar comigo, dyzemdo que ho fizesse Rey e que ele terya as ilhas por vos alteza; eu lho nam outorguey, nem me parece voso seruiço, por ser perto de cananor e mostrarem ter dereito nelas, e terem sempre ajuda e fauor de cananor pera quallquer maldade que quiserem fazer, e asy polo outro ser Rey de direito e viir á vosa obidiemcia, sem ter outra ajuda, nem favor, nem socorro, senam a que lhe vos alteza der, o quall dará todo ambar a vos alteza cad ano e todo cayro que vos for necesareo, e alguns panos Ricos das ilhas; e mais nam navegará per hy senam qem vos alteza ouuer por bem, nem se dará lugar a naos que naveguem do golfam de ceilam pera demtro, senam aquelas que levarem vosos seguros, e estará ho cairo das ilhas todo em vosa mãao, que se nam dará senam a quem vos alteza mandar.

Outra pemdemça tive com ho alguazill: a comory se foram vemder certos cavalos de vos alteza, e os mouros vemdo que começavamos de tratar neles, peitaram Rijo a el rrey de comory, em tall maneira que diogo pereira se veyo sem dinheiro e sem cavalos: soube eu que era hum misijeiro del Rey de comory a cananor com dinheiro comprar cavallos, e mamdei-lhe socrestar ho dinheiro, e quamdo vym a cananor, fojyo ho misijeiro del rrey de comory e deixou ho dinheiro: pedy ao alguazill que me mamdase emtregar ho dinheiro ao feitor de vos alteza, rrefusou de ho fazer, dizemdo que avia de pagar primeiro xx fanões [1] a mamale, emtam lhos fiz pagar e emtregaram Rij fanões [2]; e o alguazill me dise que lhe mamdase primeiro pagar lx fanões [3] que lhe deviam do jemjivre, e eu lhos mandey logo pagar, e asy emtregou os Rij fanõees que se em comorym tomaram dos vosos cavalos.

1512 Outubro 11

E porque me parece que estes mouros de cananor e este alguazill amdavam hum pouco danados, pelo trato e companhia que estes vosos oficiaees tinham com eles, e ho afulavam e fauoreciam em todo mall, louvamdo lhe suas maldades, temdo pouco cuidado de minha obrygaçam, mostramdo lhe como vos alteza cria muyto nele e que nam avia d ir à mãao a cousa que ele fizese, e outras mevdezas neste caso, que vos eu, senhor, nam esprevo, por omde eles qeryam fauorecer suas omzenas, e mais os mouros quamdo am mester fauor, peitam logo Rijo; eu mamdey aos vosos oficiaees, que mais nam tratasem seus dinheiros e fazemdas com os mouros de cananor, nem tivesem mais imtelijemcia com eles que aquela que fizesem a bem de voso trato, sô pena de perderem tudo ho que lhe asy fôr achado, seus oficios e ordenados, e que poderyam tratar per sy em outros lugares: e asy lhe dise, que bem sabia eu que polos seus tratos e omzenas e por seu dinheiro estar em poder dos

[1] Vinte mil fanões.

[2] Quarenta e dois mil fanões.

[3] Sessenta mil fanões.

1512 Outubro 11 mouros de cananor, sabiam eles nosos segredos, e lhos descobryam e praticavam todas nosas cousas com eles; e os traziam cheos de samdices e d alvoroços, que vynha outro governador, e que este que vos alteza quaa tinha nam era boom e que ho avia vos alteza de mandar de quaa ir preso em ferros, e que goa nam valya nimygalha, que ha avia vos alteza de mamdar derribar, que gastava muytos mamtimemtos; acomselhamdo ho alguazill e a mamale ho que aviam d esprever de mim a vos alteza, afauorecendo os comtra ho capitam da forteleza, dizendo que era posto por mim e que nam tenho poder, nem mamdo, nem autoridade, e outras cousas que quá ha na imdia e danam muyto: tudo isto que asy esprevo a vos alteza, paso asy na verdade; e os mouros de cananor e todolos lugares de mouros desta terra nehũa cousa desejam mais que ver nos fóra de goa, porque goa todolos tem apertados na mãao.

Ho asemto que se nisto tomou, he este: el rrey de cananor me mamdou outro alguazill, homem de linhajem amtr eles, boom homem e de boom saber, e mo mamdou entregou, que fizesse tudo ho que lhe eu mamdase; eu ho rreceby omrradamente e lhe dey algũas dadyvas, e ho mamdey omrradamente a sua casa, e desistio d emtender no feito das ilhas, asy naquelas de que lhe mamale dava a Remda, como naquelas em que mamale tinha sua jemte; e mamdey logo soltar jemte das ilhas, que tinha tomado em hũa nao de cairo, que viera sem seguro, e lhe mandey dar hum seguro a hum homem primcipall deles que tinha cargo de certas ilhas, e lhe mamdey que nam obedecese a mamale, nem aos seus mamdados, senam ao Rey que está á obediemcia de vos alteza: ho outro alguazill foy logo fora de cananor; e se lhe isto fizera quamdo ele deu lugar que os mouros cercasem a forteleza, e veyo com eles em pesoa, nam nos trouuera tam Revoltos cad ano; e os mouros de cananor andam hum pouco mais asesegados, e os vosos servidores foram mais fauorecidos.

E asy mamdey a todolos vosos oficiaes de cananor, que nehum não fose tam ousado que mais dése seu dinheiro a ganho aos mouros de cananor, nem tratasem com eles suas fazemdas, nem tomasem companhia em suas naos; que de fóra poderiam fazer seu proueito, tratar, comprar e vemder, como lhe per vos alteza era dado lugar. 1512 Outubro 11

Depois disto tudo mamdey a jorje de melo que fose ver el rrey, e foy lá com muyta jemte, e omrradamente el rrey os Recebeo, e com muitos oferecimentos, mostramdo se sem culpa dos erros do seu alguazill, e mamdou a içapocar, irmão de mamalle, que leixase o titulo das ilhas; e os mouros em gram quebra e derribados, de verem na metade dos seus olhos tirar lhe o alguazill que eles traziam criado de sua mãao: esprita em cananor a xj dias d outubro de 1512.

Por lettra do proprio: feytura e servydor de vosa allteza

Afomso d Alboquerque.

(Sobrescripto) A el Rey noso senhor.

Nas costas, por lettra coeva: d afonso d alboquerque de xj dias d outubro 1512 sobre o de cananor e ilhas.

Pera el Rey ver pera o que ha de responder aos embaixadores — vista.

Carta de Affonso de Albuquerque a El-Rey sobre a tomada de Aden, e da porta do estreito

(Torre do Tombo, C. Chron., gav. 15, maço 14, n.º 38.)

Senhor. — Eu mamdo a vos alteza per Joham serram as cartas que me espreveram os homeens que cativaram em adem no bargamtim de duarte de lemos, e pareceme, segumdo ho que vy pelas cartas, naquelas partes ha nova que ho soldam faz fumdamento da porta do estreito e d adem; e 1512 Outubro 30

1512 Outubro 30 mouros que de lá vieram, esta nova trazem comsygo, e adem se teme deles; e a mim sempre me pareceo que eles nam careceryam deste comselho, e creo que nas minhas cartas pasadas eu toquey a vos alteza nesta cousa, como homem asombrado diso, e esta causa me moveo a fazer ho caminho do estreito, quamdo me noso senhor volveo ao caminho de malaca: este feito he mais danoso do que pode sobrevir á imdia, porque afora cerrarem ha boca do estreito e terem força nela, fazemdo asemto em adem, nos meteryam em gramde despesa e obrygaçam, e as naos dos mouros navegariam com as especearias ousadamente, e a imdia tomaria tarde asemto. Tres judeos que agora vieram do cairo, esta nova me comtaram e mais me diseram que ho soldam mamdara pedir cem mill xerafins ao xeqe d adem e que lhos nam quisera mamdar, e o soldam lhe tornou a mamdar dez mill frechas e cem arcos e hũa arredoma de balsemo, dizemdo que com aquelas frechas e arcos ho avia de matar, e aquela arredoma de balsemo era com que avia de abalsemar seu corpo.

Asy, senhor, que a mim me parece que eu devo d acudir a este feito este ano Rijamente, ainda que algũas cousas da imdia ficasem em pemdemça, porque, senhor, posto que malaca fiqe com bõoa forteleza e bõoa armada e bõoa artelharia e boons cavaleiros, todavia he cousa fresqa e ha mester quente e prouida com minha pesoa e com armada que ha vaa aquentar e afauorecer; e goa, senhor, cousa fresqua he e bem contrariada, como cousa primcipall e danosa pera os mouros, e cortou toda a esperamça do ajuntamento dos mouros da imdia, porque dela se fazia cabeça primcipall deste ajuntamento; he cousa que afavorece muyto noso credito na imdia, e tambem ha mester armada e jemte que ha aquente, ataa que tome asemto, que pera a forteleza ela está de maneira que, se nam fose semtemça de deus sobre nosos pecados, nam pode correr perygo nehum, que venha todo daquem sobr ela; e deixamdo eu a imdia tam asesegada, agora que vim de malaca, com a nova dos Rumis achey a muy Revolta: ora vede, senhor, que serya terem nos em adem por vezinhos, afora ho credito que tem nestas partes. 1512 Outubro 30

Portamto minha detreminaçam he, ajudamdo me noso senhor, emtrar ho estreito est ano, posto que tenha poucas naos e muyto em que emtemder, e fazer ho que me parecer voso serviço e o que noso senhor ouuer por bem; e a jemte nam he tamta na imdia como vos alteza cuida pera este feito, se fose necesareo defemder lho com força de jemte e armas, porque malaca jemte ocupa e goa, e nam ha mester que lha tirem por hum ano ou dous, ataa que se façam tam mamças como cochim; e amtes que este caminho faça, me parece que será a nova de malaca comigo: e como já per outras cartas esprevo a vos alteza, esas naos que se lamçam através na Ribeira de lixboa, milhor se viryam elas quaa desfazer sobr este feito; e com pouca custa as podiam quáa trazer, porque ao presemte esta he a mayor necesidade que tenho, por achar as principaees naos d armada da imdia todas derribadas por culpa d omeens que vos nam querem servir na imdia senam como meus compitidores, polos mimos e omrras que lhe fazees: aperte vos alteza isto na mãao, porque he hũa das cousas que vos mais nojo quá faz, e nam se faz isto omde eu estou presemte, porque todalas cousas estam a direito, mas como volvo as costas, husa cada hum de sua comdiçam, e eu ey poucas vezes desprever a vos alteza os erros dos homeens, mas todo bem que poder, guardamdo verdade.

E pera este feito d adem e do estreito nam sam pouco acusado dos capitãees, cavaleiros e fidalgos, que leve as naaos da carga comigo, damdo me asaz Rezõees pera ser muito voso serviço fazello, mostramdo que ha carga nam se perde, mas tomando adem e a porta do estreito, se segura a carga pera sempre, e que as naos podem levar sua carga ho ano que vem; e posto que m este parecese boom comselho, porque sam desta cativa comdiçam nas cousas de vosa fazemda e voso proueito, alargar ás vezes a mãao por se dobrar por outro cabo, ho nam ousey de fazer mais que haquelas que quaa ficam, pelas Rezõees que dito tenho em

1512 Outubro 30 minhas cartas. E o que mais ao diamte soceder até partida das naos de carga pera portugall, ho espreverey a vos alteza largamente; somente digo ho que até feitura desta carta se pasa na imdya, e minha detreminaçam em que estou.

Torno vos, senhor, a lembrar que temdes as mayores duas cousas da imdia nas mãaos, goa e malaca, e que hafauoreçaees ha imdia por tres anos com jemte e armas e naos, pedreiros, ferreiros e carpimteiros e todo ho aparelho de se fazerem bõoas fortelezas, e tirar vos á deus de muytas sospeitas e duuidas, que vos cada dia am de ir da imdia, e das duuidas que lá ha em algũas pesoas das cousas da imdia, que ás vezes darám a vos alteza mayor descomtemtamemto das cousas de quá: nam tema vos alteza os gastos dos soldos e mamtimemtos da jemte, porque deus vol os dá quaa, como já tenho esprito, e tornem me a mim os cabedaees que em vosas feitorias estam ganhados pela vos armada e as especearyas e mercadorias que vos lá vam avidas desta maneyra, e eu pagarey ho soldo á jemte: a grusura da imdia he muito grande cousa, e se ho peso da vosa jemte e armada todolos gastos que faz tirase das vosas feytorias, vos alteza saberya ho que se quaa despemde á custa alheya; nem he nada duzentos mill cruzados, de que se podem pagar quatro mill homeens, pois que a mercadaria que vos alteza mamda levar, vall hum milham e trezemtos mill cruzados, e se vos noso senhor der vrmuz e adem, como agora temdes malaca, abasta pera todalas despesas do mumdo quamtas quiserdes fazer; como se vos alteza comtemtar do trato somemte destas partes pera eses Regnos, e leixardes ho trato de quaa, trebutos e pareas e percalços da vos armada, podees ter dez mill homeens na imdia; se quiserdes, podees fazer na imdia quatro ou cimqo homeens gramdes de gramde mamdo e de gramde Remda, que abastarám para defemderem a todo o mundo, com ajuda de noso senhor.

E a jemte que vos alteza diz que vos nam mamde pedir em soma, nam pode leixar de ser, por que d uum ano pera ho outro sobrevem nęcesidade pera que se ha mester, e nós nam estamos em lugar pera a podermos alargar e tornar aver quamdo nos comprir: vos alteza sabe bem ho que mamda fazer, e sabees que avemos lá diir, se noso senhor der pera iso lugar; a jemte que cada cousa ha mester, he necesareo que ha traga na mamga, e se querees que logo certeficadamente vol o diga, sam cousas que estam imda no mato, e nan o saberya detreminar.

1512 Outubro 30

Nem vos ey, senhor, desprever acerqua da jemte e armas e cousas necesareas pera seguramça da imdia, como os vosos oficiaes lá espreveram do cobre: viram estar nas feitorias algũua soma dele, espreveram lá que ho nam mandasem, que se nam gastava, e eles daly a muy poucos dias gastaran o todo, e primeiro que ho aviso lá vaa e a mercadaria venha, se pasarám tres anos: asy serya ho da jemte e armas, se esta maneira quisese ter; faça vos alteza fumdamemto que me trabalho com quamto siso e saber me noso senhor deu, por segurar voso estado na imdia; ajuday a este feito com as cousas necesareas, porque a jemte em meu poder nam come seu pam oceoso, porque, senhor, de meu fraco juizo eu ey todalas outras cousas por hum pouco de vemto; nem esas carregas despecearias que cad ano lá vam, nem as Riquezas que vos de quaa levam, tudo me ha de parecer cousa emprestada, até que vos eu nam veja muy forte na imdia, e nam no mar, mas na terra, naqueles lugares domde as vosas cousas podem Receber comtradiçam, pois vos alteza despois do descubrymemto da imdia té gora sempre teve nestas partes força d armada, e vistes que se nam melhorava nehũa cousa voso preposito nas cousas da imdia, asy nos tratos como no encurtar das despesas e gastos, como na estima e credito e fama de voso estado e voso nome. Provay agora isto que vos digo, e pela vemtura, senhor, vos acharees milhor, posto que vosa alteza nesta detreminaçam estê, segumdo tenho visto per vosas cartas; acuda vosa alteza com jemte e naos pera se acabar vosa detreminaçam com tempo, porque a dilaçam nestas cousas sempre as faz mayores e mais trabalhosas d aca-

1512 Outubro 30 bar: esprita em samt amtonio caminho de goa a xxx dias d outubro de 1512.

Por lettra do proprio: feytura e servydor de vosa allteza

Afonso d alboquerque.

(Sobrescripto) A el Rey noso senhor.

Carta de Affonso de Albuquerque a El-Rey dando-lhe parte da conquista de Benastarim, e da determinação que tinha de ir sobre Malaca

(Torre do Tombo, C. Chron., parte 1.ª, maço 12, doc. 32.)

1512 Novembro 23 Senhor. — Esprito tenho a vos alteza da minha partida de cochim pera goa e minha chegada a cananor com as naos d armada e asy as da carga, com detreminaçam de m achar com armada dos Rumis, segumdo ho aluoroço, desasesego e nova deles avia na imdia; e eramos por todos dezaseis velas, afora quatro navios que imda estavam em goa; e tiramdo as naos d armada, nam via navios nem força pera me parecer que poderiamos Resistir ao peso d armada que deziam que vinha, se deus nam obrase com seu poder e fose em nossa ajuda, porque, como tenho esprito a vos alteza em outras cartas, as primcipaees naos d armada da imdia achey as eu derribadas quamdo vim de malaca, e as outras que hy avia, parte delas leixey em malaca e outras mamdey ás ilhas do cravo.

Chegamdo a cananor já tarde, polos vemtos serem Rijos e o mês de setembro e outubro ser aquele ano na imdia imverno, aly achey a nova dos Rumis hum pouco duuidosa sua vimda, e alarguey logo de mim duas naos, que começasem de tomar carga, e as despachey camynho de cochim, e fiz em cananor ho que per outras largamente tenho esprito a vos alteza.

Partido de cananor, vym ter sobre a barra de goa detreminado de lamçar os mouros fora de benastarym, pois que via que a nova dos Rumis nam dobrava, amtes per algũas pesoas que dadem eram vymdas fuy certeficado como aquele ano era duuidosa sua vimda á imdia, amtes lhe parecia que armada dos Rumis emtemderia primeiro no feito dadem e seguramça da porta do estreito que em outra cousa. 1512 Novembro 23

Surto sobre a barra de goa, mandey emtrar dodalas naos ordenadas per vos alteza averem de ficar na imdia demtro em goa e dom garcia com toda a força da jemte, e deixey algũas naos da carga, que imda vinham comigo, surtas na baya, e por mais breve despacho das naos nam quis emtrar em goa, omde me os moradores e casados de goa tinham ordenado hum homrado recebimento, como adiamte direy; mas antes logo emtrey na barra de goa a velha co navio ferros e os dois navios piquenos per nomes chamados samta maria dajuda e o rosairo, e a nao sam pedro darmada de dom garcia, porque minha detreminaçam era forçar a artelharia dos mouros e tomarlhe ho paso de benastary, cercalos, e atalhalos em tall maneira que nenhum deles tornase a sua terra; e avia isto por cousa muy primcipall, posto que algũas pesoas ouuesem este feito por muy duuidoso e de muyto perygo; ho perygo certo estava, porque os mouros tinham muyta artelharia e muy grossa, suas bombardas asemtadas ao lume dagua, muy grosos tiros e muy furiosos; e a duuida das naos entrarem ho paso de benastary nana tinha, porque hy avia ãgua no Rio, quamta abastase pera as naos emtrarem ho paso de benastary e abalroarem com os seus baluartes, e lhe tolherem ho soccorro e mantimemtos, e ho mais que a noso senhor aprouuese; e alijey a jemte darmas toda das naos, somente ficaram marynheiros e bombardeiros, e pus nos navios e nao sam pedro os milhores bombardeiros e artelharia e grosa que avia narmada, e asy fuy achegamdo os navios e nao sam pedro, atá me pôr a tiro de bombarda com a forteleza dos mouros; pus tristam de miramda por capitam de sam pedro, pero da fomsequa no seu navio samta maria dajuda, no ferros amtonio Raposo,

1512 Novembro 23 n ajuda piquena vicente d alboquerque, no Rosairo aires da silva, ao quall dey cargo sobre os outros todos como seu capitam mor, tanto que me apartase d eles.

Naquele lugar omde já tinha postas as naos, aguardey a força d artelharia dos mouros, e que quebrase sua furya e a nosa jemte perdese ho receo e espamto da su artelharia: alguns capitães, cavaleiros e fidalgos se quiseram viir de goa pera mim, e eu lho nam comsemty, porque quamto menos jemte estivese nas naos, tanto menos dano Receberiamos das bombardas dos mouros: naqnele lugar nos fez asaz dano nas naos artelharia dos mouros e na jemte muy pouco, e as nosas naos com artelharia lhe fizeram asaz dano e nojo; e como a jemte começou de perder ho medo, mandey hum pouco achegar mais as naos e asy hũa nao malabar gramde de pocaracem, mouro de cananor, e garcia de sousa nela, a quall mandey atrauesar por emparo das nosas naos; e aquele dia deram os mouros tam gram força d artelharia sobre as nosas naos, que ousaria de dizer a vos alteza que de duzemtos tiros de bombarda grosa nam arraram os dez, e vazavam as naos de craro en craro com as pedras tam gramdes como as das nosas bombardas e delas mayores; aparelhey emtam hũa barca gramde e lhe fiz hũa muyto grande arrombada e muyto forte, e pus nela hum camelo de metall, tiro muy furioso, e mety nela seis homems e ho condestabre da nao conceiçam, e de noute a mandey surgir defromte das suas bombardas grosas pegada co seu baluarte: ao outro dia os mouros jugaram com sua artelharia muyto Rijo ás nosas naos, cousa que nimguem nam poderya crer, porque comtinuadamente tiravam cemto e cimquenta tiros, e os menos eram cemto: a esta barca mamdey que nam tirase senam ás suas bombardas, e o comdestabre ho fez asy, e a su artelharia nos alivou mais hum pouco e lhe quebrou a principall bombarda e mayor que eles tinham, e lhe matou dous bombardeiros arrenegados que se com eles lamçaram, hum galego e outro castelhano: desta bombarda grosa mamdo lá a pedra a vos alteza.

Neste lugar mandey por dous dias estar quedas as naos,

sem se alarem mais avamte; e no primeiro combate que lhe as nosas naos deram, aires da silva se atravesou co rosairo, e as bombardas dos mouros tiraram todas a ela em tall maneira que ho ouueram de meter no fundo, e o fogo saltou em tres barris de polvora que tinham na proa, de hũa pedra de bombarda dos mouros que ho vazou e emtrou demtro na sua polvora: foy espiciall mercee de noso senhor nam se queymar ho navio, nem ouvy dizer que tres barris de polvora ardesem em hũa nao debaixo de coberta que a nam queymase; lamçou lhe a cuberta toda pera cima, e o castello de proa e a pomte toda ao mar, e queymou lhe alguns malabares e tres gorometes, e toda a outra jemte se lamçou ao mar; botou duas tavoas fora de proa acerqua do lumy d agua, e só no navio ficou aires da silva: os mouros viram nosa fortuna e trabalho, e deram muy gramdes gritas, tamjemdo suas trombetas; saltey ao navio em hum esquify soo, e chegamdo a ele bradey á jemte que s acolheo a nado á nao malabar, omde estava garcia de sousa, acusamdo os com minha pesoa; dizemdo lhe algũas palavras de Repremsam os fiz volver á nao, e os mouros nam cesaram de jugar su artelharia todavia ao navio; mandei lhe logo dar hũa rajeira por popa e desatravesar ho navio das bocas das bombardas dos mouros: os marynheiros tomaram esforço quamdo viram minha pesoa, e ousaram de volver ao navio, e a noso senhor lh aprouue de apagar o fogo de todo, de que fiquey ho mais espamtado homem do mundo: a nao malabar ouue tamtos tiros de bombarda grosa, que fojiram todos os mouros dela, e garcia de sousa se vyo em bõoa afromta e em boom perigo, e eu ho mamdey sair fora da nao e algũas pesoas de sua companhia que com ele estavam, e fiz volver os mouros a esgotar a nao, nam se fose ao fundo; e ao rosairo acudiram lhe os calafates com coiros e pregos estopares, e esgotaran o Rijamente com caldeirõees e com as bombas, e esteve asy atá que veyo a noute, que ho mandey alargar pera fora hum pouco. 1512 Novembro 23

Ao outro dia mandey alar a nao sam pedro avamte dos navios piquenos, e de noute lhe mandey melhorar as amcoras,

1512 Novembro 23 porque de dia nam ousava nehum batell de aparecer nem se alargar fora da sua nao: a nao sam pedro, como se alou avamte, tiroulhe a bombarda grosa, e quatro tiros da sua bombarda mayor a vazaram, afora outra artelharia tamanha como os nosos camelos, de que muy poucas pedras fycavam demtro na nao: a forteleza dos mouros foy tam aprefiada d artelharia das nosas naos grosa e meuda, que nam avia mouro que parecese, e todos jaziam em covas, e o capitam com eses principaees nam emtravam na forteleza de dia, e lhe mataram muyta jemte e muytos cavalos, e lhe derribaram parte dos seus baluartes: os mouros se viram asy perseguidos d artelharia das naos, que continuadamente faziam repairos a seu muro, e o alevamtaram hũa braça mais do que era.

Neste tempo emcarreguey dom garcia que me fizesse fortes d arrombadas dous navios dos de goa pera meter pela outra bamda da nosa forteleza per ho Rio que vem ter ao paso de benastary, e dom garcia deu muy gram presa e os fez fortes em gram maneira, e ao voltar do paso nam pode pasar ho mayor; tiramdolhe arrombada das pipas do cairo sobre que escorava, pelo peso que tinha em cima do velume da ponte e gavias nos mastos, veyo ho navio á bamda e çoçobrou; e o outro piqueno pasou, em que era fernam gomez de lemos, e Joham gomez era em hũa barca de bombarda grosa, que dom garcia pela outra bamda mamdou em ajuda do navio, com gramde arrombada; e fernam gomez de lemos e Joham gomez ho fizeram ousadamente, e pegaram logo com ho baluarte da outra bamda, e de cima do muro e do baluarte foram bem perseguidos d artelharia dos mouros e algum dano lhe fizeram; e todavia como homens d esforço tiveram mãao e nam se afastaram afora; as bombardas dos mouros pasavam as arrombadas e o navio cada vez que lhe davam, e estavam pegados com ho baluarte quamto serya hum jogo de bola, omde os mouros tinham asemtadas quatro bombardas grosas; destoutra bamda domde estava, estava hum baluarte que tinha no Resteiro tres bombardas grosas, e jugavam de cima outras tres mais somenos.

Como vy su artelharia repartida em duas partes, emtam mamdey a tristam de miramda que de noute mamdase portar hũa ancora aa estacada com que tinham atravessado ho Rio; de demtro do baluarte de hũa bamda e d outra tinham atravesado ho Rio com duas estacadas, em tall maneira que por amtr ambalas estacadas pasavam seus paraus e jamgadas carregados de mamtimentos e de jemte e do que lhe bem vynha, e eu mamdey a tristam de miranda que abarbase a nao sam pedro com a estacada, e aires da silva que hy era demtro na nao, porque ho navio rosayro ficava já de fora polo caso aquecido; e após a nao sam pedro se achegaram loguo os outros navios piquenos, pero da fomsequa no seu navio, amtonio raposo no seu, e vicente d alboquerque no outro navio piqueno, omde ho mamdey pôr; e asy se achegaram mais á estacada, e por ho paso ser estreito, asy da terra firme como da forteleza dos mouros sempre foram bem apresados, asy d artelharia como de frechas e espimgardas. 1512 Novembro 23

Emquamto este negoceo se fazia, dom garcia deu presa a se fazerem bamcos pimchados, mamtas e artelharia grosa e mevda em carretas, e outros carros com pedras e polvora, e todo outro aparelho e comcerto de darmos combate aos mouros per mar e per terra; e asy os capitãees que me vos alteza mamdou da soyça imsynavam e amestravam sua jemte e a punham em ordem.

Tudo isto prestes e aparelhado, posto que fosse chamado per muitas vezes dos capitãees, cavaleiros e fidalgos, eu me nam say do paso de benastary até que nam mety as naos de demtro da estacada; e hũa noute mamdey arrencar parte da estacada, e de noute mamdey a tristam de miranda que portase hũa amcora alem da estada na metade da pasajem, e alasem a nao sam pedro de demtro, e mamdey aires da silva que os navios piquenos se achegasem mais, e fizeran o asy todos; e neste tempo que mamdava chegar paso a paso os navios, mamdava alguns piãees saltear os caminhos, e tomavam me jemte que vinha pera a forteleza dos mouros, de que era avisado de todalas cousas que os mouros faziam e sua detreminaçam.

1512 Novembro 23 Cercados asy os mouros e atalhados de todo ho socorro, ajuda, provimento de mamtimentos, deixey aires da silva por capitam primcipall da nao e navios, e deixey mamdado aos outros capitãees que lhe obedecesem e fizesem ho que ele mandase; e na nao e nos navios ficariam atá cemt omeens, e lhe deixey paveses pera todos desembarcarem apavesados da bamda do mar, que he lugar muyto forte, e nan os podemdo por hy emtrar, corresem ao lomgo do muro a se ajumtarem comnosco ao dia por mim detreminado, em que lhe ouvese de dar ho combate per terra; e os deixey prouidos de mamtimemtos e hum parao que os provese d agua, e seus batés prestes, guardados da bamda d artelharia que lhos nam arrombasem.

Durou esta diligemcia e boom comselho de lhe tomarmos ho paso per força com as naos oito dias, cousa bem começada e que a noso senhor aprouue de ser bem acabada e com pouco dano na nosa jemte, e as naos de vos alteza bem espedaçadas da su artelharia e pasadas per muytos lugares de bamda a bamda, pegadas cos seus baluartes e nas bocas das suas bombardas; que pela vemtura ha muytos anos que nestas partes de cristãos se nam fez tam omrado feito, porque em todos estes dias nunca os mouros de noute e de dia cesaram de tirar com sua artelharia, que ha tinham muy bõoa e grosa, e algũa que nos tomaram no caravelam e fusta: as emxarcias das naos, mastos e toldas, era tudo cheo de frechas; dos nosos nam aparecia nehum homem que os seus lhe nam tirasem com espimgardõees do alto, e no Resteyro com sua artelharia, que tinham muy bem asemtada; de demtro da forteleza dos mouros nam parecia mouro que nam fosse derribado com artelharia meuda das naos, e o resteiro das suas bombardas grosas e seus tiros bem Rebatidos e comtrariados d artelharia grosa das naos, principallmente de dous camelos de metall que est ano vieram nestas naos, tiros muy furyosos e muy seguros: os mouros de noute lamçavam feixes de palha acesos ao pee de seu muro e á craridade do lumy jugavam su artelharia e nam arravam cousa a que tirasem. Poso com verdade dizer a vos alteza que nestes oito dias e oito noutes as naus tiraram mais de quatro mill tiros d artelharia grosa e mevda, pelo comto dos pilouros e pedras e gasto de toda a força da polvora que tinhamos. 1512 Novembro 23

Ho dano da jemte das naos nam foy muyto, como dito tenho, porque lhe tirey toda a jemte, sómemte marynheiros poucos que aviasem suas Rajeiras e seus proizes: os capitãees ho fizeram muy ousadamente.

E tristam de miranda e vicente d alboquerque, posto que fosem moços, deram bõoa Rezam de sy e o fizeram muy ousadamente, e seus desejos e bõoa vontade de amostrarem cujos filhos eram, aproueitou muyto ás naos irem avamte, como lhe per mim era ordenado e lhe mamdava de hũa galé em que estava sobr eles; e certifico a vos alteza que eles foram mais vezes Repremdidos e castigados de mim por nam segurarem suas pesoas e vidas do perygo d artelharia dos mouros e quererem amdar per cima das guarytas das naos e lugares perygosos, dos que ho nimguem poderya acusar de froxos: no mesmo feito tristam de miramda, como homem que espera por sua lamça aver mercee de vos alteza, começa bem; e vicente d alboquerque ho fez tam ousadamente em seu navio e tam desejoso de se pôr na diamteira, que por a nao sam pedro emtrar diamte, ho mamdey hum pouco alargar atrás, porque o Rio naquele paso he estreito: fycaram ambos de dous tam atroados d artelharia, que por espaço de dias nam ouuiram nehũa cousa que lhe falasem; e asy toda a jemte das naos mereceram bem a cavalaria, e eu lha dey; a mercee vos alteza lha terá guardada.

Aires da silva he homem ousado, e fel o como cavaleiro aqueles dias; e o caso acomtecido no rosairo foy porque diamte de todalas naos mamdou pôr ho seu navio, e nam curou de Rajeira nem de proiz, senam achegar se á comcrusam; aja vos alteza por certo que he cavaleiro e que nele nam ha medo, e o carrego de prouer os navios todos fel o muy bem, e noso senhor ho livrou muytas vezes de ho nam matarem: mandey lhe que dese hũa noute, com a jemte dos navios que com ele estavam da bamda da terra firme, em

1512 Novembro 23 algũa jemte que aly estava, que traziam mamtimemtos pera os mouros e hũa cafila de bois de carga que emtam chegara, e ele com eses capitãees que dito tenho, deram nos mouros de noute e lhe queymaram as casas e mataram deles e estragaram a cafila dos mamtimemtos e os poseram em fujida.

Pero da fomsequa e amtonio Raposo sam cavaleiros e omeens que deram sempre bõoa comta de sy, e neste feito tam desejosos d achegar seus navios e de sua artelharia fazer todo o mall e dano que podese aos imigos, e ao portar de suas amcoras em seus batés tam sem medo das bombardas dos mouros, que ás vezes me pesava nam trabalharem mais por segurarem suas vidas; e se nam fora a ordem que mamdava ter nos navios e no portar das amcoras deles e call se avia d afastar e achegar e dar lugar hum ao outro, a mim me parece que eles estavam todos tam desejosos de servir vos alteza, que eu nam saberya detreminar quall deles ho fez milhor: feyto foy dino de mercee e d omra, porque forçaram seus mestres e pilotós e marynheiros a todavia alarem seus navios avamte, e quem viir os costados e guarytas dos seus navios pasados per tamtas partes, espamtar se aa em que lugar se salvaram estes homeens, porque vos alteza tenha por certo, que d artelharia grosa os mouros tiraryam pouco menos que as vosas naos, e d artelharia mevda nós mais que eles.

Deixados a nao e navios surtos no paso, me vim a goa, omde estava dom garcia com todalas cousas ordenadas e artelharia comcertada, que comnosco avia de ser no feito, e a jemte toda bem comfesada e bem comumgada: os mouros pasaram de seis mill homeens de peleja, e averya hy tres mill homeens, jemte sem proueito; veyo lhe de socorro, amtes que lhe atalhasemos o Rio, cem espimgardeiros que lhe mandeu Içufulary, hum capitam do çabayo, turco: tinham trezemtos cavalos; acubertados, me parece que averya cemto.

Estamdo nos asy aparelhamdo com nosa detreminaçam e e comselho de poer as escadas ao muro e os emtrarmos á escala vista, damdo lhe primeiro algum combate d artelharia, os mouros sairam fora da sua forteleza e nos vieram dar vista com jemte de cavalo e de pee em batalhas per ho campo; mandey sair a eles dez de cavalo, que lhe fosem dar a vista; era pero mascarenhaz, amtonio de saldanha, joham machado, symam d amdrade, manoel de lacerda capitam da forteleza, diogo fernamdez, ho adaill fernam caldeira, manoell fernamdez, joham cabiceiras, Louremço prego, homeens casados de goa: chegamdo aa jemte dos mouros, me mamdaram dizer que averya ahy tres mill homeens no campo; mandey logo sair Ruy gomçalvez e Joham fidalguo com a jemte da ordenança, que seryam trezemtos piques e cimquenta besteyros e cimquenta espimgardeiros, jemte muy luzida e muyto pera arrecear, e se foram pela estrada direita e se achegaram aos mouros hum pouco mais do que lhe per mim foy ordenado: após isto me veyo hum Recado, que os mouros todavia queryam pelejar e achegavam; vimdo suas batalhas de jemte, mamdey emtam cavalgar alguns fidalgos e cavaleiros nestes cavalos, e os mamdey que se fosem ajumtar com os outros dez de cavalo que eram fóra, e seryam per todos trimta e cimquo de cavalo, e lhes mamdey que estivesem quedos sem travar cos mouros, e me mamdasem dizer se lhe parecya que todavia queryam os mouros pelejar comnosco no campo; e os mouros chegaram mais suas batalhas e vieram a tiro d espimgarda com a jemte da ordenamça: os capitãees os aguardaram ousadamente, comcertados e postos em ordem de batalhar, e os mouros nam ousaram de romper neles: veyo emtam joham machado a mim e me dise que os turcos todavia queryam pelejar; eu lhe respomdy, que pera a detreminaçam em que estavamos eu devia escusar quamto podese de meter ho feito em algũa desordem, e que a mim me parecia que os turcos nam pelejariam comnosco no campo, e que ha sua jemte solta que eram archeiros e nos poderyam emcravar muyta jemte; que os portugueses eram homeens armados e jemte pesada pera amdar escaramuçamdo no campo cos seus archeiros, homens despejados e lijeiros, que se podiam achegar e afastar de nós

1512 Novembro 23

1512 Novembro 23 quamdo lhes bem viese, e que nam era jemte que ouvese de vir Romper as nosas batalhas: joam machado s afirmou que todavia pelejariam comnosco; e eses fidalgos e cavaleiros e capitãees de vos alteza, desejosos de vos servir e fazer omrados feitos, apertaram Rijo comigo, que todavia devia de sair; e eu m escusey diso, damdo lhe algũas rezõees, dizemdo lhe que pera hũa tam gramde detreminaçam em que estavamos postos, nam era necesareo escaramuçar cos mouros no campo, mas achegarmo nos ao feito que nos mais compria, que era ganhar lhe a sua forteleza e lamçal os fora dela; todavia tornaram apertar comigo, que deuia de sair; e eses de cavalos que eram fora, me mamdaram dizer que a jemte dos turcos vinha toda fora da sua forteleza como jemte detreminada de pelejar

·E posto que minha detreminaçam e vomtade fose comtraria ao parecer de muytos e a seus desejos, todavia fuy forçado deses fidalgos e cavaleyros, e aimda praguejado deles case por força me fizeram sair, e mais, senhor, vy tam gramde alvoroto na jemte e tam gramdes desejos de pelejar, que se me lamçavam pelo muro fora e a porta da vila forçada deles: mamdey entam repicar, e toda a jemte se pôs em armas, e mandey abrir as portas e say fora com eses capitães, cavaleiros e fidalgos, e me fiz em tres batalhas, afora a jemte de cavalo, hũa da jemte da ordenamça e outra da outra jemte: como fuy á vista dos turcos, abalaram vimdo suas batalhas pera nós, e eu mamdey pôr a batalha da ordenamça no meyo e dom garcia meu sobrinho de hũa bamda da mão dereita com eses capitãees, cavaleiros e fidalgos que com ele eram, e eu com toda a outra jemte tomey hum meyo vale da bamda da mão ezquerda e mandey á jemte da ordenamça que habalase comtra as batalhas dos turcos, e a meu sobrynho que se detivese hum pouco mais; e eu com a minha batalha comecei me d ir melhorando e tomamdo a ilharga das batalhas dos mouros.

Os turcos vemdo nossa detreminaçam de os aguardar, se detiveram, e pareceo me que se queriam retraer atrás, porque vi os metidos em desordem, como jemte mudada de

sua detreminaçam: mamdey á jemte da ordenamça emtam 1512
que apertase mais Rijo com eles, e a meu sobrinho que se Novembro
achegase com a sua batalha a eles per aquela ilharga domde 23
hia: a nosa jemte de cavallo nam hia posta em ordem, porque alguns capitãees que sairam ao repique a cavalo, tornaram a mamdar sua jemte com seus agiãees, e manoel de lacerda a jemte da cidade e forteleza: os turcos começaram d abalar comtra a sua forteleza e nos nam quiseram aguardar; fiz emtam dous corpos da minha batalha e mamdey apertar hum pouco mais rijo cos mouros, porque me pareceo tempo desposto pera emtrarmos com eles de Roldam na sua forteleza, ou ao menos lhe poderiamos atalhar algũa parte da sua jemte que se nam recolhese toda á forteleza, porque hiamos muyto pegados com eles, e mamdey algũa jemte de cavalo solta que travase neles: como a jemte de cavalo pegou na traseira de sua jemte, e os mouros viram achegarmo nos Rijo a elles, apartaram se logo mais de mill piãees, e eu mamdey abalar Rijo ho corpo da jemte que apartey da minha batalha, que se metese amtre aqueles mill piães que se apartaram e o corpo da outra jemte dos mouros que levava ho Rosto na sua forteleza: os mill piãees, como se viram atalhados do outro corpo da jemte, tiraram todos direitos ao vaao de gomdaly, por omde se salvaram, e alguns deles s afogaram e pasaram ho Rio per aquele paso á terra firme.

A jemte da ordenamça e dom garcia com eses capitães, cavaleiros e fidalgos, que á sua parte eram, hiam já tam pegados cos mouros e tam perto da sua forteleza, que polo lugar ser estreito nam podémos ir em ordem e em batalhas apartadas, como hiamos, e essa jemte de cavalo, capitãees e cavaleiros, se soltaram a pôr as lamças nos muros Rijo e lhe fizeram perder os cavalos e cerrar a porta; e a jemte dos mouros se vyo tam apertada da nosa jemte, que nam pôde aver a forteleza, e muytos deles alaram com toucas demtro, outros coreram ás ilhargas da sua forteleza e emtraram per outro cabo, outros atolados na vasa morreram, e alguns se lamçaram ao Rio; e acudio aires da silva cos ba-

1512 Novembro 23 tees e eses capitãees que com eles eram, e desembarcaram todos ao pee do muro apauesados, como lhe per mim foy mamdado, e os mouros de cima do muro lhe frecharam alguns e com pedras e espimgardõees os fiseram tornar aos batees, porque daquela bamda era ha forteleza dos mouros muy forte e muy defemsavell.

Pegados os capitãees, fidalgos e cavaleiros no muro e a jemte da ordenamça, apertaram rijo a quererem emtrar huns per cima dos outros; os mouros acudiram ós muros e defemderam ousadamente seu muro, e alguns morreram em cima do muro de lamçadas da nosa jemte que estava ao pé do muro, e com artelharia e espimgardas nos fizeram algum nojo, traballiamdo sempre por emtrar, e alguns cavaleiros e fidalgos e outra jemte se ouveram em cima do muro e foram lamçados fóra; e daquele cabo da porta que estava amtre duas torres era lugar muyto forte, e a nosa jemte se acertou aly mais que em outro cabo e os cavalos que aly deixaram os mouros; por ter suas portas fechadas deixaram aly seus cavalos e nan os poderam salvar, os quaees Rifamdo huns com outros, meteram tam gramde descomcerto na nosa jemte, que nan a leyxava pelejar nem chegar ao muro daquela parte, nem á porta.

Os mouros demtro na sua forteleza se poseram em desbarato e deran a forteleza por emtrada, e nosa tardamça os fez volver ho muro a defemdel o, ho quall, se tiveramos hũa escada ou escadas, como tinhamos detreminado, daquela vez os emtraramos; e acudiram com muitas panelas de polvora e muytos feixes de feno acesos e espimgardas e frechas e pedras; e algũas bombardas que tinham postas, nos fizeram assaz de dano, mais áquelles que estavam afastados do muro que aos que estavam ao pé do muro, e mais nam virmos com aquela detreminaçam, nem aparelhados pera combate, como tinha ordenado: duas vezes quisera afastar a jemte do combate e nam pude, porque os capitãees que me a iso ouveram d ajudar, eses eram os que trabalhavam por se boterem em cima do muro, aperfiamdo polo fazer, damdo de pees huns aos outros, querendo trepar polas lamças, desfazemdo lhe as amêas com as lamças; e deram tam gramde força de panelas de polvora, que queimaram alguns homeens e os fizeram afastar; e per nam termos sabida a forteleza e os lugares por omde ha bem poderamos entrar, foy causa de nam ser emtrada, e o lamço que combateram era tam piqueno, e a nosa jemte nam se dobrou ao combate, nem se chegaram aos muros senam os cavaleiros e fidalgos e jemte limpa, toda a outra s afastou, afora somente a jemte da ordenamça, aquela que os capitãees poderam apertar e achegar com ela ao muro; e pola terra ser forte em sy e ser alagadiça a lugares, e hum esteiro com agua e vasa, nam foy bem socorrida de mim nem provida aquela parte da bamda da porta, porque cay eu com a minha bamdeira da bamda da mão ezquerda do esteiro omde estava hũa torre que defemdia miliquiaz, ho segumdo capitam da forteleza, homem homrado e cavaleiro mais que Ruztalcam, capitam primcipall. 1512 Novembro 23

Era daquela bamda comigo garcia de sousa, jorge da silveira, diogo mendez, com alguns cavaleiros e fidalgos, que aquele dia ho fizeram muy ousadamente; e foy bem aperfiado feito daquela parte domde estava garcia de sousa trabalhamdo por sobir ao muro ele em pesoa e jorge da silveira e eses cavaleiros que com ele eram, em tall maneira que a mim me parece que a minha bamdeira se posera no muro, se per outras partes podera ser acompanhado; aimda que tam grosa jemte como era a dos mouros, e tam gramde força, nam era pera entrar hum homem ou dous, mas portall gramde ou lamço de muro deribado, por onde emtrase força de jemte grosa, porque benastary nam era forteleza, mas vyla muy gramde com oito mill homens de peleja demtro e muros muy fortes, a que a nosa artelharia fazia muy pouco nojo: e estas cousas que vy, me fez nam aperfiar ho combate, e dar lugar á jemte que se afastase do combate, por nam ser aquela a minha detreminaçam, nem virmos aparelhados pera ho tall feito com nosas escadas, mamtas, bamcos pimchados e artelharia grosa, como tinha ordena-

1512 Novembro 23 do; e portamto, senhor, cavaleiros e fidalgos carregados d armas por gramde calma, vimdo a pé de goa a benastary, foy cousa de que me muyto espamtey vel o pôr as mãos no muro, e com tamto trabalho e desejo d achegar, e aperfiar a emtrada dos muros aos turcos, que ha sabem muy bem defemder, e matarem muytos deles amtr as ameyas ás lamçadas, e matarem muytos amtes que se recolhesem de todo aa sua forteleza, omde os alavam com toucas por cima do muro; áqueles que ficaram atalhados ao cerrar da porta, mataram lhe aly dous capitãees, mirale e conaiqe.

Naquela banda da porta e lamço do muro se acertaram os capitãees e fidalgos que aquy nomearey a vos alteza: dom garcia, manoel de lacerda, pero mazcarenhas, pero d alboquerque, lopo vaz de sampayo, amtonio de saldanha, francisco pereira, jorje d alboquerque, jorje nunez, gomçalo pereira, dom joham d eça, diogo fernandez, dom joham de lima, gaspar pereira, Rui gomçalvez e joham fidalgo; da outra bamda comigo era garcia de sousa, jorje da silveira, diogo mendez; todos estes eram capitãees e levavam cargo de jemte.

Os que aquele dia foram queimados e ferydos, foy manoel de lacerda, pero d alboquerque, jorje da silveira, lopo vaz de sampayo, Ruy galvam, francisco pereira sobrinho de diogo corrêa, e pero corrêa, joham delgado, que vinha por esprivam de çofala, Ruy gomcalvez capitam da ordenamça, diogo fernandez, manoel de sousa alcaide mór, jeronimo de sousa, e outros homeens de bem, e jemte da ordenamça que os capitãees dela poseram ao pé do muro, e dous ou tres dos piques foram emtrados em cima do muro e lamçados fóra queymados e ferydos.

Afastada a jemte do combate, nos posemos em lugar omde nos a su altelharia fizesse menos nojo, e estivemos vemdo os lugares por omde a deviamos combater, e por quamtas partes a podiamos escalar e emtrar, e daly party caminho da cidade, e lhe trouxemos todo seu gado e alguns cavalos.

Os cavaleiros e fidalgos e jemte omrrada que aquele dia eram pegados no muro com seus capitãees, per Roll os mamdo a vos alteza, os quaees acompanharam bem seus capitãees, pelejaram em seu lugar muy ousadamente, apresiamdo todos d emtrar ho muro, sem Recêo do fogo, espimgardas, frechas e algũas béstas dos arrenegados, lamças, pedras e bombardas, com que os mouros defemderam bem seu muro e nos feryram cemto e cimquemta homeens e a outra jemte baxa afastada do pee do muro. 1512 Novembro 23

E abaley asy com toda a jemte caminho de goa, e estive asy por dous dias damdo folga á jemte, pomdo a artelharia em caminho, escadas, bamcos pimchados e mamtas, alviõees e emxadas, pipas vazias pera nosas estamcias, e toda cousa que pera ho tall feito amtre nós se podia aver; e ao terceiro dia mamdey logo sair a jemte da ordenamça, besteiros e espimgardeiros, e se foram com a artelharia e a minha temda asemtar ao meyo caminho de benastary; e algũus capitãees abalaram logo suas temdas com seus agiãees e temdas e jemte, e as asemtaram de redor da minha: as temdas eram papafigos de naos, monetas e outras velas, de que fizemos muy bõoas temdas e gramdes, e noso arrayall muy bem asemtado e cada capitam em sua temda, bamdeiras postas nelas; chegados os capitãees ao outro dia todos com suas temdas, e noso arrayall cercado d artelharia, os fiz afastar de lomge, e asy nos detyvemos aly dous dias, polo prouimento e mamtimemtos da jemte que era trabalhoso d acarretar, por nam termos as cousas necesarias pera a servemtia destas cousas.

Pasados dous dias nos posemos todos em armas em batalhas, fomos dar vista á forteleza dos mouros, que nos bem recebeo com muitas e bõoas bombardas, e a jemte da ordenamça com artelharia jumtamente mamdey logo achegar perto da forteleza; como a nosa artelharia começou de jugar, despejaram logo ho alto de seu muro e quebraram suas bombardas, e nam deram lugar que jugasem mais; emtam me decy de hum faquineo meu, soo e a pee me acheguey omde estava artelharia e a mamdey chegar mais

1512 Novembro 23 á forteleza, naqueles lugares omde me parecia que podia fazer dano e derribar hum lamço de muro por omde podesemos emtrar força de jemte, e por aquele dia nam fizemos mais, somemte asemtamos noso arrayall de rredor da forteleza dos mouros, naqueles lugares omde su artelharia nos podese fazer menos dano.

Vímdo a noute, mamdey chegar as estamcias ao muro quamto seria hum jogo de barreira, e dey cargo disto a meu sobrinho dom garcia, e mamdou aquela noute pôr as pipas em seu lugar chêas de terra, e artelharia amtr elas, e as mamtas muy bem ordenadas: toda a noute trabalharam nisto perto de quatrocemtos homeens, piães da terra; e ao outro dia pela menhãa tinhamos nosas estamcias muy fortes e nos artelharia muy bem assemtada, e detrás das estamcias em hum baixo estavam os capitãees da ordenamça com sua jemte, e noso arrayal e temdas mais afastados: começou a nos artelharia de tirar ao muro tam apresada e tam Rija que os mouros nam ousaram de vir amtre as ameyas, e começamos de Romper ho muro per hũa parte, e até tarde numca artelharia cesou de lhe tirar; tinhamos cimquo camelos de ferro e hum camelo de metall e hũa espera de metall, dezaseis cãees, vimte berços, e trimta e sete bombardeiros com a artelharia, que ho fizeram todos muy bem aquele dia até tarde; e das gavias das naos, que estavam da outra bamda, capearam com bamdeiras, que lhe fazia lá nojo a nosa artelharia, e eu mamdey avisar os bombardeiros que tirasem mais baixo e desem resguardo ás naos, e mamdey achegar todas nosas escadas jumto aas estamcias; cada capitam pôs as suas em seu lugar.

Vemdo os mouros nosa detreminaçam e a artelharia nosa que lhe derribavam ho muro, combatidos per mar e per terra, cercados e atalhados, se remderam e se deram, e pediram seguro e fala, e eu mamdey joham machado falar com eles; per ele me mamdou Ruztalcam dizer que lhe dése seguro, e que era o querya que ele fizese? mandey lhe dizer que mamdase dous arrefeens, e que mamdaria lá jo-

ham machado: mamdou dous turcos, homeens primcipaees, 1512
e foy lá joham machado, e lhe dise da minha parte, que Novembro
se queria leixar artelharia e os cavalos, e emtregar me os 23
arrenegados que lá amdavam, que eu os leixaria pasar: chamey a comselho os capitãees e fidalgos, e nam pude acabar com eles senam que todavia os combatesemos e emtrasemos por força d armas, asaz apasionados de mim e descomtemtes, por me verem emtemder em comcerto cos mouros; e eu lhe respomdy, que a milhor cousa que os mouros tinham, era a artelharia e os cavalos; e toda a outra jemte, aimda que ha cativasemos, nan a avia de meter na forteleza comnosco, porque estavamos carecidos de mamtimemtos, e que damdo lhe nós combate, a pesoa de Ruztalcam serya duuydosa cousa tomal o, e punha em comdiçam matar quatro ou cimquo fidalgos, ou vimte pela vemtura; e que mouros cercados e atalhados, sem nenhũa esperamça de salvaçam e muita jemte, samgue aviam de fazer em nós, primeiro que os apagasemos de todo; e portamto que eu determinava, deixamdo eles artelharia e os cavalos, leixal os pasar á terra firme.

Ruztalcam e os turcos vieram a este comcerto, e eu lhes dey seguro; e Ruztalcam de noute pasou suas molheres e sua fazemda e alguns cavalos de sua pesoa, e ele e miliquiaz, ho segumdo capitam; e a jemte toda ficou muy asombrada, e ficou tam gramde aluoroço e desbarato amtr eles, que muytos se lamçaram ao mar e se afogaram: acheguei me ao muro com toda a jemte, que nam pude ter a jemte que nam emtrase; foy me emtam forçado, por lhes guardar meu seguro, livral os da jemte que os nam matase nem Roubase; e emtrey demtro na vila e era tamta a jemte na borda do mar e na vila, que eu fiquey espamtado, e muytos turcos e Rumis e persios e muytos cavalos e todo seu fato sem remedeo nehum de pasajem.

Mandey emtam vir os batees das naos que aly estavam, e outras atalayas, barcas e navios de Remo que aly tinha, e os mamdey pasar, e com asaz trabalho os pude defemder da nosa jemte que os nam Roubase, e trabalharam nisto

1512 Novembro 23 dous dias en os pasar; e aquele dia que pasaram, chegou Içufylary, capitam do Idal ham, a lhe dar socorro, ho quall nam poderam emtrar em nehũa maneira; e damdo lhe socorro, parece me, com ajuda de noso senhor, segumdo a bõoa vomtade da vosa jemte, hum caminho levaram todos; e asy Recolhemos os cavalos e artelharia toda, e asemtaram seu arrayall na terra firme, domde se lhe logo foram tres ou quatro capitãees turcos com muyta jemte branca: Içufulary se tornou a suas terras domde viera com sua jemte, e louvaram todos minha verdade, guardar lhe imteiramente meu seguro; e primeiro que pasasem, m emtregaram os arrenegados que se com eles lamçaram.

E isto acabado, ho Ruztalcam se trabalha agora por minha amizade, Receoso do Idal ham ho tratar mall; e creo, com ajuda de noso senhor, que as pazes se asemtarám com Idal ham como seja voso serviço, e sempre nos leixarám partes das terras de goa: eu faço os pasos fortes com torres, ainda que eu me afirmo que eles nam tornarám mais á ilha de goa, porque se viram cercados e a pasajem tomada com naos de quatrocemtos tonees atravessada no passo de benastary, que eles muy mall cuidaram que poderya ser.

Os arrenegados eu lhe dey a vida a requerymemto do Ruztalcam, e os mamdey daneficar em seus membros, e aleijados e decepados e desorelhados, por espamto e memorya da traiçam e maldade que cometeram.

Ho em que agora fico ao presemte: lamço armada fora da barra e vou sobre cambaya asemtar as pazes e alarguey as naos que fosem *tomar* sua carga, e as outras, com ajuda de noso senhor, pera ho ano iram *a cam*baya: espero de tomar mamtimemtos e com ajuda da paxam de noso senhor, semdo ele em nosa ajuda, como sempre faz, espero d ir so..... prazerá ele, pola sua mizericordia, que nos leixará acabar este *feito co*mo vosa alteza deseja, com acrecemtamento de voso estado e fama dyamte de todolos primcipes do mumdo: a imdia fica muy mamsa e asombrada,

posta em toda a sojeiçam e obediemcia de vos alteza; 1512
queira a noso senhor comservar: espryta em goa a xxiij Novembro
dias de novembro de 1512. 23

Por lettra do proprio: feytura e servydor de vosa alteza

Afomso d alboquerque.

(Sobrescripto) A el Rey *noso senhor.*

Carta de Affonso de Albuquerque para El-Rey sobre o que aconteceu ao Embaixador do Preste João, e da paz que o Çabayo deseja

(Torre do Tombo, gav. 15, maço 19, n.º 23.)

Senhor.—Despois de me tomarem ho embaxador de 1512
preste joham e o terem cativo em dabull, como lá tenho Dezembro
esprito a vos alteza, determiney de ir sobre dabull e 16
pôr lhas mãaos, se mo nam entregase, porque era já conhecido e sabido por toda a costa ser embaxador do preste joham e enviado a vos alteza; e por ter algũas cousas de despachar em goa, mamdey garcia de sousa diamte, e com ele pero da fomseqa, duarte pireira num navio e lopo vaaz de sampayo, que se fose lamçar sobre a barra de dabull, e hy m aguardasem, e após eles mamdey jorje da silveira, pero d alboquerque, dom joão deçaa, e asy mesmo fosem sorjir sobre a barra de dabull; e surto garcia de sousa e esoutros navios que chegaram dyamte, dabull lhe mamdou alguns Recados e alguns presemtes, dyzemdo que qerya pazes comnosco e pagar pareas: garcia de sousa lhe respomdeo ho que levava por minha estruçam, em que lhe mamdey que pedise certos homeens e cartas que me mamdava miliquiaz, nam lhe nomeando ho embaxador de preste joam: nesta pratica que asy tiveram, lhe mamdaram arrefeens,

1512 Dezembro 16 que mamdase hum homem em terra; e eu tinha mamdado com garcia de sousa hum homem cativo em cambaya, que me el Rey de cambaya mamdou, e estevam de freitas, e vieram de dyv em companhia do embaxador até chavll, como já em outras cartas tenho dado comta; e garcia de sousa mamdou ese homem, que lá vay com ho embaxador em terra, e conheceo ho embaxador e pidio o logo ao capitam de dabull: ho capitam pregumtou logo ao embaxador: que homem és tu e domde veens, que te os cristãos pedem? Respomdeo ho embaxador, nam m emtregues, porque os cristãos nam me pedem senam pera me matar, pera mais desimulaçam, e tinha a vera cruz soterrada e escomdida, porque todo all lhe tinham tomado.

Ho capitam de dabull ho soltou logo das prisõees e o mamdou a garcia de sousa, pedimdo lhe seguro: garcia de sousa lho deo ataa ver minha determinaçam, e nas pareas nam falou, nem lhas aceytou, nom lhe mamdou nehũa Resposta, porque eles fizeram logo prestes dous turcos pera virem a goa falar nas pazes por mamdado do çabayo, e tornaram todo ho dinheiro, cartas e cousas que ho embaxador trazia, sem lhe falecer hũa agulheta: tamto que ho embaxador foy nas naos com todo seu fato asy como ho cativaram, partio logo pero da fomseqa com ele e com os misijeiros do çabayo caminho de goa e cartas do capitam de dabull. Recebemos ho embaxador com persiçam, e viemos atá igreja com ele, e aly prégou hum frade prégador, e nos amostraram a vera cruz e nol a deram a beijar a todos, e tocamos muytas Joyas nela; e acabado aquilo, fuy com ho embaxador á sua pousada, omde ho mamdey muy bem agasalhar e servir, e lhe dey duas espravas moças de sua terra pera serviço seu e de sua molher, e lhe dey dous moços de sua terra que sabiam já falar nosa limguajem, e lhe dey vestidos pera ele e pera sua molher de brocados e panos de seda de quaa da imdia, beirames e betilhas, e lhe mamdey dar alguns portugueses e curzados, e porque nam eram muytos, mostrey que lhos mamdava por mostra da moeda de vos alteza: todo o outro prazer, gasalhado e boom trato que lhe pude fazer, ho fiz, como embaxador de tam gram senhor: garcia de sousa com eses capitães que com ele hy eram, negocearam este feito muy bem com toda desimulaçam e aviso que dę mim levavam, o noso senhor, que afauorece vosas cousas em gram maneira, lh aprouue de me fazer esta mercee, que cobrase este homem, que tam atroada fica a imdia com sua hida e embaxada a vos alteza: ho mais que pasou em seu cativeiro ele ho comtará a vos alteza. 1512 Dezembro 16

Creo, senhor, segumdo a mesajem do çabayo, que ele deseja em gram maneira ha paz com vos alteza e estar a voso serviço, e por segurar dabull e samguiçar, que já nam tem outros portos na Ribeira do mar, todavia nos dará as terras de goa, ou ao menos cem mill oras d ouro nas milhores terras que goa tem: isto he ho que me parece: estamos agora em paz, e os mercadores da terra e mamtimemtos, mercadarias e jemte, vay e vem á ilha como soya; a torre de benastary está já no primeiro sobrado, muy forte, e obra que tomás fernamdez faz muy fermosa de camtaria e call: feita a torre, lhe faram sua barbacãa de rredor, e fica lhe ho poço demtro, e o paso de benastary seguro; e com ajuda de noso senhor a mim me parece que deste feito goa tomará asemto proueitoso ás cousas de voso serviço, e segurará pera sempre, porque em todas as quatro pasajeens da ilha faço quatro torres, que estaram asy vejiadas por dez homeens em cada hũa, pera quamdo hy ouuer necesidade pôrem jemte nelas, aimda que me parece que nam ousarám nunca d emtrar a ilha jamais, porque deste feito de benastary ficaram os turcos muy asombrados; e mais, senhor, seguro ho paso de benastary, nam entrará jemte na ilha que se nam perca, porque nam tem lugar em que se façam fortes e por omde metem prouimento na ilha, que lho nam tolham dous batees.

Meu sobrynho dom garcia ao presemte he em cochim dar gram presa a se correjerem esa nao sam pedro e esoutros navios que m espedaçaram e desaparelharam em benastarym artelharia dos turcos, pera irmos omde vos alteza de-

1512 Dezembro 16 seja, ajudamdo nos noso senhor: esp....... xbj dias de dezembro de 1512.

Este embaxador que la vay, he homem avisado, irmãao do patryarqua que os abexis tem no cairo: diz que sua molher he paremta do preste joham, e ese moço irmão dela.

Este moço he paremte del Rey d abexia, e he embaxador como estoutro, porque he seu cryado, e este embaxador diz ele` que vem com o selo destroutro, porque he imda moço, e que el Rey mamda este moço como cousa de sua casa e sua feitura: ambos devem de ter hũa iguall omrra amte vos alteza, e o moço e sua molher muyto estimados por serem paremtes do Rey: diz que as cartas que nam sabe em que letra vem, porque el Rey e seu irmão as espreveram sem lhe darem nehũa comta do que vem nas cartas: foy cativo em zeila e roubado; foy cativo em dabull. Diz tambem que el Rey lhe mamdou que nam descubryse sua vimda quá aos nosos cristãaos que lá estam, porque nam fose sabido sua vinda dos mouros, polo nam torvarem ou matarem, porque, se vos alteza vise ho que vay na imdia depois que souberam que este era embaixador do preste joham, parecer lh ia prenostica d algũa mudamça gramde; tam asombrada está a jemte da imdia: prazerá a noso senhor que será começo da destruyçam da casa de meqa, que ma mym parece muy piqeno feito d acabar, porque he terra muyto fraca, sem jemte d armas; os alarves vivem muy lomje; na cidade de meqa nam ha senam jemte de comtas de rrezar na mãao, e alfenados sem nehũa arma: em judá averá hy cemto e cimquenta mamalucos que ha senhoream e colhem eses direitos: diz que morreo lá ho valemceano que foy de quaa da imdia, que vos alteza tornou lá a mamdar: dise me que se fose a dacanam, que el Rey me viria aly ver, tamto deseja e precura a destruiçam dos mouros, e tamto folga ver cristãos desas partes: he homem moço, chama se davy; ha pouco que he casado, e sua may ilena dá Rezam das minas do ouro, e domde vem a çuaquem, e domde ven o ouro a çofala: diz que nam emtraram jumtos os dous homeens que trystam da cunha mamdou, e eu lamcey no cabo de guardafum; diz que joham gomez foy co mouro, e ho outro foy per sy; e asy dizem estes dous judeos que quaa trago, que em çuaquem toparam joham gomez co mouro. 1512 Dezembro 16

Por lettra do proprio: feytura e servydor de vosa alteza

Afonso d alboquerque.

(Sobrescripto) A Ell Rey noso senhor.

Nas costas, por lettra coeva: d afonso d alboquerque sobre ho embaixador do preste Joham.

Vieram todas na nao de bernaldim freire.

Carta de Affonso de Albuquerque a El-Rey sobre o soccorro que pede El-Rey de Cochim contra o de Calecut

(Torre do Tombo, C. Chron., parte 1.ª, maço 53, doc. 107.)

Senhor. — Per outra carta de vos alteza, que no dito maço vinha, me diz vos alteza, que el Rey de cochim vos espreveo, pedimdo vos por mercê, que pois ele continuava em fazer guerra a el Rey de calecut, que me mamdase vos alteza que lhe dese todo fauor e ajuda que lhe comprisse; e mais diz na dita carta a maneira de que lha devo de dar, nam poemdo jemte em terra: dygo, senhor, que el Rey de cochim he ho mayor amigo que eu nestas partes tenho, e que em cousas de voso serviço e seu estado eu ho tenho ajudado e posto na sela, como vos alteza mandou, e estaa Rey pacifico asemtado em sua cadeira, apesar de calecut e do outro Rey a que ho reyno pertemcia de dereito, segumdo sua jemtilidade: a guerra que el Rey de cochim faz a calecut, he ajudar a hum 1513 Novembro 30

1513 Novembro 30 gram senhor que está na serra sobre calecut e comfina com ele, e aly vay ao seu para cad ano á sua husamça; e se ele quisera pôr ho fogo a crangalor e á terra de Repelym, muitos anos ha que lha tivera com nos ajuda guanhada: isto que hagora mamda reqerer a vos alteza, nam sam senam ciumes da paz de calecut, que ele via ao çamorym em sua vida Requerer muyto Rijo: ele ouue hũas cartas mynhas que hiam pera o çamorym, em Reposta d outras, que me esprevera palavras desapegadas: hum pouco falou ele comigo e amostrou me as ditas cartas peramte gaspar pereira e louremço moreno e peramte diogo pereira: Respomdy lhe eu: esas cartas minhas sam; e mais lhe dise: nam vos parece a vós rezam, que per bem de meu carrego, em nome del Rey noso senhor, que Respomda aos amigos e imigos, quamdo me *mandam* cometer paz? nam vos vejo eu fazer muy bem vosos feitos *com* vosos imigos e amigos, e terdes moodos e maneiras com *elles*, pera que a seguramça de voso reyno e terra estêm seguras, e *ache*gail os em amizade comvosco? pois como vos parece a vós que, aimda que ho çamorym seja noso imigo, nam aja eu de ver o que ele quer, Respomder lhe e dar lhe Rezam de mim? e jumto com isto fazer lhe a guerra e queymar lhe as naos, porque ha paz na mãao del Rey noso senhor está: ele ficou comfortado e comtemte, e parece lhe que por Rezam de meu oficio nam podia deyxar de dar rezam de mim aos imigos e amigos.

Agora, senhor, ho çamorym he morto, ho mais maao homem e mais chêo d emganos que as molheres nunca pariram, e seu irmão ho nambiadery sempre foy desejoso de vos servir; comete a paz e sojeiçam a vos alteza, forteleza e tudo o que quiserdes; recolheo pera sy ho alguazill velho de cananor, voso verdadeiro e leall servidor, ho quall foy na peleja com Rodrigo Rabelo, e fez gramd estrago nos mouros ele e seus paremtes, que hy vieram a meu chamado, desafauorecido del Rey de cananor e perseguido do alguazill de cananor que soya a ser desejador de ho matar. A meu rogo ho rey que agora he de calecut lhe deu ho alguazilado de calecut, por estar a terra asesegada em voso serviço.

Sobre os apomtamemtos da forteleza eu deixey, quamdo me party pera adem e pera o mar Roxo, framcisco nogueira e gomçalo memdez, feitor que foy de cananor, que fosem falar co çamorym e co primcipe seu irmão, e neste meyo tempo morreo ho çamorym; estes ambos de dous aviam de fazer a forteleza no seu çarame, porque em lugar tam gramde nam se podia fazer com força de jemte nosa, que nam fosse gramd escamdolo; sey que foram lá duas vezes e vieram: quamdo embora chegar a cananor e falar com francisco nogueira e gomçalo memdez, saberey como este negocio pasou; dou a vos alteza esta piquena comta, porque vou de caminho pera lá respomdemdo ás cartas de vos alteza: a vós, senhor, vos compre muyto averdes calecut á mão com paz e forteleza, pois que atė quy com guerra lhe temdes feito muy pouco nojo, porque guanhaes gramde credito nestas partes e gramde fama lá nesas; temdes escapola verdadeira pera carga de vosas naos em cochim e calecut, porque aquy jaz toda a carga da pimemta e do jemgivre, e alargay cananor de vós, que nam vos he proueitosa pera carga, nem pera nehũa cousa; tirai vos das pemdemças de calecut, que ha dezoit anos que está em pee, porque, imda que ho podeses destruir, nau o devies de fazer por amor da carga do jemjivre beledy e d outras muytas drogoarias e muita pedraria do reyno de narsymga, e mais semdo duas cousas tam vezinhas e tam jumtas como he calecut com cochim; amtes me pareceria rezam meter vos alteza a mãao na paz amtre ele e o Rey que agora he, *pois* ho çamorym he morto; e se tiverdes calecut e cambaya e goa, *ainda que* venha todo ho poder do soldam e todo o poder do turco, nam *nos* podem empecer, nem levar espiciarias da imdia, se vos alteza *quiser*. 1513 Novembro 30

E pois ho çamorym he morto, que foy tredor e maao, estoutro que vos nam tem errado vos mete comsigo demtro em seu Reino, e vos dá forteleza, com que podees segurar as especiarias e mercadarias que vam de calecut pera o cairo, com oytemt omees na forteleza, e queremdo os trazer no mar em guerra, nam lhe podees tolher a carga, e se forem poucos navios, fal os am afastar afóra; espiryemcia, senhor,

1513 Novembro 30 temdes tomado disto que vos digo; pol amor de deus, senhor, crede me o que vos de quá esprevo; as cousas que se vos meterem na mãao sem guerra e com forteleza, aceitay as, pagando elas os soldos e mamtimemtos á jemte e semdo cousa proueitosa, ou pera o trato, ou pera seguramça da imdia.

Que releva aos vosos oficiaes e capitães das vosaş fortelezas escreverem vos sobre a guerra de calecut? eles nam amdam no mar, nem estam ás bombardadas com eles, nem tem cargo de lhe tolher a navegaçam de suas espiciarias e mamtimemtos, nem lha daa mais quá que vemça calecut que os portugueses; e estes taes lembra lhe muy mall que ha dezoyt anos que vivemos em descredito com esta guerra de calecut quaa e lá, e nam dam outra Rezam senam que el Rey de cochim que ho ha por mall; tem vos alteza mais obrigaçam a el Rey de cochim que ho soster em seu estado e fazel o Ryco e omrrado, e pagar lhe gramdes dereytos da pimemta? mas que aimda suas gemtilidades e seus costumes de seus paras e de sua guerra ajaes de guardar com outros Rex e senhores, que querem ter paz e amizade comvosco? nam me parece, senhor, que vos comvem terdes tamta pemdemça na imdia, mas quem abrir seu porto a voso trato e mercadarias, nam deixês de ho receber com seguramça de vosas jemtes e mercadarias, e asy hirês ganhamdo credito e fama na terra, e a imdia hirá tomamdo asemto, ao menos de cambaya até ceilam, omde as vosas naos am de fazer sua carga; eu, senhor, vos certifico que ho feitor e esprivães de cochim vos nam am d escrever isto, nem menos os de cananor, nem os capitães das fortelezas de cochim e cananor, porque bem sey eu as emborylhadas que eles tem feitas sobre este comcerto de calecut, com peitas dos mouros de cananor e cochim e del Rey de cananor e de cochim, e nam ouso de dizer a vos alteza cam ousados sam os homeens na imdia a fazerem hũa gramde maldade, como lhe dam dadivas, e os vosos seguros nam amdam eles muyto metidos em ordem, porque ás vezes desimulo eu muytas cousas, por nam danar amte vos alteza tamtos homeens.

Tomay, senhor, *por* fumdamento que el Rey de cochim e el Rey de cananor *nam q*uerem fazer a guerra a el Rey de calecut nem o querem destroir, *nem man*dar a voso capitam e vos armada pera que ho destrua, amtes a*codem* Rijamente ás suas necesidades e o sostem, por tall que *se* nam venha meter em vosas maãos, porque sabem que he tam gramde o trato de calecut e tam abastado de mercadarias, que ficam eles dous caymaaes muyto piqueninos; e a vos alteza comvem ho comtrairo, que ha carga de vossas naaos até fym do juizo seja em cochim e em calecut, e que estes comservees e guardês como cousa muyto primcipall e necesarea a vosos tratos e despacho de vosas naaos, porque ha carga sortada de deversidade d espiciarias nan as podees aver senam trazydas por estas formigas de desvairadas partes gram e gram á sua terra, e aly comprardes lhas por preço que se faça lá proveyto. E isto, senhor, digo, emquanto vos alteza nam mamda homeens por feitores á imdia que saibam dar aviamento ao negocio, porque eu ey vergonha do embaraço e pouco saber dos feitores que quá temdes na imdia, que asy me deus ajude, que tiramd os da carga, que fazem hy dous escreavẽs (*sic*) negros malavares, nam sam homens pera saberem comprar dez réis de pam na praça, e por isto, senhor, nam vedes vos luzir vosos feitos e vosos tratos na imdia, mas amortalhados e escurycidos e chêos de mill desordeens; tudo Redumda em fazerem seu proueito, e falarem vos lá em nomes de tratos e d espiciarias, como fazem os buticairos nos nomes das drogoarias, e como quá sam, esqece lhe logo tudo ho que vos prometeram e diseram que faryam, e todo seu feito he escreverem vos como avês de governar a imdia. Digo isto, senhor, por descargo de minha comciemcia; valha quamto poder valer; porque se em meu tempo tivesse mercadores que soubesem o trato e dar aviamento a vosas mercadorias pelos lugares do trato que tenho amdados e asemtados, vos alteza louvaria mais meu serviço.

1513 Novembro 30

Querees, senhor, ver se vos falo verdade? pregumtay aos feitores de cochim, se lhe tenho mamdado que mam-

1513 Novembro 30 dasem Roupa de cambaya pera çofala? porque ho nam fizeram? se eles sabem mamdar naos carregadas d espiciarias e mercadarias a dyo e a çurrete, como nam mamdam eles a vosa?

Tambem lhe tenho mamdado que mamdasem Roupa de cambaya a malaca; porque ho nam fizeram? estes taes como mamdarám eles naos com mercadarias a urmuz e outras a pegu, e outras a bemgala e outras a zeila, a barbora e zeila, e outras a malaca e çamatra, e outras tanaçarym, e outras a sarnao, e outras a cey*la*m trazer todalas diversidades de mercadarias has vosas feito*rias* pera carga de vosas naaos, pois que duas cousas tam piquena*s*, *co*mo acima digo, nam quiseram pôr em obra? nam o sabem faz*er*: *tor*no vos, senhor, outra vez a dizer, que vos esprevo isto por descarg*o de m*inha comcyemcia; e digo que devia vos alteza deixar se amt*es rou*bar a dous frolemtis, que ver tamanho descredito em vosos tratos e feitorias da Imdia e tam mazcabados, metidos em tamta desordem e tam pouco voso proueito, porque estes taes naceram no negocio e saben o fazer: esprita em cananor a xxx dias de novembro de 1513.

Por lettra do proprio: feytura e servydor de vossa allteza

Afomso d alboquerque.

Carta de Affonso de Albuquerque a El-Rey mandando-lhe uns abexins, e pedindo-lhe que mande semear dormideiras nas ilhas dos Açores para fazer afiam

(Torre do Tombo, C. Chron., parte 1.ª, maço 13, doc. 36.)

1513 Dezembro 1 Senhor. — Eu mamdo llá a vos alteza dous abexys que foram cativos imdo pera a romaria de jerusalem, no sertão da ilha de çuaquem; sam homes emtemdidos da nosa ley, e sabe hum delles esprever muy bem em sua lymgoajem: mamdo tambem a vos alteza hum mamcebo abexy, que sabia arabia, e lamçou sse com Ruy galvão em zeilla; foy espravo do feitor do solldão, que está em judá; e mando o pera lymgoa dos outros, que nom sabem falar aravia, e ele sabe a muy bem e mais limgoajem de sua terra; e asy mamdo a vos alteza hum sobrinho do xeque e senhor de meçuá e senhor de dalaca, que me moreo vymdo pera a Imdia, que sabe a limgoajem do preste Joham e a de dalaca: mamdo a vos alteza hum Rubam do mar Roxo, que tem sua molher e filhos em judá; homem avisado he, saberá dar boa comta dos portos e navegaçam do mar Roxo, sabe bem seu ofycio: mamdo tambem a vos alteza hum ofyciall dos de goa, que fazem tam boas Espymgardas como as de boemea e asy lavradas com perafuso: lá fará seus emgenhos: lá vos mamda pero masquarenhas amostra dellas: mando vos tambem hum mouro d adem, que sabe laurar afyam e a maneira de que se colhe. 1513 Dezembro 1

Se me vos alteza quyser crer, mamday semear dormydeyras das ilhas dos açores em todollos paúes de portugall, e mamday fazer afiam, que he a melhor mercadaria que cobre pera estas partes, e em que se ganha dinheiro: por este açoute que démos adem, nam veo afyam á imdia, e onde valia a doze pardaos a faraçolla, nam se acha agora a oytemta: o afyam nam he outra cousa, senhor, senam leite de dormedeiras; do cayro, domde soyam a vyr, nam vem, nem d adem; portamto, senhor, mamday o semear e laurar, porque hũa nao carregada se gastará cada ano na Imdia, e os lauradores ganharám tambem muyto, e a jemte da Imdia perde se sem elle, se o nam comem; e meta vos alteza este feito em ordem, porque nam vos esprevo pouqo: esprita em cananor ao primeiro dia de dezembro de 1513.

Por lettra do proprio: feytura e servydor de vosa alteza

Afonso d alboquerque.

(Sobrescripto) A el Rey noso Senhor.

Carta de Affonso de Albuquerque a El-Rey sobre os successos no mar Roxo, e nas terras do Preste João

(Torre do Tombo, C. Chron., parte 1.ª, maço 16, doc. 54.)

1514 Outubro 20

Senhor. — Posto que pel armada em que veyo Joham de sousa, tenha avisado vos alteza de todo feito do mar Roxo e muy mevdamente de todalas cousas de demtro dele, e asy d adem e do negocio como pasou, e dos rex e senhores que jazem na Ribeira do mar Roxo, e seus poderes de jemte de pee e de cavallo e a quem obedecem, e asy das ilhas e navegaçam de demtro do mar Roxo, dos portos e terra do preste Joham, daqueles lugares em que hy ha aguua, dos vemtos e temporaees que lá achey, e de todo este feito muy mevdamemte; como creo que já lá estará diamte de vos alteza, e alem de tudo Rubam e pyloto do estreito, homem maravilhoso pera vos alteza ser milhor emformado, tocamdo lhe as cousas que daquelas partes vos esprevy, por omde me parece que vos alteza deve de ter verdadeira emformaçam das cousas que me apomtastes em certos capitolos d ũua carta gramde, e aimda agora me parece bem tornar a falar neste feito, em algũuas cousas de que vos alteza deve de fazer fumdamemto:

Primeiramente, senhor, digo que adem se deve todavia d asenhorear com forteleza, posto que feito o asemto demtro no mar Roxo em meçuá e descuberta esta danosa e pyrigosa cilada e fama dos Rumis pera ho asesego da imdia, nam ha hy hadem, nem qem trate nela, nem nao que ha ouuese de vir oulhar: porém, senhor, tolhemdo ha imdia ho trato d adem, da Ruiva, passas, amendoas, afiam, cavalos, tamaras, ouro, e gasto das mercadarias de qá da imdia, a saber, Roupa branca, outra Roupa de toda sorte, espiciarias, drogarias, arrozes, algodões, panos de seda, era destroirdes a imdia de todo, e s emcherem nos amigos e imygos d escamdolo, quamdo lhe tolheses ho trato que a vos alteza nam traz perjuizo; mas pera segurar adem, que se nam criye nela força que bula com ho asesego e asemto da imdia, e asy pera vos alteza receber proueito e trebuto, adem se deve d asenhorear com forteleza, porque temos porto morto de todolos vemtos, em que as nosas naos podem imvernar; e nam vejo nehum imcomveniemte a ese feito senam agua, que nam ha naqueles lugares e sytio em que me parece que estaria bem a forteleza; e esta, senhor, he a mayor força que adem tem; porém, como já tenho largamente esprito a vos alteza, ho porto de vjufu, que está trás as costas d adem defromte na terra firme, estam certos poços d agua, os quaees se deviam primeiro de segurar, asy pera se ganhar adem, como pera a forteleza aver o provymemto d agua daly daquela parte, porque se faz ás vezes dous anos e tres que nam chove em adem. 1514 Outubro 20

De se ganhar adem nam tenha vos alteza nehũa duuida: verdad está que adem, se nosos pecados nam foram, esa pouca jemte que eramos, se poderamos emtrar demtro nela, todavia a levaramos nas mãos; agora já ha mester iiij ou b̄ homeens [1], porque, as cousas avisadas na imdia, tem todo emjenho e saber e força que ha mester pera sua defemsam, como em todalas outras partes; e com tudo isto, senhor, que digo, se hy nam ha agua, todo feito he nada.

A ilha de cira, que está no porto e pouso das naos, qen a ganhar tem adem na mão: parece me, senhor, que tem milhor combate pelas costas que por omde o cometemos, porque a maré que bate no muro, nam deixa fazer asemto d artelharia, nem estancias, e se a queremos cometer de baixamar, com força d escadas ha de ser ganhada; e destoutra bamda das costas dela tem o lugar pera fazer estamcias, e podemos lhe tolher o caminho da porta e o prouimemto d aguua e mamtimemtos, e ganhada a porta da serra, temos ganhada a cidade.

E asy, senhor, me parece milhor combate pelo porto que se chama focate, que está da outra bamda de cira, polo mar

[1] Quatro ou cinco mil homens.

1514 Outubro 20 nam chegar de todo ao muro, que per estoutro lugar por omde o cometemos; porem, senhor, a mim me parece que adem se deve de cometer cos ponemtes e nam cos levamtes.

As novas que ao presemte tenho d adem sam estas: derribou a torre que tinha no molde, alevamtou os muros da coiraça e baluarte que aly estava, e está tudo sojeito ha serra omde estava o trebuco, e ouueram boom comselho, porque a torre nos era abrigo das bombardas e pedras de cima da serra, que está a pique sobre ela. Dizem que alevamtou mais os muros da bamda do mar, foi lhe muita artelharia grossa de quá da imdia, e primcipallmemte de miliquyaz, aimda que ele cuida que o nam sey eu, porque a este toca muito a destroyçam d adem, que aquele ano que emtramos ho estreito, nam ouue hum soo serafym de dereitos, por nam virem naos d adem, que he o primcipall trato de seu porto: alguuns dizem que está o filho do xeqe com jemte duas jornadas d adem, outros dizem que nam: pasaram de cem naos as que est ano foram adem, e vieram d adem á imdia sen o podermos comtrariar, por nam termos harmada aparelhada, e porque nos estamos comcertamdo pera nosa determinada viajem omde nos mandaes ir.

Forteleza na porta do estreito nam póde ser, porque hy nam ha agua, nem devês, senhor, fazer fumdamemto diso, porque na parajem em que adem está, tres symgraduras da porta do estreito, eu haveria por mais chave do estreito que ha mesma emtrada.

De barbara e zeila nam deve vos alteza fazer hy trato, nem asemto, em trebuto as devês de pôr e em obidiemcia a vos alteza, o que eu creo que eles receberám, porque nam podem all fazer, se as nosas naos cada mouçam ouverem de trilhar aquele caminho: as mercadarias e ouro daquelas partes tudo vem da terra do preste joham em cafilas: como vos alteza fizer o asemto na terra do preste joham, emtam vos poderees milhor determinar o que qerês fazer de zeyla: pela vemtura qererá ho preste joham que ha mandees estruir, e temdo nós forteleza em adem, de zeila e barbora nos convem prover de mamtimemtos, porque daly se provê adem de trigo, mamteiga, carneiros, milho, mell e de todolos outros ligumis. 1514 Outubro 20

Acerqa, senhor, da ilha de camaram, aquy ha novas que fazem forteleza nela, huuns dizem os Rumis, outros dizem que ho xeqe d adem: tirar nos am d um cuidado porque he ilha cerqada d agua, e se nos nam poderem comtrariar harmada, sam tomados has mãaos; e que nos tenham ganhada esta ilha, outra temos mais adiamte dous dias de navegaçam comtra judá, que se chama farçam; está defromte do porto de jizem, tem muita agua, e he boom pouso pera as nosas naos: temos tam*bem* dalaca, que podemos levar nas mãos lijeiramente, em que hy á agua.

Ho asemto primcipall e primeiro que devemos de fazer, he em meçuá, porque a nós nos comvem segurar o prouimento dos mamtimemtos em lugar e terra que nos nam ponha em necesidade; e pois em meçuá ha de ser o primcipall porto da terra do preste joham pera vosos tratos, e pera hy ter ho ouro toda a sayda, como agora levam os mouros, aly devemos d asemtar primeiro, e pera toda ajuda e fauor que nos da terra de preste joam comprir, e asy pera emtender no feito de judá e meqa e suez, se vos alteza quer que ho cairo tenha atalayas e se vejie; porque certefico a vos alteza que com toda a gramdeza do cairo e com toda a força do gram soldam, se hy ouuer hũa forteleza em suez desta bamda, e desoutra bamda lhe ganharem alixamdria, que ho ponham em gramde comfusam, porque gramde cousa sam as emtradas dos dereitos d alixamdria e dos tratos da imdia que ho soldam tinha, porque paga tam gramdes soldos e tam desordenados, que se nam alevamtara a moeda e nam husara de tirania no cairo, nan os podera pagar nem tivera a jemte que tem; em tamta necesydade o tem posto as Riqezas da imdia no cairo, que lhe já gora nam vam senam algũa cousa furtada que ha terra póde gastar: e as fortelezas á nosa husamça feitas nan as podem sofrer os mouros pegadas em sua terra, nem vivem descasados; e mais, senhor, termos nós ho poder de preste joam em nosa ajuda, que sam homens muy ousados e que tem fama nesta terra, e do que os mouros

1514 Outubro 20 fazem gramd estima polos conhecerem por valemtes homeens, e tem muita jemte de cavalo e de pee, e á nos de dar toda ajuda que lhe pidirmos; e pela vemtura, se lhe der embarcaçam, passarám em judá e em meqa, a quall nam póde ter guarniçam de jemte, porque nam póde ser prouida de mamtimemtos senam com muy gramde trabalho, porque judá nunca mais teve que até xb mamalucos[1], e meqa nunca mais teve que até xx ou xxb; toda a outra jemte de meqa sam homeens fracos, que estam hy como Irmitãees sem armas.

Estas sam as cousas primcipaes de demtro do mar Roxo, e que nos mais compre e mais proueitosas: dalaca e meçuá, porque sam jumta hũua com outra pegadas na terra de preste joham, ten a pescaria do aljofar asenhoreada, escapola da mercadaria que vem á terra do preste Joam; tem fermosas casas e gramdes pouoaçõees de mouros, e creo que faremos hũa Riqa presa neles; estam case tamto avamte como judá navegaçam de dous dias e hũa noute até tres; estam a balravemto dos ponemtes que Reinam sempre no estreito do mar Roxo; tem perto de sy çuaqem, que está na mesma costa.

Asy digo, senhor, que destas duas cousas devees logo de fazer principall fumdamemto, e daly semtemder a judá, meqa e suez; e pois que hy ha muitos e muy boons cavalos na terra de preste Joam, co ajuda de noso senhor lijeira cousa he quynhemtos portuguezes a cavalo embarcados em bõoas taforeas e caravellas desembarcarem da outra banda de judá, e correrem a meqa, que he hum dia de caminho, e a queimarem e fazerem na em cimza; e parece me, senhor, tam leve cousa dacabar, que ha ey por feita, quamto mais qeremdo o preste joam pasar, ou força de jemte sua em nosa companhia, e eu poer toda vosa jemte a cavalo; e aimda, senhor, mais m afirmo que ganhamdo se judá, meqa se despouoará, e nam poderá viver, soster, nem mamter; e pois alarves em cima de ca-

[1] Quinze mamelucos.

melos ousaram de ha cometer e Roubar, pareceme que nam he ele lugar pera se defemder a purtuguezes a cavallo e a jemte abexia, porque meqa nam tem nenhum socorro, se lhe nam vier do cairo, que o xerife parcate nam he homem mais que de tresentos cavalos; e em todos aqueles areaees, de meqa até samta catarina de momte synay e até jerusalem, nam ha hy senam alarves em cima de camelôs, jemte nua e sem armas, sem cabiceira primcipall e sem Rey, repartidas em cabilas: todalas outras ilhas de demtro do mar Roxo sam esterles e cousa sem proueito: da bamda da terra de preste joam devemos de fazer fumdamemto por todalas Rezões que tenho apomtadas; e as outras que sam da bamda do xeqe d adem e de meqa destroyl as, e pôlas em sojeiçam e trebuto, nan os deixar navegar, nem pescar, nem comer. E temdo nós tomado asemto da maneira que dito tenho, nam he nada d acabar ho que digo. 1514 Outubro 20

Ho socorro que ho soldam póde mamdar ha meqa, nam he muito gramde, porque ele tem sete mill de cavalo de demtro da sua forteleza, que he mayor cerqa qu evora; destes nam ha d apartar nehum deles de sy, porque sam guarda de sua pesoa, e ás vezes ha hy alguazis deses que socedem a cadeyra, que os cometem e os pimcham fóra; os seus emires, que sam capitães seus primcipaes, nam am de tirar sua jemte de sy, nem am de sair do cairo: ho senhor de damasco, nem d alepo e d outras fortelezas que comfinam com xeq esmaell, nam ma de desemparar a terra: asy que me parece que até mill cavalos poderá mandar, e estes am mester pera o prouimemto do camynho mais de x̄ camelos [1], e ha mester continuadamente mamtimentos de demtro do cairo, que será muy desordenado trabalho de prouer, pelo caminho ser muy lomje; e digo, senhor, que sejam dous mill de cavalo; quynhemtos ou seiscemtos purtugueses nam pelejarám eles hum boom dia e nũa boa ora com dous e tres mill mouros de cavalo, e

[1] Diz mil camellos.

1514 Outubro 20 os desbastarám e levarám nas mãaos? e quamdo nos parecese que se niso avemturava algũua cousa, pois hy ha tamtos cavalos na terra de preste joam, lijeira cousa será pôr mill purtugueses a cavalo, boons homeens, e mais, senhor, semdo a travesa tam piqena: mayores cousas que estas que digo, me revela o esprito, se fazemos asemto e liamça co a terra de preste joam, e segurarmos mamtimemtos e boom porto pera nosas naos.

E porque noso asemto com forteleza averá mester tempo, minha determinaçam he, ajudamdo nos noso senhor, ficar aquele ano demtro no mar Roxo com parte d armada, e com outra parte dela mamdar dom garcia meu sobrinho ha imdia.

Ho que destas cousas, senhor, me parece, he que pera voso preposyto e determinaçam de se qeimar e destroir meqa, que vos comvem ganhar judá em toda maneira, e sostel a, se tiver agua demtro em sy, porque hy nam ha outra cousa demtro no mar Roxo que tenha nome amtre os mouros, senam judá, e mais he a porta de meqa: daly se póde vos alteza melhorar em suez ou no tor; poderemos ser hy visitados dos frades de samta caterina de momte synay, que estaam na serra á vista do mar Roxo, e de cartas e recados de vos alteza, se por esa via nol os quyser imviar.

As duas cousas outras de demtro do már Roxo, que sam meçuá e dalaca, duas ilhas que agora estam em poder da jemte do xeqe d adem, estas debaixo do mamdo da nosa forteleza que fizer em meçuá, estará tudo e a pescaria do aljofar que jaz aquy de rredor.

Quamto he á ilha de çuaquem, que jaz mais adyamte comtra coçaer ao lomgo da costa, esta será proueitosa pera o resgate do ouro que per aly say, e de cimquemta omeens pera cima ha terám a boom recado: este çuaqem jaz defromte de judá, e creo aimda que hum pouco mais adiamte comtra o cabo do mar Roxo; mas estas duas cousas, meçuá e dalaca, que agora estam asenhoreados do xeqe d adem, e tem senhor per sy, co a pescaria do aljofar que está de redor delas, he das proveitosas cousas que ha naquelas partes, porque ha ilha de meçuá he a primcipall escapola da terra do preste joam, que os mouros tem. Dalaca he muito gramde ilha, tem muito gado, muitas aguas, e a pescaria do aljofar he gramde soma a que se aly pesca cad ano: acabada em goa a xx dias d outubro, amtonio da fomseqa a fez, de 1514. 1514 Outubro 20

Por lettra do proprio: feytura e servydor de vosa alteza

Afomso d alboquerque.

Carta de Affonso de Albuquerque para El-Rey sobre a hida ao mar Roxo

(Torre do Tombo, C. Chron., parte 1.ª, maço 16, doc. 80.)

Senhor.—Eu tenho em outra carta avisado a vos alteza a determinaçam em que fico, e pera omde, com ajuda de deus, será meu caminho, via de suez e do mar Roxo, fazemdo fumdamemto de fazer asemto em meçuá, porto do preste joam, e ganhar dalaca, que he tudo d um senhorio, e apalpar judá, ver o que poderemos hy fazer: fico asy asemtado nesta determinaçam, posto que hy aja outras rezões pera eu dever d ir a vrmuz e haaquelas partes, por ser cousa proveitosa e rrendosa, e de que logo poderiamos aver fazemda e soldo pera soster harmada e a jemte, porque nam somos quaa tam bem prouidos de vos alteza, que nos nam cumpra has vezes buscal o por omde o podermos aver; e asy pera este feito, como pera o rreceo que homem tem de xeq esmaell, parece bem fazermos este caminho, e asy pera termos omde espalmarmos nosas naos, e as pormos a momte, e outras cousas que se nestas partes podem acabar de muito voso serviço e proueito, pois que am de ser pesoydas e asenhoreadas per vós. 1514 Outubro 25

E asy a hida do mar Roxo proueitosa he pera a estima e

1514 Outubro 25 valia das espiciarias lá nesas partes, e pera as mercadarias que deses Regnos vem cad ano ha imdia terem grande precio e valia, e asy por apagarmos est armada dos Rumis, como tambem por tomarmos conhecimemto de preste joham, trato e amizade, e daly persiguirmos a destruyçam e perdiçam da casa de meqa, a quall m a mim parece que ha muy poucos dias de durar, tomamdo nós asemto no mar Roxo: oulhamdo estas duas cousas, tomey por determinaçam emtrar ho mar Roxo primeiro, porque harmada do soldam obriga a muito, ao menos a primeira vez que os homem vay buscar a suas casas, em tempo que as cousas de vos alteza estam em credito, e tomarám asemto per força, tirado este recêo d armada do soldam, a que se deve de dar gramde Resguardo quaa nestas partes; ho mar Roxo nem sua força nam he nada d asenhorear, e vrmuz, por serem cousas que vos alteza ha de pesuir, comer e defemder, demamdam mais jemte e mayor armada, e am mester dous anos de minha pesoa; dá se seguro na terra, até tomar asemto, por serem cousas que estam asenhoreadas hũas das outras, que nam pode vrmuz estar em vosa mão, que as outras vos nam obedeçam logo como cabeça primcipall.

Nesta determinaçam do mar Roxo em que fico, meu caminho ha de ser desta maneira: as galees e caravelas espero de mamdar diamte primeiro alguuns boons dias, que vam aferrar a costa de curiamuria, fartaque, dofar e xer, porque no começo da mouçam as naos da imdia fazem este caminho, e nam podem deixar, com ajuda do muy alto deus, de fazer muy gram presa; e porque eu tenho pilotos daquela bamda, que me nomeam quatro ou cimqo portos primcipaes, e alguuns deles bem achegados adem, em que ha Rios cabedaes d agua doce, que vem verter ao mar, de que nós temos mais necesydade naquela parajem que de nehũa outra cousa, lhe mamdo que os descubram mevdamemte, e verám muy bem tudo, e co as naos das presas vam surjir diamte d adem, e aly me esperem, e acabem d esquypar as galees de mouros aferrolhados a bamco: após este pedaço d armada espero eu de partir com todalas outras naos, e aver çacotorá: porque os levamtes sam imda frescos, nam sey se me deixarám tomar agua nela: quamdo nam poder, aferrarey as aguadas do cabo de gardafum, e se hy nam podér tomar agua, correrey a costa de lomgo, e aferrarey barbara crara, ou barbora jezira, porque ambos de duos me dyzem estes Rubãees que teremos agua em abastamça, o que eu da primeira nam cuidava: daly virey demamdar adem em busca das galees e caravelas, e verey adem; e o que hy faremos, imda agora o eu nam sey: se o tempo fôr curto, comtemtar m ey de lhe queimar esas naos que hy tiver, e trabalhar m ey por aver suez, amtes que se gastem os levamtes. 1514 Outubro 25

E se pela vemtura a noso senhor apraz que tomemos asemto no mar Roxo, a mim, senhor, me parece que eu ficarey laa atė outra mouçam que viraa, e mamdarey dom garcia á imdia com parte d armada, porque este feito e asemto tempo ha mester. E pera esta determinaçam comvem com tempo segurar ho prouimemto de jemte e d armada, o que espero, com ajuda de deus, temdo nós pratica e fala com ho preste joham, nam nos falecer nehũua cousa, e as cousas de vosso serviço se acabarem proesperamente e como desejaees.

Em quallquer tempo que sair do mar Roxo, virey a vrmuz aquele ano que dom garcia volver sobre mim ao mar Roxo, em tempo que com ajuda da paixam de noso senhor termos já tomado asemto, e feito todo mais que per voso Régimemto e cartas mamda vos alteza que faça.

E na imdia, senhor, bõoas cousas ha que fazer: primeyramemte o comcerto del Rey de narsymga, que nam póde deixar de ser cousa de muito voso serviço o muito proueitosa, porque ha feitura desta estou esperamdo por seus misyjeiros, que vem com gaspar fernamdez, que la mamdey: a outra he o asemto de cambaya, que aimda está em aberto, e de necesidade se ha de fazer bem: a outra he comservar ho asemto de calecut, e aquemtal o com minha pesoa na terra, porque estes mouros de calecut aimda eles fizeram

1514 Outubro 25 outra pior que ha primeira, se nam acharam os muros da forteleza em bõa altura, e isto pelo feito que fez manoel de melo; porém lembrame ho que me vos alteza escreveo, que hacabado ho feito do mar Roxo, todas estas cousas se fariam mais mamsas, e a mim, senhor, asy mo parece; porém eu symto nos mouros da imdia, que se me podesem torvar este caminho, que ho fariam. De goa a xxb dias doutubro, amtonio da fomseqa a fez, de 1514.

Por lettra do proprio: feytura e servydor de vosa alteza

Afomso d alboquerque.

Carta de Affonso de Albuquerque para El-Rey dando conta do que tenciona fazer a bem da India

(Torre do Tombo, C. Chron., parte 1.ª, maço 16, doc. 122.)

1514 Novembro 27 Senhor.—Nestes maços que est ano partem da imdia, achará vos alteza cartas em que vos dava comta de minha determinaçam, e do caminho que esperava de fazer, comformamdo me cos vosos mamdados e co negocio da imdia, na maneira em que agora estaa: como o cargo da imdia seja muy pesado, e se deva d oulhar muy mevdamente todalas necesydades, prouimemtos dela, e casos que podem sobrevir: e semdo de tudo isto avisado per vos alteza, que m aimda quá mais esperta os semtidos de minha obrigaçam, algũas Rezões que aquy apomtarey nesta, me fizeram mudar a comselho de minha determynaçam, a quall está aimda escura aos capitães de vos alteza e jemtes da imdia.

Digo, senhor, que depois de minha determinaçam ser d emtrar ho mar Roxo, oulhey a necesydade das vosas feitorias e o pouco prouimemto que nelas ficava, depois de as naos receberem sua carga; oulhey ho soldo devido ha jemte, e o mamtimemto que de necesydade se lhe avia de dar cada mês, se á imdia tornase a imvernar, ou saimdo do mar Roxo vir buscar a imdia, e comprir prouel a de seus soldos e mamtimemtos, como digo, e ver me no trabalho em que me vy o ano pasado, por nam poder navegar, e hy nam aver nas feitorias hum soo Reall pera o prouimemto da jemte: tambem oulhey a paz vniversall e segura navegaçam que os mouros da imdia tem ao presemte, domde nos soyamos a Reformar ha custa dos imfiees, por omde a vosa jemte amda bem gastada e agastada, e nam tem por omde tirar, senam por seu soldo e mamtymemto, porque nam ha hy já percalços: tambem, senhor, pus diamte de mim a maneira de que se vos alteza deste feito vay esqecemdo, e como demtro no mar Roxo nam ha hy cousa de que nos posamos aproueitar e soster, salvamte ser fecho de toda a imdia, domde nace mais proueito do preço e istima das mercadarias desas partes na imdia, por nam virem pelo mar Roxo, que da pimemta e especyarias que destas partes vay cad ano pera eses rreinos; e que isto, senhor, seja muito d oulhar e istimar, e a destruyçam da casa de meqa e o comcerto do abexy e armada dos Rumis apagada, que nam deixa cad ano d abalar a imdia: acabado este feito, avemos de vir buscar as vosas feitorias e vosa fazemda, e eu nam vejo ficar hum soo Reall nelas, e pera nos acudirdes a esta necesydade ha mester dous anos, e eu tenho a imdia e a obrigaçam dela ho pescoço, e comvem me de prover hũua cousa e outra, e mudar cada dia ho comselho: portamto, senhor, eu estou determinado cometer ho caminho D urmuz pera termos que comer, ajudamdo nos noso senhor de ho asenhorear e asemtar, como espero em deus que seja, e poderemos aly ter larga despesa pera nosas necesydades e despesa d armada e soldo de jemte, e melhorar nos emos hum pouco mais na imdia, e poderey espalmar harmada, e aguardar os Rumis em seu tempo verdadeiro, e lhe pôr as mãaos, e fica mais azo e desposyçam pera se d aly cometer o mar Roxo, e temos com que fazer todos estes gastos e despesas, e aguardar a

1514 Novembro 27

1514 Novembre 27 mercee e prouimento de vos alteza, quamdo nol o mamdardes, porque por agora nam vejo eu na imdia tisouro domde este feito saya, senam damdo nos noso senhor vrmuz e suas terras e o trato dos cavallos nas mãaos, pera logo comermos dy.

Tambem, senhor, he muito d oulhar o trato dos cavallos, que deste feito se póde asemtar, domde nacerá, se el Rey de narsymga daa sesemta mill pardaos polos dereitos de mill cavallos, que dará cemta vimte, e nam parecerá bem dar lhos; e do que eu tenho esprito a vos alteza que tapamdo o mar Roxo, vos convem dar sayda has espiciarias per vrmuz, domde averês muy gramdes dereitos, essa espiryemcia tomada a tenho já: ho ano que emtrey o mar Roxo, foram a vrmuz sesemta naos carregadas; ho ano após este, que mamdey pero d alboquerque ao cabo de gardafuny, e que dese vista adem, como symtiram lá naos, arribaram mais de L^{ta} naos a vrmuz, e os que lá foram com ele todos se afirmam estarem varadas mais de cL^{ta} naos na Ribeyra d urmuz, e ser muita imfimda ha mercadaria de Roupa que hia e espiciaria pera adem e pera o mar Roxo, que abateo hum pouco nas mercadarias das presas que ele tomou; afora isto, senhor, porque nos a imdia vee já persygir o mar Roxo, gramde soma de naos me pedem cad ano seguros pera vrmuz: tiro, senhor, d aquy, que se vrmuz está em voso poder, e persigimos ho mar Roxo com muy poucas naaos, que s aa de fazer o moor trato do mumdo em vrmuz, mais Rico e mais proueitoso a voso serviço do que será nehũa cousa da imdia, e poderá ser que se nam virá pidir ho soldo da jemte has feitoryas da imdia, afora o trato das vosas mercadarias da feitoria d urmuz e do trato dos cavalos na imdia, que já nos outros anos pasados me tocastes em vosas cartas.

Assim, senhor, que a obrigaçam de minhas necesydades me pôs nesta determinaçam, porque via diamte dos olhos que m avia de poer em gramde trabalho e fadiga a necesydade do mamtimento e soldo da jemte, e afora isto xeq esmaell emtemder nela, e terem tomado sua carapuça e sua maa e perversa oraçam, e ser Rex noredim persyo de naçam, homem velho e cobiçoso, e que tem filhos comsygo, e estar ho tisouro del Rey e sua fazemda nas suas mãos; e mirabuçaqa, capitam de xeq esmaell, que está em Rexer, Ribeira do mar da persya, começa de picar com guerra a vrmuz; e pero d alboquerque com suas naos chegou a esta terra omde ele estava, e tynha tomado a vrmuz vimte terradas d armada, e fez lhas tornar. E asy todos estes vosos capytães e jemte que de lá veyo est ano, lhes pareceo que vrmuz estava em comdiçam, se lhe nam acudisemos com tempo. E ainda, senhor, me fez mais duuida neste caso os embaxadores de xeq esmaell, que comtynuadamente emtram na imdia a falar com os Rex e senhores dela, e lhe trazem presemtes: prazerá a noso senhor que se acabará este feito como vos alteza deseja, e se fará hũua muy proueitosa cousa em vosa fazemda, e terees algũua cousa na imdia vosa e asenhoreada per vós, que tenha nome, que tamtos anos ha que trylhamos a imdia sem irmos avamte senam muy pouco; e já deste feito nam póde nacer senam todo bem, pois el Rey de narsymga promete sesemta mill pardaos polos dereitos de mill cavalos cad ano.

1514 Novembro 27

Hy nam ha outra Resposta á carta que me vos alteza escreveo sobre vrmuz, senam que ela me fica por extruçam e rrejimemto deste negocio; e a casa de nosa senhora da comceiçam se fará na milhor mesquyta e mais manifica obra que na cidade se achar: ho embaxador nam he sabedor de minha determinaçam: as naos da imdia tomaram seguros pera lá e licemça de levarem espiciarias; cananor lá mamda tres naos, com a comdiçam de meus seguros, que venham cos cavalos a goa, e outras d outras partes, que arreceam harmada de vos alteza, que se começam d ajumtar, e lhes parece que nam tem outra asitaçam senam pera o mar Roxo e adem, e am por segura navegaçam a d urmuz, e tiram laa esta escapola muitas naos e especiarias: o que d aquy, senhor, nacer, vos alteza ho saberá em seu tempo; senam, comfio em noso senhor, que tem cargo das vosas cousas, que em seu tempo as traga ao fim que desejaees.

1514 Novembro 27 Fez me vos alteza lembramça na mesma carta d urmuz, que partimdo eu da imdia, ficasem as cousas seguras e prouidas em tall maneira que nam Recebesem nehum trabalho, que a conservaçam do ganhado era mais que ganhar outras de novo. Digo, senhor, que asy s aa d emtemder ese feito, e minha partida com ese Resguardo ha de ser; e pera vos alteza vêr como ese feito fica prouido, cochim, cananor e calecut parece me que estam d asesego e seguros com sua jemte e artelharia e prouimemto de seus mamtimemtos, e os Rex da terra a voso serviço e muy mamsos, e paz em toda a terra do malavar, como mamdastes, chêos de dereitos e de vosos tratos; nam temos aquy que oulhar e dar Resguardo senam a goa e malaca. Foy prouido malaca ho ano pasado de jemte, naos e capitam e armas, alcaide mór e esprivãees, como mais largamemte em outras cartas dou comta a vos alteza, e até gora em calma está tudo o daquelas partes despois do desbarato d armada dos jaos, e nam ha hy ajumtamemto em jaoa nem em nehũa outra parte sobre malaca: goa nam duuido nada de ser persyguida dos mouros, porque, tenha vos alteza por cousa muy certa, que Rodes nam atormemta mais o turco do que goa tem feito aos mouros da imdia, freo e cutelo he sobre seus pescoços; dor tem de nol a verem em poder; se algum ajumtamemto se ouuese de fazer na imdia, sobre goa avia de ser, pera nol a tirarem das mãos e a eles de sojeiçam, mas eu vejo os mouros da imdia estar d asesego. E crea vos alteza que se m eles podesem torvar ho caminho do mar Roxo, e me fazerem tornar atrás, e nam partir da imdia, que eles o fariam, porque, asy pera seus tratos e sua seita e sua casa de perdiçam e sua Romaria, gramde açoute Receberam em lhe emtrarmos o mar Roxo, e se eles deixam este ajumtamemto de fazer, nam he por all senam porque nam podem fazer corpo pera se defemderem de mim que hos nam destruya, e podem se ajumtar pera me fazerem entreter minha ida; mas nenhũua cousa destas nam vejo na imdia, quamto mais que goa he gora mais forte cousa que ha na cristimdade; fica lhe bõoa jemte, cem cavallos, gramde abastamça de mamtimemtos; fica na costa christóvão de brito e o navio Rumy com ele, e ficam sete galeotas de goa, e eu a balrravemto com toda armada, omde poso aver Recado da imdia até fim de mayo; junho e julho podem estar sem mim, na fim d agosto sam logo na imdia, se vem Rumis, am me d achar na costa de div e cambaya em corpo e jumto com harmada toda, e se nam vierem, creo que nam bulyraa nehũa cousa comsygo, e tudo, com ajuda de noso senhor, estará d asesego; todavia, neste caminho que faço, mamdarey naos sobre adem, e que venham imvernar comigo a vrmuz, e creo que sempre faram proueito. 1514 Novembro 27

Toca me tambem vos alteza em se nam destroir vrmuz; nam he peça vrmuz senam pera a comer e defemder, e esa foy sempre minha temçam e será. E imda, senhor, torno a dizer a vos alteza o que vos esprevy o ano que vim de malaca, que vrmuz ha de ser tam gramde escapola na imdia que s espamtem as jemtes, e avees d aver mayores dereitos das espiciarias do que o soldam avia das que hiam a judaa, porque, como tirarmos a navegaçam d adem e judá, que com ajuda de noso senhor se acabará muy cedo, nam tem os mouros outra sayda que dar has espiciarias e mercadarias da imdia senam per vrmuz: pegai vos, senhor, bem com noso senhor que acabe estes feitos como lh ele deu os começos, non o desviem nosos pecados por outras partes, que a imdia, segumdo a pouca jemte que tem, ajuda á mester de noso senhor, e aimda que ha tenha, mester ha que trabalhemos por lhe ganhar ha vomtade: esprita em cananor a xxbij dias de novembro, amtonio da fomseqa a fez, de 1514.

Por lettra do proprio: feytura e servydor de vosa alteza

Afomso d alboquerque.

Carta de Affonso de Albuquerque para El-Rey recommendando-lhe o filho, e dizendo como deixa a India

(Torre do Tombo, gav. 15, maço 17, n.º 33.)

15.5 Dezembro 6 Senhor.—Eu nam espreuo a vos alteza per minha mão, porque, quando esta faço, tenho muito grande saluço, que he sinal de morrer: eu, senhor, deixo quá ese filho per minha memoria, a que deixo toda minha fazemda, que he assaz de pouca, mas deixo lhe a obrigaçam de todos meus seruiços, que he mui grande: as cousas da imdia ellas falarám por mim e por elle: deixo a india com as principaees cabeças tomadas em voso poder, sem nela ficar outra pendença senam cerrar se e mui bem a porta do estreito; isto he o que me vosa alteza encomendou: eu, senhor, vos dey sempre por comselho, pera segurar de lá india, irdes uos tirando de despesas: peço a vos alteza por mercee que se lenbre de tudo isto, e que me faça meu filho grande, e lhe dê toda satisfaçam de meu seruiço: todas minhas confianças pus nas mãos de vos alteza e da senhora Rainha, a elles m emcomemdo, que façam minhas cousas grandes, pois acabo em cousas de voso seruiço, e por elles vollo tenho merecido; e as minhas tenças, as quaes comprey pela maior parte, como vosa alteza sabe, beijar lh ey as mãos pollas em meu filho: esprita no mar a bj dias dezembro de 1515.

Por lettra do proprio: feytura e servydor de vosa alteza

Afomso d alboquerque.

(Sobrescripto) A Ell Rey noso senhor.

Lei para que não possam ir navios dos estrangeiros á India, Brazil, Guiné e Ilhas, nem a qualquer outra conquista, só ás Ilhas dos Açores e Madeira, e isto sendo nações amigas. Nem nos navios portuguezes possa ir alguma pessoa estrangeira, e os estrangeiros não possam viver nas conquistas

(Arch. da India, livro 2.º de Alvarás, fol. 14 v.)

Eu ElRey faço saber aos que esta provisão virem que eu fiz huma lei, de que o teor *de verbo ad verbum* he o seguinte: 1605 Março 18

«Eu ElRey faço saber aos que esta minha lei virem que ElRey meu Senhor e pae, que santa gloria haja, passou huma lei feita a 9 de Fevereiro de 1591, pela qual sob as penas nella declaradas defendeu e mandou que nenhuma náo, nem navio estrangeiro, nem pessoa estrangeira de qualquer sorte, qualidade e nação que seja, não podesse ir, nem fosse dos portos do Reino de Portugal, nem fóra delle ás conquistas do Brazil, Mina, Costa de Malagueta, Reino de Angola, Ilhas de S. Thomé e Cabo Verde, e quaesquer outros logares de Guiné, e resgates delle sem particular licença sua, e depois o dito Senhor e eu concedemos algumas licenças a contratadores e pessoas particulares para poderem mandar urcas e navios com marinheiros e pessoas estrangeiras ás ditas partes ultramarinas, dando fianças a partirem do Reino de Portugal em direitura para as partes declaradas nas ditas licenças, e a tornarem em direitura a Portugal, e que os ditos navios e pessoas estrangeiras, que nelles fossem, serião de nações amigas e não dos rebeldes, e outros inimigos; e porque depois fui informado por certas e verdadeiras informações, que das ditas licenças se tem usado mal, mandando com provas falsas alguns navios de rebeldes, e derrotandose a torna viagem para fóra do dito Reino, contra o que tinhão promettido, e sem embargo das fianças que tinhão dado; e que nisto erão culpados alguns dos mesmos contrata-

1605 Março 18 dores, e outros vassallos meus, que por seus interesses e respeitos particulares fazião derrotar os ditos navios, e commettião outros enganos e fraudes contra a dita lei, do que tudo tem resultado grandes inconvenientes em prejuizo de meu serviço, e perda de minhas rendas, e damno commum de todos meus Reinos e vassallos, e perder-se o trato e commercio delles com se levarem a terras e reinos estranhos as mercadorias e fazendas, que se trazem de meus estados ultramarinos, e faltarem em Portugal, de que procedia não fazerem os naturaes delles navios, em que podessem navegar, e perder-se a criação, que nelles se fazia de marinheiros, que podessem servir depois em minhas armadas em a carreira da India; e por todos estes damnos serem tão grandes houve por necessario e conveniente mandar tratar do remedio delles, e por parte dos contratadores de minhas alfandegas, e do páu e dizimos do Estado do Brazil, e do provimento dos logares de Africa me foi pedido que assim o mandasse, e que elles desistião das licenças, que por seus contratos lhe estavão dadas para poderem mandar ás ditas conquistas urcas e navios estrangeiros; e sendo tudo bem visto e tratado pelos do meu conselho, e sendo-me consultado, mandei passar a presente, pela qual hei por bem e mando que do dia em que esta se publicar em diante não possa navio algum de quaesquer nações estrangeiras ir á India, Brazil, Guiné e Ilhas, nem a quaesquer outras provincias ou ilhas de minhas conquistas e senhorios, assim descobertas como por descubrir, e sómente poderão ir ás Ilhas dos Açores e da Madeira, como até agora costumarão, e não a outra parte alguma, e isto sendo de nações amigas, e não dos ditos rebeldes; e outrosim hei por bem que nos navios de meus naturaes não possa ir pessoa alguma estrangeira, ainda que moradora seja em meus Reinos, e que todos os estrangeiros que viverem, e forem moradores ou estantes nas partes da India e no Brazil, Guiné, e Ilhas de S. Thomé e Cabo Verde, e nas ditas Ilhas dos Açores e da Madeira, não possão mais viver nellas, e sejão obrigados a se vir para o Reino de Portugal, os que estiverem nas partes da India nas primeiras náus que dellas partirem para o Reino depois de publicada nellas esta minha lei, e os que estiverem no Brazil, e mais partes ultramarinas do Cabo de Boa Esperança para cá serão obrigados a se sair dellas, e vir-se para o Reino dentro de hum anno contado do dia da publicação desta minha lei em Lisboa, e revogo, e hei por revogadas todas e quaesquer licenças, que estiverem dadas por provisões e alvarás meus, e por quaesquer contratos para os ditos navios e pessoas estrangeiras poderem ir ás ditas partes ultramarinas, e que nellas se não use mais, nem tenhão força e vigor algum, e de qualquer navio estrangeiro que for ás ditas partes ultramarinas contra o conteudo nesta minha lei, hei por bem que seja perdido com toda a fazenda que nelles for, assim dos mestres e senhorios dos ditos navios, como de quaesquer pessoas, e alem disso os que nos ditos navios estrangeiros embarcarem algumas fazendas ou mercadorias, perderão outrosim toda a mais fazenda que tiverem, e serão degradados para sempre para Africa sem remissão, e não se lhes poderá tomar petição de perdão, nem valerá, ainda que se passe; e quaesquer estrangeiros que em navios seus ou alheios, ou de meus naturaes forem ás ditas partes contra esta minha lei, alem de incorrerem, como dito é, na perda de suas fazendas, incorrerão em pena de morte, e será nelles executada sem appellação nem agravo por mandado de qualquer Governador, ou Capitão, ou Julgador, ante quem forem accusados, ainda que a dita execução não caiba em suas alçadas; e na mesma pena de morte incorrerão quaesquer de meus naturaes, que fretarem os ditos navios, e em qualquer outra maneira os mandarem por si ou por outrem ás ditas partes ultramarinas, e será nelles executada pela dita maneira sem appellação nem aggravo; e todos os que forem contra o conteudo nesta lei, poderão ser accusados por qualquer pessoa do povo, e os accusadores haverão ametade do valor das fazendas, em que forem condemnados, e a outra ametade pertencerá a minha fazenda; e outrosim hei por bem que todos os que até ora forem contra o conteudo na dita lei feita por ElRey meu Senhor, que Deus tem, ou se derrotarem, ou os fizerem derro-

1603 Março 18

1605 Março 18 tar, possão pela dita maneira ser accusados por qualquer pessoa do povo. e que hajão ametade das penas, em que forem condemnados. E tudo o conteudo nesta minha lei hei por bem e mando que se cumpra e guarde inteiramente sem embargo de quaesquer leis, ordenações, regimentos, doações, privilegios, contratos, foraes e quaesquer provisões geraes e particulares, que em contrario haja, porque todas hei aqui por derogadas, posto que de cada huma dellas fosse necessario fazer expressa mensão. E esta lei valerá como carta feita em meu nome, por mim assignada e passada pela chancelaria, sem embargo da ordenação do livro 2.°, titulo 40.°, que o contrario dispõe. E para que a todos seja notorio o conteudo nella, mando ao Chanceller-Mór que a faça publicar na chancellaria, e passe disso certidão nas costas desta dita lei, e registar-se-ha nos livros de minha fazenda, casa da India, alfandega da cidade de Lisboa, e nos mais portos de mar do Reino de Portugal, para o qual effeito o vedor de minha fazenda lhes enviará o treslado concertado por hum dos escrivães della, e outro tal aos Corregedores e Provedores, em cujas comarcas estiverem portos de mar, e assim enviará outros treslados a todos os logares das partes da India, Brazil, Guiné e Ilhas, para lá se publicar, e registar esta minha lei, e vir á noticia de todos. Gaspar de Abreu de Freitas a fez em Valhadolid a 18 de Março de 1605.—O secretario, Luiz de Figueiredo a fez escrever.»

A qual lei foi publicada em minha chancellaria nesta minha cidade de Lisboa a 19 de Abril do dito anno de 1605. E por evitar alguns inconvenientes e duvidas, que podião recrescer sobre serem comprehendidos debaixo da dita lei os naturaes dos meus Reinos de Castella e dos mais de Hespanha, hei por bem e mando que a dita lei se não entenda, nem fiquem debaixo da disposição della comprehendidos os ditos naturaes dos ditos meus Reinos de Castella e dos mais de Hespanha, porque não é minha tenção que contra elles se pratiquei; porém hei por bem e mando que no tocante ao trato e navegação das partes do ultramar e em tudo o mais fiquem sujeitos ás leis e ordenações dos meus reinos de Portugal, assim e da maneira que até aqui o forão por bem das ditas leis e ordenações. Notifico-o assim a todas minhas justiças, officiaes e pessoas de meus Reinos e senhorios, e lhes mando em tudo cumprão e guardem esta minha provisão como nella se contém, a qual valerá como carta, sem embargo da ordenação do livro 2.º, titulo 40.º, que o contrario dispõe. E para que a todos seja notorio, mando ao Chanceller Mór a faça publicar na chancellaria, e passe disso sua certidão nas costas, e os treslados necessarios em fórma authentica para se publicar na fórma da dita lei; e se registará nos livros em que ella foi registada, e nos registos della se porão as verbas necessarias. Simão Luiz a fez em 16 de Junho, anno do nascimento de Nosso Senhor Jesus Christo de 1606. Eu o secretario Antonio Villes de Simas a fiz escrever.—Rey 1606 Março 18

Entrada dos Frades do convento de S. Francisco de Malaca no reino de Camboja, e concessões que lhes fez o Rey

(Vergel de plantas e flores da Provincia da Madre de Deus, cap. VI, pag. 500 e seg.)

Ao porto deste Reino de Camboja costumavão ir os Portuguezes ao cambio de suas fazendas, por beijoim, e calambá. Os de Malaca o frequentávão, e em sua companhia hião os Frades, com titulo de Capellães, e com os mesmos se recolhião. Succedendo no governo Prauncar, tanto que tomou posse do seu Reino, escreveu, em 1610, uma carta ao Custodio de Malaca, pedindo-lhe fizesse seus subditos assistentes em sua Corte, offerecendo-se a fazer-lhe casa, e Igreja. 1610

Carta de Nacque Prauncar, Rey Soberano de Camboja, á Ordem e Casa de S. Francisco de Malaca

Reconhecendo os muitos, e bons serviços que dos Portuguezes receberão os Senhores Reys meus predecessores, e eu de presente espero receber: porque senam possa dizer

1610 que em meu animo coube esquecimento desta divida, despachei, tanto que aceitei a Coroa Real, esta Embaixada, em tempo que as grandes guerras poderam ser impedimento, e eu necessitava das pessoas que nella vam; pela qual quero significar o muito que estimo a amisade desta Cidade, assim para acudir ao que devo, como para sustentar com ella a correspondencia dos meus passados: agora peço eu a essa Religião, e Casa recebam a minha, e tomem a seu cargo encomendar a Deos as cousas deste Reyno, como o faziam em tempo delRey meu Pay, e Senhor: e me mandem Religiosos, pois os dessa Ordem foram os primeiros, que vieram ensinar sua doutrina neste meu Reyno, e eu sendo menino os comuniquei, e lhe tive sempre muita affeição; pelo que esta Christandade he de direito sua: e pois os mesmos antepassados gozaram deste bem, nam desmereça eu o que com mais razam se deve, pois sou feitura sua, e tenho maior causa de os pedir, e elles obrigaçam de virem, e olhar por suas cousas. Eu prometo de lhe fazer Templos dourados, e dar-lhe minhas chapas para tudo o que quizerem: e peço seja sua vinda sem falta para consolação dos Christãos, que aqui estam, que com grande efficacia me pediram os mandasse chamar, já que fui de tam pouca ventura, que hum que vinha, o mataram os Jaós, que eu muito senti, e muito mais de nam poder tomar satisfaçam: mas eu prometo vingar este agravo, tanto que o Reyno tiver socego, e as guerras se acabarem: por causa dellas ando muito despezo, peço a essa Casa, e Ordem sejam parte para que se me mande o meu cabedal, que está em Malaca.

Muito Reverendo Padre Custodio, Deos seja em vossa guarda.

Provisão delRey de Camboja, Prauncar, em favor dos Frades de S. Francisco, e da sua Christandade

Poder, liberdade, e authoridade, que Eu Prauncar Rey de Camboja concedo aos Religiosos da Ordem de S. Francisco da Custodia de Malaca, porque de minha infancia tomei amor, e affeição aos custumes de sua Religião, e por isto movidos de meus rogos vieram de Malaca a estes meus Reynos a doutrinar os Christãos, que nelles existem, e para pregar, e ensinar sua ley santa aos que de boa vontade a quizerem tomar, e porque de minha parte nam falte o favor necessario para este effeito, lhe mandei passar a presente, consultada, e authorizada com os do meu conselho, e sellada com o meu sello Real. Primeiramente concedo aos Religiosos de S. Francisco pleno poder, para que de hoje em diante possam bautisar a toda a pessoa Camboja, Jaóa, Campá, e outras de qualquer Nação, condiçam, e estado que sejão, que estejão nestes meus Reynos, sem por isso perder dignidade de pessoa, nem cargo de officio que tenha, de modo que em tudo ficarão no mesmo estado, que estavam sendo Gentios. Item concedo aos ditos Padres inteira jurisdiçam sobre os Christãos, assim aos que já o sam, como os que ao diante forem, ainda que sejam meus escravos, ou gente da minha Casa Real, para que os possão obrigar com castigos, e penas a guardar sua ley em qualquer parte destes meus Reynos onde estiverem. Item mando que todo o escravo que se quizer fazer Christão, lhe não possa seu senhor impedir, e se o impedir, lho poderam tirar por justiça, pagando-lhe o preço, que o Padre com hum Mandarim avaliar, e permitindo o senhor ficar o escravo em seu serviço ficando Christão, será obrigado dar-lhe toda a liberdade para cumprir com as obrigações de Christão, e hir ás suas Igrejas nos dias de festa. Item mando a todos meus parentes, e Principes de meu Reyno, e Conselho, que estimem, e venerem aos ditos Padres de S. Francisco, com o mesmo acatamento que costumão fazer aos nossos Samcaraches. Item prometo fazer aos ditos Padres Igrejas douradas tanto que as guerras me derem logar. Item mais prometo dar aos ditos Padres todo o mantimento de arroz, sal, candeas, e gente de seu serviço. Item mais concedo seguro aos delinquentes destes meus Reynos, por quaesquer delitos, que se valerem das Igrejas dos ditos Padres, e dellas os nam poderam tirar as minhas justiças. Tudo isto acima conteudo concedo aos Padres de S. Francisco da Custodia de Malaca, e quero que sempre tenha va- 1610

1610 lor. Em fé do qual a mandamos sellar com o nosso sello Real. Dada em Siristrol.

Carta de Prauncar, Rey de Camboja, ao Padre Custodio, e Religião de S. Francisco de Malaca

Por meus Embaixadores tive reposta de hũa que tinha escrito a essa Religiam, e outra com o presente pelos Padres, e ambas vinham cheas de muitas mostras de amor, e vontade que essa Religiam me tem, com o que fico obrigado a dar todo o favor de minha parte necessario para a Christandade destes Reynos, como já concedi por minha chapa Real a essa Religiam, com todas as condições, que o Padre Fr. Antonio me pediu; se de novo outros forem necessarios, de boa vontade concederei, e nam pôr logo tudo por obra, não he por falta minha, senam pelo impedimento das guerras que me impossibilitam, mas tudo quieto, e socegado darei comprimento á minha Real palavra.

Mando esta Embaixada ao Vice Rey: vai tudo remetido á vossa prudencia, se vos parecer bem passem os meus Embaixadores, o farão, e se he vosso parecer que esperem nessa Cidade a reposta, assim o cumpriram, mandando em todo o caso as cartas a Goa. O que nella peço he, que me conceda o Vice Rey, o que tem concedido a outros Reys deste Archipelago, que nos desejos, e vontade de servir a essa Cidade, ou Estado me nam igualam. V. R. me ajude com suas cartas, e pois eu goso de tantos servos de Deos feitos pelos vassallos delRey de Portugal, razão será me faça seu Irmão.

Tratado de paz e de confederação entre El-Rey D. Affonso VI e os Esta a 6 de agosto de 1661; ratificado por Portugal a 24 de Maio e pelos

(Collecção de Trata

ARTICULUS I

1661 Agosto 6 Rex et Regnum Lusitaniæ spondent, fidemque suam nexu comprimis solido ac firmo adstringunt, se quadragies centena cruzatorum millia Ordinibus Fœderati Belgii persoluturos es-

E quanto á Ilha para se fazer a fortaleza, nam estou em estado de dar o custo, se de lá o mandarem, a poderam fazer. Estes meus Reynos sam dessa Religiam, de quẽ se poderá ella servir como cousa propria. M. R. P. Custodio, nam se esqueça de escrever ao Vice Rey sobre o junco, e fazenda que nessa fortaleza me tomárão, indo nelle por Capitão hum cativo meu. 1612

Deos vos guarde, etc. Dada em Siristrol.

Carta do Nacque Sumaday Peraorachyonear, Rey de Camboja, amor ao Padre Custodio de S. Francisco de Malaca

O Padre Custodio de S. Francisco da Cidade de Malaca me mandou hũa carta pelo P. Fr. Jacome da Conceição, em a qual dizia, ficaria neste meu Reyno comigo o mesmo Padre, para eu o tratar como meu irmão Prauncar tratava a todos que com elle estavam, com o que eu folguei muito, e sempre tratei aos Padres de S. Francisco, com o mesmo amor, que meu irmão lhe mostrava, agora agradeço muito mandar-me V. R. o P. Fr. Jacome da Conceição, por ser muito quieto, e amigo da paz, e tem aquietado muitas desordens entre os Portuguezes, e Japões: depois de sua chegada tem bautizado quarenta pessoas, de que eu muito me alegro, e lhe dou licença para bautisar a todos os que puder por todo o meu Reyno. Dada nesta minha Corte em 20 de Outubro de 1612. Será dado ao Padre Custodio hum pico de cera, com dous dentes de marfim, para o beneficio de seu Convento.

---

dos Geraes das Provincias Unidas dos Paizes Baixos, assignada na Haya Estados Geraes em 4 de Novembro de 1662

dos, tom. I, pag. 260.)

ARTIGO I

El-Rei e o Reino de Portugal se obrigam e promettem a pagar segura e fielmente aos Estados das Provincias Unidas quatro milhões de cruzados, tendo cada cruzado o valor de 1661 Agosto 6

1661 Agosto 6 se, singulis cruzatis duum Florenorum Carolinorum prætium inHollandia æquantibus, eamque summam aut parata pecunia, aut saccaro, tabaco et sale se suppedituros, sicut hæ merces pluris ne æstimentur, nec majus iis prætium ponatur, quam illud quo eædem merces illo quo suppeditandæ sunt tempore secundum quotidianum usum per ipsam Lusitaniam vendentur, si quid autem ad plenam summam aut in ipsa pecunia, aut in una alterave ex jam dictis mercibus fortasse desiderabitur, id ut alia earundem specie suppleatur, integrum esto, hujus tamen rei electio erit penes præfatum Regem, ut in qualicumque specie suppleat alterius defectum, aut etiam ex illo vectigali, quod authoritate et ratione hujus pacti conventi a Fœderati Belgii incolis per Lusitanam ditionem negotiantibus, in usum jam dicti Regis legitimè posset exigi, quodque mercibus eorum tam afferendis in dictam ditionem, quam inde efferendis, imponi ex lege sequentium paragraphorum sive articulorum jus ac fas esset: in quem finem a Fœderati Belgii Ordinibus unus pluresve constituentur, qui in Lusitania ipsorum nomine dictum vectigal percipiant, eadem forma ac methodo quibus ejusmodi vectigalia a Ministris Lusitanis ibidem exigi consueverunt, dicta vero summa per sexdecim partes æqualiter distribuendas, certo statutoque quotannis tempore Ulisiponæ pendatur, sic ut prima summæ hujus pars præstanda mox sit, ubi primum in Lusitania constabit, certisque documentis demonstrabitur, fœderi huic utrinque subscriptum esse, idque ratum ab ambabus partibus haberi ac promulgatum esse, Rex præterea Lusitaniæ restituat vel restitui curet omnia tormenta quæ in Recife aliisque Brasiliæ munimentis, cum ea a Lusitanis occuparentur, reperta fuerunt, quæque in signibus Fœderatorum Ordinum, Societatisve Americanæ notata etiam deprehenduntur.

ARTICULUS II

Quandoquidem vero a parte dictorum Fœderati Belgii Ordinum allatæ sunt in medium quærelæ, occasione introductæ cujusdam consuetudinis, nempe paritionis in venditione salis, quod in oppido Cetobriga (Setuval a Lusitanis, a Bel-

dous florins carolinos, moeda de Hollanda, dando-se esta quantia em dinheiro, ou em assucares, tabaco e sal: em forma que estas fazendas não tenham maior preço, nem se avaliem em mais do que se venderem em Portugal para o uso quotidiano dos moradores do Reino, no tempo em que as ditas fazendas se houverem de dar em pagamento; mas em caso que para a inteira satisfação desta quantia viesse a faltar alguma cousa, ou no dinheiro, ou em uma, ou outra das ditas fazendas, será licito o suppril-a com outro dos generos nomeados, a qual eleição fica á vontade del-Rei, para que de qualquer destas especies possa supprir a falta da outra, e tambem dos direitos, que em virtude deste Tratado se poderão legitimamente pedir aos vassallos das Provincias Unidas, que negociarem em Portugal, e que justa e licitamente em rasão dos seguintes Artigos se houveram de impôr sobre as mercadorias dos ditos vassallos das Provincias Unidas, assim na entrada, como na sahida dos portos do dito Reino. E para este fim e effeito os Estados das Provincias Unidas constituirão em seu nome uma, ou mais pessoas, que hajam de receber estes direitos, na forma e maneira que o costumam fazer os Ministros Portuguezes. Esta somma se pagará na cidade de Lisboa cada anno em certo e assignado tempo, em dezeseis partes, ou pensões igualmente repartidas, de modo que a primeira pensão se haverá de pagar logo que em Portugal se souber com certeza haver sido este Tratado por ambas as partes assinado, ratificado e publicado. Outrosim mandará El-Rei de Portugal restituir toda a artelharia que constar haver-se achado na praça do Recife e mais fortalezas do Brazil no tempo que os Portuguezes se apoderaram dellas; e juntamente as mais peças, que se acharem com as armas dos Estados das Provincias Unidas, e Companhia das Indias Occidentaes. 1661 Agosto 6

ARTIGO II

E por quanto por parte dos ditos EE. se fizeram queixas em occasião de haver-se introduzido certo costume, a saber, da repartição do sal, que se fabrica em Setubal, e no seu termo e contornos; as partes convieram entre si, que todos

1661 Agosto 6 gis St Ubes appellatum) ac per conterminum eidem oppido tractum fieri solet ac confici, convenit ac consensum est, uti singulis annis, inter præfatum Regem et prædictos Fœderati Belgii Ordines Pactum peculiare ineatur de prætio, quo omnibus et singulis Fœderati Belgii incolis integrum erit tantundem prædicti salis, quantum ipsis libuerit, ibidem coemere, in qua quidem transactione justa utrinque habebitur ratio pretii, quo sub id tempus dictum sal per Lusitaniam inter Lusitanos ipsos vendetur, emetur et distrahetur. At si nihilominus præter spem ac expectationem super ejusdem salis pretium utrinque parum convenerit, tum Fœderatorum Belgarum respectu salarii illa commercii partitio cesset ac amoveatur; quae ab annis jam aliquot introducta est: liberumque ac integrum unicuique Fœderatorum Belgarum relinquatur a quibuslibet mercari ac sibi comparare eam salis quantitatem, de qua cum venditoribus convenire poterit, quemadmodum paragrapho sive Articulo septimo copiosius de omni mercimoniorum genere est conventum. Sed nec ipsis salis possessoribus ullo modo adimatur, aut restringatur facultas vendendi pro libitu omnibus et singulis quibus eis libuerit, respectu vero aliarum nationum prædictus Lusitaniæ Rex hac in parte sese geret, prout ipsi placuerit.

ARTICULUS III

Fœderatorum Belgarum populus secure ac tuto negocietur commerciumque exerceat, tam ex Lusitania et terris ac tractibus eidem Lusitaniæ subditis, in Brasiliam, quam ex Brasilia in eandem vicissim Lusitaniam et terras tractusque eidem subjectos ac omne præterea mercium genus ultro citroque transferre, ne sit damno aut noxæ, excepto dumtaxat Brasiliensi Ligno, penso tamen ante ac persoluto vectigali eo portorioque, quod a Lusitanis ipsis in illas regiones negotiantibus persolvi jus est. Cæterum Belgæ Fœderati ex Brasiliæ portubus in portus quoscumque alios eidem Lusitaniæ subditos ubi appellent, naves suas exonerare, ut merces inde ullas eximere, interamve exponere neutiquam cogantur: sed præfecti teloniis, portoriorum exactores ut mercim ipsis na-

os annos entre El-Rei e os EE. se faça uma convenção, ou transacção especial tocante ao preço, pelo qual poderão todos e quaesquer vassallos dos ditos EE. livremente comprar nos ditos logares aquella quantidade de sal, que lhes parecer; na qual transacção e pacto se terá por ambas as partes igual respeito ao preço, que então correr em Portugal na compra e venda do dito sal entre os mesmos Portuguezes. Comtudo se houver, contra o que se espera, pouca conformidade entre as partes, no pertencente ao preço do sal, neste caso cessará emquanto aos vassallos dos ditos EE. tocar, e se tirará essa repartição do sal, que de alguns annos se tem introduzido, e poderá cada hum dos ditos vassallos comprar sem impedimento algum de quem elle quizer a quantidade de sal, que com os vendedores tiver contratado, assim e da maneira que no Artigo 7.º mais largamente convierem as partes sobre todo o genero de mercadorias. Nem assim aos donos do sal se tirará por algum modo, ou se restringirá a liberdade de podel-o vender a todos e quaesquer que quizerem; e no tocante ás mais Nações, haver-se-ha nesta parte El-Rei de Portugal, como melhor for servido.

1661 Agosto 6

ARTIGO III

Os povos das Provincias Unidas poderão seguramente negociar e exercitar seu Commercio assim do Reino de Portugal, e das terras, que estão á sua obediencia para o Brazil, como reciprocamente do Brasil para Portugal, e dominios da sua jurisdição, nem lhe será de dano ou prejuizo o levarem de uma parte a outra todo o genero de mercadorias, excepto somente o pau do Brasil, pagando primeiro os tributos e direitos, que pelos Portuguezes, que por aquellas partes commerceam, de direito e justiça se costumam pagar; porem os vassallos das ditas Provincias Unidas em chegando dos portos do Brasil a outros quaesquer portos do dominio de Portugal, não serão por alguma via constrangidos a descarregar as suas naus, ou tirar dellas fazenda alguma por terra; mas os Mi-

1661 Agosto 6 vibus inspiciatur ac ponderetur, utque ita debitum pro merce vectigal ac portorium pendatur, curent; quod si vero rerum experimentis comperiatur, id vel nullatenus, vel minus commode expedire posse, alia in eundem finem media excogitantur, ac mutuo pactis, utriusque consensu ad effectum perducantur: Fœderatorum autem Belgarum populo omnino fas ac jus esto hac in parte iisdem mediis ac commodis uti frui, quibus Angli aut vi pacti, aut quotidiano uso gaudent, vel in posterum gavisuri sunt: Quin nec gravius vectigal, nec plus nummorum impensare pro dicta merce exigatur, aut persolvatur, quam si exoneratæ omnino naves ac merce in terra exposita fuisset; moræ etiam nihil in expediendis hisce navibus dimittendisve a parte Lusitana nectatur. Cum vero in alias regiones portusve Lusitaniæ aut eidem subditos post pensum jam semel vectigal debitum naves dictæ appellent quod reliquum erit itineris impedimento molestiaque omni procul habitis, ullisque de novo vectigalibus persolutis, liberet confitiant absolvant. Merces præterea ac res cæteræ aut a Lusitanis ipsis, aut ab alia quacumque gente navibus Fœderatorum Belgarum creditæ ac commissæ, quæ in Regiones portusve alios eidem Lusitaniæ subditos transferentur, nihilo plus vectigalis pendant, quam si commissæ Lusitanis Navibus, et transferendæ translatare essent.

ARTICULUS IV

Liberum quoque Fœderatis Belgis esto, navigationem atque iter moliri in Colonias omnes, insulas, regiones, terrarum tractus, portus, civitates, pagos, emporia, quotquot dicto Regno parent ac subsunt per ditionem Africanam, cui ac censetur Sancti Thomæ Insula, inibique morari, negotiari, ac mercaturam exercere, res, sarcinas, merces, omne genus terra marique et fluviis subvehere, venum ubivis exponere, efferre etiam inde atque in alias regiones exportare integrum

nistros e Officiaes das alfandegas e direitos terão cuidado de mandar visitar e pesar as ditas fazendas dentro nos mesmos navios, e cobrarão os direitos, que por ellas se deverem. E dado o caso que pela experiencia se venha a conhecer a impossibilidade, ou difficuldade deste expediente, buscar-se-hão outros meios para este fim, os quaes se porão em effeito por consentimento commum de ambas as partes. Tambem poderá a Nação Hollandeza licitamente e de direito em quanto a este particular toca, usar e gosar dos mesmos meios, de que os Inglezes em virtude de algum Tratado, ou por rasão do uso quotidiano gosam, ou pelo tempo em diante houverem de gosar; nem por rasão das ditas fazendas se tomarão mais direitos, ou se pagará mais dinheiro ou despezas, do que succederia, se os ditos navios se houvessem descarregado; e as fazendas posto em terra, não intervindo por parte dos Portuguezes dilação alguma no aviamento e despacho dos ditos navios, os quaes chegando a outras terras, ou portos dos dominios de Portugal, depois de pagos por uma vez os direitos que se deverem, poderão livremente fazer e acabar o que lhes faltar de sua viagem, sem molestia ou impedimento algum, e sem pagar direito de novo. E outrosim todas as mercadorias, e outras quaesquer cousas, que pelos mesmos Portuguezes, ou por outra qualquer Nação se houverem carregado nas ditas embarcações Hollandezas, e se levarem a outras terras e portos da Corôa de Portugal não pagarão mais direitos do que pagariam se se houvessem carregado e levado em navios Portuguezes.

1661 Agosto 6

ARTIGO IV

Tambem poderão os vassallos das Provincias Unidas livremente navegar e fazer viagem a todas as Colonias, Ilhas, Provincias, terras, portos, cidades, villas e logares de commercio que obedecem a El-Rei de Portugal em Africa, em que se comprehende a Ilha de S. Thomé, e ahi morar, negociar, e exercitar a mercancia, levar por terra, mar e rios as suas roupas, bagagem, e todo o genero de mercadorias, vendel-as publicamente, e leval-as de uma parte a outra com

1661 Agosto 6 sit ac concedatur, idque pari libertate, quæ Angli aut alia quælibet Gens vel nunc gaudent, vel ante hac gavisi sunt, vel in posterum eos gaudere aut gavisos esse comperietur: Propriasque ibidem ædes in quibus habitent habere et possidere, necnon repositoria, in quibus bona, mercesque suas recondant, absque ulla a quopiam molestia. Nihil vero eorum, quæ paragrapho seu Articulo hoc et proxime præcedenti pacta et stipulata sunt, irritum unquam fiat, eludaturve nec Fœderati Belgæ pactis conventis hisce ulla ex parte fraudentur: Quod si dictus Belgarum populus uso nihilominus libro ac solido pacti hujus conventi aliquando prohibeatur, excludeaturve, aut alia ex parte impediatur, quod avertat Deus, ne plenos debitosque ex fide et authoritate hujus Fœderis percipiat fructus, tum Fœderati Belgii Ordinibus idem in Lusitanos jus esto, actioque de novo eadem resurgat et renascatur, quæ ante hoc fœdus initum iis competebat; jusque suum ut adversus Regnum Lusitaniam persequantur, fas esto, sed et hoc ipso ea omnia ad dictos Ordines devoluta censeantur, eorumque repretendorum causa Rex et Regnum cadant, quæcumque ex lege primi in his conventis paragraphi seu Articuli persoluta ac depensa jam fuerunt. Eademque Pacto si per prædictos Fœderati Belgii Ordines fœdus hoc violetur aut infringatur, præfato Lusitaniæ Regi idem jus esto quod illi ante hoc Pactum ullo modo competebat.

ARTICULUS V

Atque ita solutione quadragies centenorum cruzatorum millium facienda terminis supra expressis atque libero usu veraque perceptione eorum omnium, quæ Articulis tribus hunc præcedentibus continentur, intermittantur ac cessent controversiæ, lis et actiones omnes, quæ Regi Regnoque Lusitaniæ a Fœderatis Belgis intentæ hactenus ac motæ sunt, intendique possent, ac moveri: nec minus intermittantur cessentque actiones, lis et controversiæ, si quæ Fœderatis Belgis a Rege Regnoque jam dictis vicissim intendi et moveri possint.

a mesma liberdade que os Inglezes, ou outra qualquer Nação, agora gosam, ou de antes gosaram, ou daqui em diante gosarem, e outro sim nas sobreditas terras haver e possuir casas proprias em que vivam, e armazens, em que depositem e guardem seus bens e fazendas, sem que se lhes dê molestia alguma. Nada do que neste Artigo, e no que immediatamente precede, está tratado e estipulado entre as partes, deixará em algum tempo de ter effeito, sem engano, ou illusão alguma; nem os vassallos das ditas Provincias Unidas ficarão em algum modo que seja, defraudados e frustrados de beneficios desta convenção. Se todavia em algum tempo se lhes prohibisse o livre e inteiro uso deste pacto, ou por alguma via se lhes puzesse impedimento, o que Deus não permitta, de poder receber solidamente as utilidades devidas em virtude e authoridade desta Capitulação, então os EE. das ditas Provincias Unidas terão acção de novo contra os Portuguezes, e ficarão com o mesmo direito que antes de feito este Tratado lhes podia competir, e por esta rasão se terá por perdido para El-Rei e Reino de Portugal, e devoluto aos ditos Estados tudo o que em virtude do 1.º Artigo deste Tratado se houver dado em pagamento. Do mesmo modo se pelos ditos Estados se quebrar este pacto, ficará El-Rei de Portugal com o mesmo direito, que por algum modo, ou via que seja, lhe competia, antes que se fizesse a presente transacção.

1661 Agosto 6

ARTIGO V

E assim pagando-se a quantia de quatro milhões de cruzados pelos termos e pensões acima declaradas, e concedendo-se o livre e verdadeiro uso de quanto nos tres Artigos precedentes se contém, cessarão e terão fim todas e quaesquer controversias e acções que por parte dos Estados destas Provincias Unidas se intentaram e moveram até o presente, e se poderão intentar e mover contra El-Rei e o Reino de Portugal. Do mesmo modo cessarão e terão fim as acções e controversias que os ditos Rei e Reino de Portugal podessem reciprocamente intentar contra os Estados das Provincias Unidas.

ARTICULUS VI

1661 Agosto 6 Cui consequenter cessent inter Regem et Regnum Lusitaniæ, et Fœderatum Belgium ab altera parte, ac utriusque subditos et incolas omnes actus hostilitatis et injuriarum, idque in Europa post elapsum bimestre spatium ab eo die, quo huic fœderi utriumque sobscriptum erit, in cæteris vero mundi partibus a publicatione harum tabularum omnesque captive hinc inde illico post ratihabitionem hujus Tractatus pristinæ libertati restituantur, omnes itaque ditiones, omniaque loca, naves, bonaque, quæ temporis interea ab alterutro occupabuntur, ut et quæ antea occupata fuerunt in India Orientali, Occidentali vel alicubi locorum, in dominio permanebunt eorum, qui præfatis temporibus eorum possessores comperientur; ea vero, qua elapsis duobus post factam eandem subscriptionem mensibus in Europa, et post publicationem in cæteris mundi partibus occupabuntur aut capientur, prioribus eorundem Dominis absque ulla mora aut exceptione restituentur. Regi proinde Regnoque Lusitaniæ solida ac firma Pax cum Fœderati Belgii Ordinibus ineatur, quæ cives utriumque omnes et subditos comprehendat, quæque ubivis locorum nullis exceptis, tam intra quam extra Europæ limites sancte ac religiose observetur, Lusitani quoque et Fœderatorum Belgarum populi terra marique mutuis inter sese officiis ac mutua benevolentia utrinque certent, nihilque prorsus moliantur, aut effectum dare conentur, quod cum incommodo aut detrimento partis alterutrius ullo modo videri possint conjunctum, quare nec subditis aut incolis partis alterutrius permissum erit sub authoritate vel diplomate alius cujusvis Principis vel Status alterius subditos vel incolas, navesve aut merces eorum aggredi, vel alio quovis modo, sub qualicunque nomine vel pretextu piraticum contra eos exercere, idque sub poena exilii et publicationis bonorum.

ARTICULUS VII

Fœderatis porro Belgis integrum post hac esto, in Regnis, Provinciis, Insulis, Oppidis, Portibus, ac locis quibuscumque,

ARTIGO VI

Pelo conseguinte cessarão entre El-Rei e o Reino de Portugal e os EE. das Provincias Unidas todos e quaesquer actos de hostilidades e injurias em Europa dentro de dous mezes, a contar do dia, em que reciprocamente for assignado o presente Tratado; e nas outras partes do mundo depois da publicação delle; pondo-se logo depois da ratificação deste pacto todos os prisioneiros de uma e outra parte em sua primeira liberdade. E assim todos e quaesquer dominios, logares, navios, e bens de que no decurso deste tempo se apoderar ou uma, ou outra das partes, ou que de antes tiver occupado na Oriental India, Occidental, ou outra qualquer parte, ficarão em poder daquelles que no sobredito tempo se achar serem os possuidores, mas tudo quanto se tomar passados os dous mezes depois da assignatura deste Tratado em Europa, e da publicação delle em as outras partes do mundo, se restituirá sem dilação, ou excepção alguma a seus primeiros donos; portanto se celebrarão umas pazes firmes e estaveis entre El-Rei e Reino de Portugal e os EE. das Provincias Unidas, que encerram e comprehendem todos os vassallos de uma e outra parte, as quaes sem excepção alguma se observarão verdadeira e religiosamente em toda a parte, ou logar, assim dentro, como fóra dos limites de Europa, tratando-se os Portuguezes e Hollandezes por mar e por terra com amigaveis obsequios e mutua benevolencia, não se intentando, ou effectuando cousa alguma, que seja, ou tenha sombra de ser em descommodo, ou detrimento de uma ou outra das partes. Pelo que não será licito, nem se permittirá aos vassallos de uma parte accommetter os vassallos da outra, nem seus navios, ou fazendas com patentes, e cartas de marca de qualquer outro Principe e Estado, nem por outro modo, pretexto, ou causa que seja exercitar acções de piratas contra elles, sob pena de degredo e confiscação de seus bens. 1661 Agosto 6

ARTIGO VII

Será permittido d'aqui em deante aos vassallos das Provincias Unidas exercitar livremente o seu commercio nos

1661 Agosto 6 quæ Regi Lusitaniæ patent, commercium omni cum libertate exercere nihil moræ iis objiciatur aut directe, aut oblique, nihil eos impediat, quo minus merces a quibuslibet eas emant ac comparent, quas e re potissimum sua fore judicabunt, sive majori copia, sive minori comparatas, nullisque mensuræ ponderum, temporis loci, propolarum, monopolarumve, aut pretii lègibus adstringantur: Nec minus iisdem Fœderatis Belgis integrum relinquatur res prohibitu quascunque ac merces eodem transferre, vendere ibidem has ipsas ac permutare, res præterea ac merces inde offerre, idque amoto omni obstaculo persolutis solum modo vectigalibus iis, quæ ex authoritate publica per Regnum Lusitanum anno millesimo sexcentesimo quinquagesimo tertio mense Martio pensa ac persoluta sunt aut solvi debuere, adeo ut Fœderati Belgæ eodem prorsus loco sint habendi quo Lusitani ipsi habentur, idque tam emptionis venditionisque nomine, quam vectigalium aliorumve aut onerum aut commodorum, immunitatum ac privilegiorum respectu, utque Fœderati in posterum fruituri sint prærogativis, immunitatibus ac privilegiis omnibus quotquot hactenus ulli genti, Regno Lusitano fœdere aut amicitia sociata concessa sunt, vel post hac concedentur, Lusitani vicissim commerciorum ac mercaturæ respectu eodem per fœderatum Belgium loco habeantur, quo Belgas ipsos et indigenas habere juris illic est ac moris.

ARTICULUS VIII

Belgæ Fœderati qui cum navibus ac merce in portus Lusitaniæ ditionis appellent, nullo mercimonii genere naves suas onerare cogantur, nisi quod elegerint ipsi, quotque utili sibi ac consultum præ cæteris fore sint arbitrati: sed nec in navem Fœderatorum Belgarum unamquamque custodes, excubitoresve plures duobus, qui Regis, Regnique nomine merces observent, admittantur, nihilque omnino obstaculo aut impedimenti navibus onerandis, exonerandisve adferatur. Atque illæ, sive merce arida et sicca onustæ, nisi decimo postquam appulerint die, sive pisces, aliudve quodvis cibariorum ac esculentæ merces subvehentes genus, nisi die

reinos, provincias, ilhas, cidades, portos, e em quaesquer outros logares sujeitos a El-Rei de Portugal, sem que se lhes ponha directa, ou indirectamente impedimento algum de poder comprar fazendas, de quem lhes parecer, e elles julgarem ser mais conveniencia sua, seja em maior, seja em menor quantidade, sem que estejam sujeitos ás leis do preço, e avaliação, medidas, pezos, tempo, logar e estanques; tendo outrosim inteira liberdade de levar para os logares acima nomeados todo o genero de mercadorias, e nelles as vender, trocar e transferir a outras partes sem estorvo algum, pagando sómente os direitos, que por autoridade publica se pagaram, ou deveram pagar no Reino de Portugal no mez de Março de 1653, de modo que os vassallos das ditas Provincias Unidas serão tidos e tratados como os mesmos Portuguezes assim no que tocar ás vendas e exempções, como por rasão dos direitos e outras imposições, ou dos commodos, immunidades e privilegios, que até agora se concederam, ou d'aqui em deante se poderem conceder a qualquer outra Nação confederada com o Reino de Portugal. Assim tambem reciprocamente os Portuguezes pelo que toca ao commercio serão tratados nos dominios das Provincias Unidas do mesmo modo que se costumam tratar os vassallos das ditas Provincias.

1661 Agosto 6

ARTIGO VIII

Os vassallos das Provincias Unidas que tomarem os portos sujeitos á Corôa de Portugal com navios e fazendas, não se poderão obrigar a que carreguem as suas naus de alguns generos e mercadorias, que elles não quizerem, e não julgarem ser muito em sua utilidade, nem se porão em cada um dos baixeis Hollandezes mais que 2 guardas, ou vigias, os quaes em nome d'El-Rei e do Reino tenham conta com as fazendas, nem tam pouco haverá impedimento, ou estorvo algum no carregarem-se ou descarregarem os ditos baixeis, os quaes vindo carregados de mercadoria sua, se 10 dias depois da sua chegada não forem descarregados, ou trazendo

1661 Agosto 6 post intratum portum decimo quarto exoneratæ sint: Nihilominus dictis custodibus, excubitoribusve salarii aut mercedis loco haud quicquam persolvatur, aut eorum in gratiam erogetur, præter id quod decem, aut quatuordecim dierum jam dictorum usos ac lex prescribunt.

ARTICULUS IX

Consules, qui Fœderatis Belgis per ditionem Lusitanam negociantibus, habitantibusve præsidio dabuntur, a Fœderati Belgii Ordinibus creandi sint ac constituantur; constituti tantundem habeant authoritatis, utcumque Romanam Religionem non profitentes, quantum ulli per Lusitanam ditionem Consuli earum gentium quæ illic negociantur, hactenus delatum est, vel in posterum deferetur, causis præterea litibusque, quæ Fœderatos Belgas, spectabunt judicandis Judex Conservator constituatur, a quo provocare non liceat, nisi ad Relationis Senatum, qui quarto ad summum post provocationem mense causis litibusque ad se delatis finem imponat.

ARTICULUS X

Si quis Fœderatus Belga, per ditionem Regis Lusitaniæ e vivis excesserit, Chartæ, libri, rationes, bona ac facultates tam ipsius defuncti, quam aliorum ejusdem Fœderatæ Nationis, quæ penes defunctum erunt depositæ a pupillorum, absentiumve judicibus aut eorum Ministris inspici et occupari nefas esto; neque horum jurisdictioni res jam dictæ sunto obnoxiæ, sid iis consignator, quibus eas defunctus ipsum ante excessum consignari jusserit, ut si rebus suis ante obitum minus cavit, prospexitve, tum chartæ illæ, libri rationis, bona, ac facultates ex mandato judicis Conservatoris custodiendæ committantur duobus, pluribusve Belgis Mercatoribus institutoribusve, in quos potissima popularium suorum illic loci degentium suffragia accedente Consulis Belgæ assensu, hanc curam devolvent; ita tamen ut ne curæ suæ commissas res dicti marcatores institoresve servandas in se recipiant, nisi data prius cautione per fidejussores idoneos,

peixe, ou qualquer outro genero de mantimentos 14 dias depois de haverem entrado no porto, comtudo não se pagará aos ditos guardas cousa alguma por rasão de salario, ou de mimo, senão somente o que as leis, e o uso ordenam por conta dos 10 ou 14 dias acima declarados.

1661 Agosto 6

ARTIGO IX

Os Consules que se derem para o amparo e protecção dos vassallos das Provincias Unidas, que negociarem e viverem nas terras do dominio de Portugal, serão constituidos pelos EE., os quaes uma vez estabelecidos terão tanta auctoridade, supposto que não professem a Religião Romana, como até agora teve, ou pelo tempo adiante poderá ter qualquer Consul das Nações, que commerceam no dito dominio. Tambem se constituirá um Juiz Conservador para que julgue as causas e demandas, que pertencerem á Nação Hollandeza, do qual Juiz se não poderá appellar senão para o Senado da Relação; o qual dentro de 4 mezes, o mais tardar, dará sentença final nas causas e processos, que lhe forem remettidos.

ARTIGO X

Succedendo que alguns vassallos das Provincias Unidas venham a falecer nos estados d'El-Rei de Portugal, os papeis, livros, contas, bens e fazendas assim do defunto, como de outros Hollandezes, que se tiverem depositado nas mãos do morto, não se poderão vêr, nem tomar pelos Juizes dos Orfãos e ausentes, nem por seus officiaes, nem as sobreditas cousas serão sujeitas á sua jurisdição, e se entregarão as pessoas, a quem o mesmo defunto antes da sua morte as tiver mandado entregar; que se elle antes de seu falecimento tiver menos cuidado n'este particular, então os sobreditos papeis, livros, contas, bens e fazendas, que por ordem do Juiz Conservador se haverão de guardar, serão entregues a dous ou mais mercadores ou feitores Hollandezes, a quem a approvação e votos dos seus naturaes, que morarem no tal logar juntamente com o Consul Hollandez julgarem dignos de similhante commissão. De tal maneira porem se entrega-

1661 Agosto 6 et ab eodem Consule omnio approbandos, de rebus sibi creditis ad legitimos sive dominos, sive hæredes, sive etiam creditores sua opera perventuris. Omnia itaque bona, facultatesque quæ in Domino defuncti fuerunt, hæredibus ejus executoribusve, vel creditoribus tradentur.

ARTICULUS XI

Nec Regi Lusitaniæ ipsi, nec Ministrorum Regiorum cuiquam fas licitumve sit mercatoribus, naucleris, sociis Belgarum navalibus, aut eorum navibus, merci, facultatibus, manum injicere, ullamve molestiam ex libere nequidem sub gerendi cum Hoste belli, aut cujusvis expeditionis parandæ pretextu; nisi a Fœderati Belgii ordinibus, quorum illi imperio subsunt, naviumque mercis ac facultatum possessoribus eam jam ante in rem fuerit consensum; sed dicti mercatores et naucleri, cum navibus ac merce, sine ullo incommodo per Regem, ministrosves Regios oblato, ex portubus Lusitanis quibuscumque prohibitu arbitrioque suo solvant ac discedant: Fœderatorum porro Belgarum populus a merce, facultatibusve suis vendendis aut distrahendis nullo modo prohibeatur, avocetur, interpelleturve; nequidem si Rex ipse, aut Ministri Regii iis sibi rebus opus esse obtendant, nec ullam omnino ob causam dictarum mercium et facultatum venditio protrahatur, differaturve; nec averti dictas merces in Regis publicosve aut privatos quoscumque usus liceat, nisi illi quorum res agetur, et ad quos dictæ merces, facultatesve pertinebunt, annuant ac præcedente convencione assensum isti rei præbeant.

ARTICULUS XII

Liberum præterea Belgarum Fœderatorum populo, ac permissum sit præter mercis omne genus, arma etiam, res bellicas, et annonam, tam ex Fœderatarum Belgii Provinciarum, quam ex aliis quibusvis portubus ac terris in quascumque orbis Regiones, et ad quascumque gentes transferre, tam

rão as cousas acima nomeadas aos mercadores ou feitores, que se encarregarem dellas, que primeiro haverão de dar fiadores abonados e approvados pelo dito Consul de como as haverão fielmente de remetter a seus legitimos donos, herdeiros, ou credores. De sorte que todos os bens e fazendas, que forem do dito defunto, se entregarão a seus herdeiros, ou aos executores do testamento, ou credores. 1661 Agosto 6

ARTIGO XI

Não será licito a El-Rei de Portugal nem a seus Ministros prender aos mercadores, mestres de navios, e marinheiros Hollandezes, ou tomar seus navios, mercadorias e fazendas, ou dar-lhe molestia alguma, posto que em occasião de fazer-se guerra ao inimigo, ou com pretexto de qualquer outra expedição sem consentimento particular a este fim dos EE. das Provincias Unidas, cujos vassallos são, ou dos donos das ditas naus, mercadorias e fazendas; mas os ditos mercadores, e mestres com seus navios e fazendas poderão sahir á sua vontade e eleição de quaesquer Portos de Portugal, sem que por parte de El-Rei, ou de seus Ministros recebam algum descommodo; nem tam pouco se lhes porá impedimento, ou desvio na venda de suas mercadorias e fazendas, ainda que El-Rei, ou seus Ministros mostrem ter dellas necessidade; assim que por nenhuma maneira se virá a retardar a venda das ditas fazendas, nem será permittido divertil-as em serviço de El-Rei, ou em usos do publico, ou dos particulares, sem as pessoas, a quem tocar, e tiverem interesse nestas fazendas, o queiram, e deem seu consentimento a este fim por contrato, que haja precedido.

ARTIGO XII

Terão outrosim os povos das Provincias Unidas liberdade de poderem levar alem de todo o genero de mercancia, armas e pretechos de guerra, trigo e mantimentos; assim das terras dos EE., como de outros quaesquer portos e terras, em quaesquer partes e provincias do mundo, e a quaesquer nações as-

1661 Agosto 6 inimicas Regi Regnoque Lusitaniæ, quam amicas ac fœderatas, nec dicto Regi, ejusve subditis aut Ministris huic rei moram aut impedimentum afferre liceat per detentiones, represalias, pignorationes ullove alio modo, sive id directe aperteque, sive oblique ac occulte fiat, dummodo dictus Fœderatorum populus ex ipsis portubus Lusitanis armorum nihil apparatus aut rerum bellicarum ad dicti Regis, Regnique hostes et adversarios transvectet, nec minus iisdem Fœderatis Belgis integrum relinquatur ac permittatur, in universam ditionem dicti Regis quascunque merces, res etiam ad armaturam, bellum ac militarem annonam pertinentes inferre, easque non minus magna, quam exigua copia venendas exponere, et sive integras simul, sive seorsum et per partes pretio ibidem quocumque vendere, ac pro arbitrio suo permutare, commerciaque quævis exercere cum iis emptoribus, negotiatoribusve, quos ipsi fore sibi potissimum utiles ac commodos arbitrabuntur, nec interpelari aut a proposito eos demovere per Regem Regiosque Ministros, propolas, monopoliorum exercitores, fiscum, juridicos confessus, quemvis alium ullo modo, ullave de causa fas esto; nullo denique mercimoniorum limite aut regula circumscribantur.

ARTICULUS XIII

Res ac merces, quæ ex uno Lusitaniæ portu in alium eidem Regno subjectum transferentur, persoluto ante debito vectigali et portorio, nulla ulteriore pecuniæ aut teloniorum exactione teneantur, præter eam, qua ipsas mercatorum Lusitanorum, res ac merces tali casu teneri liquebit, constabit.

ARTICULUS XIV

Nulli Alcaido, quem Lusitani vocant, nullique alio Ministro Regio licitum aut permissum esto, ex Fœderatis Belgis quemquam, cujuscunque is conditionis sit aut sortis, interpellare nolentem detinere, carceri, vinculisve mancipare, præter quam in causa criminali et in flagranti delicto deprehensum, nisi facta prius a Judice Conservatore eam in rem

sim inimigas de El-Rei e Reino de Portugal, como amigas e confederadas; nem poderá El-Rei, seus Ministros, ou vassallos interpor dilações, ou impedimentos a este commercio por via de detenções, represalias, penhoras, ou por outro qualquer modo, directa, ou indirecta, aberta, ou occultamente. Comtanto porém que os ditos Hollandezes não levem dos portos de Portugal armas, petrechos, e cousas pertencentes á guerra para os inimigos de El-Rei e do Reino. Tambem poderão os vassallos das ditas Provincias Unidas levar por todas as terras sujeitas ao dito Reino toda a sorte de mercancias, armas, e mais cousas pertencentes á guerra, e suas provisões, expol-as em publica venda, assim em grande, como em pequena quantidade, vendel-as juntas, ou separadas, e por partes a qualquer preço, commutal-as como melhor lhe parecer, exercitar todos e quaesquer commercios com aquelles compradores e negociantes, de que julgarem poderão tirar maior emolumento e utilidade, nem se lhes estorvará esta tenção e proposito por El-Rei, ou seus ministros, mercadores, estanqueiros, fisco, justiças, ou outras pessoas, por qualquer modo ou causa que seja. Finalmente não se porão regras, ou limites a seus commercios. 1661 Agosto 6

ARTIGO XIII

As mercancias que de um porto de Portugal, se levarem, ou transferirem a outro, que fôr sujeito ao mesmo Reino, havendo-se pago no primeiro porto os tributos, que se devem, não tornarão a pagar novamente outros direitos, salvo os que constar, que são obrigados a pagar em tal caso as fazendas dos mercadores Portuguezes.

ARTIGO XIV

Nenhum Alcaide, nem outro Ministro d'el-Rei poderá molestar algum dos vassallos das Provincias Unidas, de qualquer qualidade e condição, que seja, nem detel-o contra sua vontade, e metel-o em prisões e ferros, salvo se for comprehendido em causa de crime, ou achado em flagrante delito, sem primeiro ter licença por escripto do Juiz Conservador

1661 Agosto 6 potestate, quæ scripto consignata sit, Fœderati præterea Belgæ sub ditione atque imperio Lusitano degentes, tam sui ipsorum, quam domicilii, librorum rationum, mercis, aliarumque rerum ac bonorum ad ipsos pertinentium respectu, non minus carceris, vinculorum cujuscunque detentionis ac molestiæ immunes sunto ac habentur, quam aliusquivis ex cæteris Regi Lusitaniæ Fœderatis populis hactenus habetur, aut in posterum habebitur: Sed nec per litteras salvi conductus aut aliud patrocinii genus subditis suis aut aliis quibuscumque in ditione Lusitana degentibus a Rege concedendum, Fœderati Belgæ impediantur, prohibeanturve a debitis exigendis, aut nominibus æri suo obnoxiis in jus vocandis; at vero debiti exactionem et jus suum libere persequantur; neque fraudi sit creditoribus si principis patrocinium aut alterius cujuscumque pollentis authoritatem improrarit debitor, amplexusve sit, ejusque vel eorum litteris, et salvis conductibus sese munierit, quo debitum eludat, creditoremve trahat ac frustretur, quod ne fiat ab omni patrocinio debitor arceatur, excludatur. Sed nec bona ulla ad Fœderati Belgii incolas aut subditos pertinentia, quæ illi Lusitanæ Nationis institoribus, procuratoribus aut res suas agentibus commiserint, vel aliorum quorumvis exterorum in Lusitana ditione degentium curæ ac fidei crediderint, detineri, manumve iis injici licitum aut permissum habeatur, intentare presertim litem, aut negotium inquisitione (quam vocat) Ecclesiastica, sive in Religionis, sive alia quacumque in causa id fiat, sed res ac bona ista omnia, si commendata sint iis, qui coram judice, et in foro Ecclesiastico illa ex causa forte convenientur, aut inquisitionis dictæ nomine accusabuntur interpellabunturve, confestim integra et intacta dimittantur, usibusque possessoris restituantur, ut primum apparebit ac demonstrabitur ad Fœderati Belgii incolas subditosve res eas pertinere.

ARTICULUS XV

Cumque prærogativa commerciorum omnis plane futura

para este effeito. Assim os ditos vassallos das Provincias Unidas, que vivem debaixo do dominio e imperio Portuguez, tanto no que toca a suas pessoas, como a seus domicilios, livros de contas, fazendas, e outras quaesquer cousas e bens a elles pertencentes, não serão menos livres e exemptos de prisões, cadeas e qualquer outra retenção e aggravo do que o ha sido até agora, ou pelo tempo em diante o poderá ser qualquer dos povos confederados com El-Rei de Portugal. Nem por decreto real e salvos-conductos, ou outra sorte de patrocinio que El-Rei de Portugal poder conceder a seus vassallos, ou outras quaesquer pessoas, que morarem em terras de seus senhorios, se poderá pôr impedimento aos ditos Hollandezes, de poderem arrecadar as suas dividas, e chamar em juizo aos seus devedores, antes poderão tratar livremente do pagamento das ditas dividas, e do seu direito. Não ficarão tam pouco frustrados com damno seu os credores, se o devedor se abraçar com o patrocinio do Principe, ou implorar a autoridade de algum poderoso, e quizer acoutar-se para fugir da divida, e frustrar o credor; e para que isto não venha a succeder será o dito devedor excluido de todo o favor e patrocinio; nem outrosim será licito e permittido embargar, ou lançar mão dos bens que pertencerem aos ditos vassallos das Provincias Unidas, e que estiverem em poder de mercadores, procuradores, ou feitores seus Portuguezes, ou de quaesquer outros estrangeiros, que viverem em as terras e dominios da Corôa de Portugal, principalmente se a Inquisição intentar algum negocio, ou mover demanda por causa da Religião, ou por outra qualquer que seja; mas todos estes bens e fazendas se estiverem em poder de pessoas que perante o Juiz e no foro Ecclesiastico por alguma causa, ou por parte da Inquisição forem accusados, se largarão inteiramente, e sem dilação, e se restituirão a seus donos, logo que se verificar e constar que as sobreditas fazendas pertencem a vassallos das Provincias Unidas. 1661 Agosto 6

ARTIGO XV

E porque o esperado fructo da paz e os privilegios do com-

1661 Agosto 6 sit inutilis ac speratus ex pace fructus omnino intervertendus, si Fœderati Belgii incolæ ac subditi, qui per ditionem Lusitanam ultro citroque commeabunt, aut..... negotiationis merciumve distrahendarum ergo illic morabuntur ex occasione religionis inter Lusitanos ac se discrepantis ulla molestia, ullove incommodo afficiantur, providebit huic rei Rex ac occurret, quo terra marique mutuum post hac utriusque gentis commercium illibatum sartumque ac tectum conservetur, curabitque, ne cui ex Fœderati Belgii incolis vel subditis cujuscumque tandem Christianæ Religionis, sortis ac conditionis is sit, negotium hac de causa illum aut molestia exhibeatur, neve is ulli præterea Curiæ Tribunali, judici, inquisitioni, si flatur aut obnoxius fiat, nec ab ullo Regio Ministro, vel alio quocumque hac ex re conveniatur ullo damno assiciatur, sive ob circumlata fortasse secum Biblia, Sacræve Scripturæ aut aliorum librorum usum ac sectationem, sive quovis alio discrepantis et dissentientis Religionis nomine, quinimo Fœderati Belgii incolis subditisque sub ditione Regis Lusitaniæ morantibus, eorumque familiæ liberum ac concessum esto, tam domi suæ, quam in suis navibus Religioni ei, iisque sacris quibus sese addictos profitebuntur, pro arbitrio ac libitu nemine prorsus interpellante, operavis, locus iis denique opportunus sepeliendis mortuis et commodus assignetur, qua libertate impetrata ne abutantur, iisdem Fœderati Belgii incolis ac subditis erit cavendum.

ARTICULUS XVI

Si quandocumque contingat controversias oriri inter dictos Regem Regnumque, ac Fœderati Belgii Ordines, unde interrumpendi inter utramque gentem commercii periculum incumbat, incolæ, cives, indigenæ tam ex hac, quam ex illa parte per utramque ditionem de simultatibus, ac controversiis enatis publice præmoneantur; ac post communicationem promulgatam bienne spatium utremque concedatur, quo merci, navibus, bonis suis ac facultatibus tempestive consulant, easque in tutiorem locum transferant, nullo interea aut impedimento iis objecto aut exhibita molestia, nullo etiam facul-

mercio viriam a ser de todo inuteis e prevertidos se os vassallos das Provincias Unidas, que negociarem nas terras da Coroa de Portugal, por causa da differença da sua religião á dos Portuguezes, recebessem alguma molestia, ou descommodo, El-Rei terá mão e cuidado n'este particular, para que o mutuo commercio de ambas as Nações d'aqui em diante se conserve por mar e por terra segura e inviolavelmente, procurando que a nenhum vassallo dos ditos EE. de qualquer religião christã, qualidade e condição que seja, se lhe dê molestia, ou trabalho por esta causa, nem que esteja obrigado a apresentar-se perante algum Juiz, Tribunal e Inquisição, ou receba damno por esta rasão de algum Ministro de El-Rei ou de outro qualquer que seja, por occasião de trazer comsigo a Biblia, ou lêr a Escriptura Sagrada, e outros livros, seja por qualquer outro respeito de differente religião: antes aos vassallos das ditas Provincias, que viverem nas terras do dominio de Portugal, e juntamente as pessoas de sua familia se lhes permittirá o livre e voluntario uso das ceremonias e religião que professarem, assim em suas casas, como em seus navios. Finalmente se lhes dará e assignalará um logar commodo para a sepultura dos defuntos, tendo-se porém particular cuidado e resguardo pelos ditos vassallos das Provincias Unidas de não usar mal da concedida liberdade.

1661
Agosto
6

ARTIGO XVI

Se em algum tempo nascerem controversias ou desavenças entre El-Rei e Reino de Portugal e os EE. das Provincias Unidas, por onde se possa temer a irrupção do commercio entre ambas as Nações: os vassallos de uma e outra parte serão publicamente avisados das controversias e discordias, que houverem succedido, e depois de publicado o tal aviso, se lhes concederá reciprocamente o espaço de dous annos, para que com tempo olhem por suas fazendas, bens e navios, e os ponham em logar seguro, sem entretanto receber impedimento, e molestia, ou damno algum em os ditos seus

1661 Agosto 6 tatibus eorum ac bonis damno illato; quod si cum ex parte alterutra intra præfinitum biennis spatii tempus debita ulla, illic locorum in quibus negotiatus erat exigenda restabunt, ea ligitimum in modum exigi jure quoque ac legibus ad ea repetenda, agi fas esto nec lis per ambages aut circuitus a judice trahatur, sed is omni cura effectum det, ut ante præscriptum tempus elapsum creditores quod debebitur, consequantur.

ARTICULUS XVII

Si porro pactis hisce ac mutua necessitudine, quæ per pacta sancitur, durantibus, contingat, fœderis hujus partem quantamcumque ab alterutrius gentis subdito aliquo terrarum ullibi aut locorum violari, aut in pactorum conventorum authoritatem impingi, societas ac necessitudo inter utramque gentem hoc sancita fœdere nequaquam eam ob causam interrumpatur, sed vim integram ac vigorem, nihilominus illibatum conservet, obtineatque pœna ac mulcta illis solummodo irrogata, qui in leges fœderis deliquisse convincentur; iis vero, quos damno contumeliave adfectos esse constabit omnino satisfiat, erit autem satisfaciendum intra annum ab instituta actione tempus, si quis in Europa aut in Gaditano Freto, per Americæ etiam Africæve littus et tractum, aut alibi locorum terra, marive, eis Bonæ Spei promontorium Fœdus ulla ex parte hoc temeraverit violaveritve, aut vero qui ultra jam dictum promontorium locorum ubicumque in pacta hac pecasse deprehendetur is satisfactione tenebitur ante exactam decimum octavum mensem ab implorata per actorem ope judicis; aut si reus violati fœderis in jus vocatus foro se non stiterit judicumque subterfugerit; nec intra præscriptum tempus satisfacerit, hostis utriusque partis judicetur, bonaque ejus ac facultates flagitatæ ac debitæ satisfactioni impendenda publicentur, in potestatem quoque partis alterutrius is ipse si venerit, pœnasque atrocitas injuriæ ac delicti magnitudo mereri videbuntur, persolvat.

ARTICULUS XVIII

Si quam controversiam aut etiam inspectores mercium vel

bens e fazendas. Que se de algum vassallo de uma, e outra parte dentro do termo dos sobreditos dous annos lhe ficarem algumas dividas por arrecadar nos logares e terras onde tiver negociado, lhe será licito e concedido cobra-las por via legitima de justiça e de direito; nem o Juiz da causa as dilatará com rodeios e circuitos; antes procurará com effeito que os credores consigam e cobrem as suas dividas primeiro que passe o tempo assignalado. 1661 Agosto 6

ARTIGO XVII

Porém se durante este Tratado e reciproca amisade por elle contrahida, succeder que alguma pessoa de uma ou outra Nação em qualquer logar que seja, venha a quebrar parte deste pacto, ou offender a autoridade delle, a alliança e amisade celebrada entre ambas as Nações por esta confederação, não padecerá interrupção alguma, mas conservará sua inteira força e vigor inviolavel, dando-se sómente pena e castigo a quem for convencido de haver delinquido contra as leis desta convenção, e satisfazendo-se pontualmente a quem tiver recebido o damno: entendendo-se que se haverá de dar esta satisfação dentro de um anno depois da acção intentada, se alguem tiver quebrantado, e violado este Tratado em Europa, Estreito de Gibraltar, costas e terras de Africa e America, ou em outros logares por mar e por terra, áquem do Cabo de Boa Esperança. Porém quem tiver delinquido contra esta convenção alem do sobredito Cabo em qualquer parte, que seja, será obrigado a dar satisfação antes de dezoito mezes, depois de haver o Autor requerido sua justiça; e se o Réu depois de citado se não quizer apresentar em juizo, ou fugir delle, não satisfazendo dentro do tempo acima declarado, será o dito Réu julgado e tido por inimigo de ambas as partes, e publicados seus bens e fazendas para satisfação do aggravado, e caindo nas mãos de uma, ou outra das partes, será castigado conforme merecerem a grandeza da injuria, e atrocidade do delicto.

ARTIGO XVIII

Se os Ministros de El-Rei, e Officiaes Deputados para a

1661 Agosto 6 Regii Ministri Mercatoribus institoribus, naucleris Belgis de annonæ aut cujuscumque mercis, quæ in ditionem Lusitanam subvehentur, pretio movebunt, lis illa per gentis Lusitanæ arbitros partim per illius loci Magistratum, partim per Consulem Nationis Belgicæ (idque pari utrinque jure) eligendos, decidatur, sic ut arbitri illi effectum omnino dent ne quid detrimenti pro tacta in longum disceptatione, possessor ejus mercis capiat aut patiatur.

ARTICULUS XIX

Licitum de cæteris genti utrique esto in fœderatæ ditionis portus quoscumque cum navibus tam bellicis, quam onerariis appellare, illic etiam morari, ac pari cum libertate inde discedere, sive per procellas ac tempestatem illuc compulsi sint, sive navibus reficiendis victusque ac commeatus parandi causa in portum cum se contulerint ita tamen ne illuc plures sex navibus bellicis simul, in portibus vero minoribus et ubi fortalita ad sui defensionem extructa non reperiuntur non plures tribus nisi urgente necessitate se recipiant, neve plus temporis illic insumant, quam quod jam dictæ refectioni, aut parando commeatu sit satis; ne qua forte causa hinc nascatur interrumpendo aliarum gentium non minus eidem ditioni fœderatarum commercio. Quod si forte, major navium bellicarum numerus ad eundem simul appellat, eo intrare hisce navibus nequaquam fas esto, haud impetrato antea permissu ab iis quorum a nutu ac imperio portus ille pendebit, nisi vi fortasse tempestatis aut alia necessitate invitos impellente huc angustiarum constringantur ad evitandum instantis naufragii periculum, quo casu interveniente causam adventus sui præfecto illius portus aut supremo Magistratui confestim judicandam curent, nec moram illic diuturniorem trahant quam quæ a portus illius præfecto aut jam dicto supremo Magistratu fuerit concessa, nihilque interea temporis, moliantur aut machinentur,

visita das mercadorias tiverem alguma controversia e desavença com os mercadores ou mestres dos navios Hollandezes, tocante ao preço e avaliação do trigo, mantimentos, e outras quaesquer fazendas que se levarem ás terras da Corôa e dominio de Portugal, decidir-se-ha esta contenda por arbitrios e louvados Portuguezes, cuja eleição se fará pelo Magistrado do tal logar, e pelo Consul da Nação Hollandeza com poderes iguaes, de modo que os ditos louvados procurem com toda a efficacia possivel, que os donos das ditas fazendas não recebam, nem padeçam detrimentos por largas e dilatadas altercações. 1661 Agosto 6

ARTIGO XIX

Poderão os vassallos de um e outro dominio tomar quaesquer portos das terras confederadas, assim com navios de guerra, como mercantis, fazer demora nos ditos portos, e saír delles com toda a liberdade, seja que hajam entrado obrigados de tormenta, seja em ordem a comprar mantimentos, ou para concertarem os navios, comtanto que não passem de seis naus de guerra juntas; e nos portos menores, que se acham sem fortalezas, que os defendam, não passem de tres, salvo em caso de urgente necessidade, nem poderão estar nos ditos portos mais tempo do que for preciso para o concerto dos ditos navios, ou compra de mantimentos, por não dar occasião a se interromper o commercio e negocio de outras Nações não menos confederadas com o seu Estado. Que se acaso maior numero de navios de guerra chegar a um mesmo porto, não poderão as ditas naus por algum modo entrar nelle, sem primeiro ter alcançado licença da pessoa, ou pessoas a cujo cargo estiver o dito porto, salvo se constrangidas e violentadas da tormenta, ou outra necessidade grande, buscarem abrigo para evitar o naufragio. Neste caso mandarão logo avisar ao Governador, ou supremo Magistrado do tal porto, dando-lhe relação da causa da sua chegada, nem se poderão deter nessa paragem mais tempo do que lhe for concedido pelo dito Governador, ou supremo Magistrado do tal ponto, não commettendo entre-

1664 Agosto 6 quod illi ditioni ulla ex parte nuciturum sit aut in detrimentum cedat.

ARTICULUS XX

Rex Regnumque Lusitaniæ ac Fœderati Belgii Ordines, naves, merces ac bona partis alterutrius si ab hoste, a piratis, aut ab alio quovis intercepta, inque portum aut locum quemcunque utriusvis ditionis subvecta atque subducta sint, nequaquam ex abalienari patiantur, sed aut ipsis ea possessoribus aut res possessorum agentibus restituant, dummodo illi navibus nondum exoneratis, nec adhuc distractis mercibus, ad sese res eas pertinere sint professi, aut profitendum curent et ante exactum tertium ab interceptis navibus mensem si in Europa casus evenerit, in cæteris autem mundi partibus ante annum elapsum jus in eas sibi esse certis argumentis ac testimoniis productis doceant evincant impensas servandis custodiendisque navibus merci ac bonis cæteris factas refundant ipsi possessores.

ARTICULUS XXI

Fœderati Belgæ per Lusitanam ditionem negotiantes aut in portus Lusitanos appellantes, nullo omnino vectigal aut portorium pro bonis suis ac navibus persolvant, nihilque pendant, præter id quod Regi Cameræque Ulisiponensi, anno millesimo sexcentesimo quinquagesimo tertio persolvi jus fuit: oneribus si quæ postea introducta sint aut adhuc introduci possent nullatenus teneantur.

ARTICULUS XXII

Tributum nullum a Fœderatis Belgis in usum aut emolumentum sacelli Sancti Georgii per Lusitanos exigatur nulla obire munia, nullum armorum genus aut ipsi induere aut aliis suppeditare jubeantur cogantur.

tanto, nem machinando cousa que possa ser em damno, ou detrimento do tal logar. 1661 Agosto 6

ARTIGO XX

El-Rei e Reino de Portugal e os EE. das Provincias Unidas não permittirão que se alienem os navios, fazendas e bens de uma, ou outra Nação, que se houverem tomado pelos inimigos, piratas, ou outros, e levado a seus portos, e outros quaesquer logares sujeitos á jurisdição de uma, ou outra das ditas Nações; antes os mandarão restituir aos donos, ou seus procuradores e feitores, como declarem, ou façam declarar serem elles os verdadeiros donos das ditas fazendas, primeiro que os navios se descarreguem, e ellas se vendam; e que antes de passado o termo de tres mezes depois da tomada das naus, se acaso houver acontecido em Europa, verifiquem e provem com documentos e testemunhas, o direito que antes tinham nellas; e os sobreditos donos pagarão as despezas e gastos que se fizerem em guardar e conservar as ditas embarcações, bens e fazendas.

ARTIGO XXI

Os Hollandezes que commerciarem pelas terras e dominios da Corôa de Portugal, ou entrarem nos portos do dito Reino, não pagarão direito algum por seus fretes, nem por seus navios, nem outro qualquer tributo, mais que o que se pagou a El-Rei e á Camara de Lisboa o anno de 1653, nem serão sujeitos ás composições, que desde então se podem haver introduzido, ou d'aqui em diante se poderem introduzir.

ARTIGO XXII

Não poderão os Portuguezes exigir tributo dos vassallos das Provincias Unidas em uso e emolumento da Capella de S. Jorge, nem obrigal-os a alguns encargos, como de tomarem armas pessoalmente, ou contribuirem com ellas para outras pessoas.

1661 Agosto 6

ARTICULUS XXIII

Mercatores ex utraque gente, eorumve institores, ministri familiares ac domestici, naucleri, nautæ et navales socii per ditionem Regis ac Ordinum perque portus eorum, ac littora tuto et libere ultro citroque commeent, hæreant ac versentur: ædes domosque, quæ aut ipsi habebant, aut recondendæ promendæque merci utiles ac necessarias, dominio possidere iis permittatur, gladiis acingi, arma cujuscumque generis, prout mos gentis fert circumferre, quibus se ac rem suam tueantur ne sit fraudi, aut vetitum habeatur.

ARTICULUS XXIV

Bona quælibet ac merces, sive ad dictos Regem Ordinesque spectabunt sive ad utrimvi populum, si navibus alterutri parti inimicis hostibusque creditæ, ac in iis deprehensæ fuerint, non minus quam naves ipsæ in prædam cedant, ac fisco occupantium addicantur. Merces vero ac res quæcumque ad partis utriuslibet hostem pertinentes, Regis Ordinumque jam dictorum aut utriuscumque populi navibus impositæ, in eas fisco nil juris esto, adeoque nec detineantur, nec possessoribus intervertantur.

ARTICULOS XXV

Denique, cum Belgarum Fœderatorum nonnullis, sive a parte Societatis Indiarum Occidentalium, sive alio etiam nomine, tam per Brasiliam, quam per Lusitaniam ipsam, cæteramque dicti Regis ditionem bona immobilia tum debita, quoque non pauca etiam nunc restent ac supersint reliqua, fierique etiam possit ut a subditis præfati Lusitaniæ Regis in Brasilia habitantibus, vel qui ibidem habitacula sua habuere par actio supersit instituenda per ditionem et in populum Fœderatorum Belgarum: Convenit utrinque ac consensum est, uti bona immobilia, fundi præsertim demum, molæ saccaro parando inservientes possessoribus pristinis restituantur, sed et actiones quæ restant exigendæ, uti a debitoribus quam primum expungantur; et quoniam prædictus Regis Lusitaniæ Legatus

ARTIGO XXIII

1661 Agosto 6

Os mercadores de ambas as Nações, seus feitores, creados e domesticos, mestres de navios e marinheiros poderão livremente andar por todas as terras, costas e portos, que forem sujeitos a El-Rei de Portugal, e aos EE. das Provincias Unidas, morar nas ditas partes, e possuir casas em que vivam, e outras que lhes forem necessarias para segurança de suas fazendas, nem lhes será prohibido ou damnoso o trazer espadas, ou outras quaesquer armas, segundo for o costume da Nação para defensa de suas pessoas e fazendas.

ARTIGO XXIV

Todos os bens e fazendas assim de El-Rei de Portugal, e dos EE. Unidos, como dos povos de ambas as Nações, que se acharem em navios inimigos de uma, ou outra das partes, serão de boa presa e confiscados não menos que os mesmos navios; mas nos bens e mercadorias que pertencerem aos inimigos de uma, ou outra parte embarcadas em navios de El-Rei, ou dos Estados sobreditos, e seus vassallos não tem o Fisco direito algum; assim que não se poderão embargar, nem desviar em damno e prejuizo de seus donos.

ARTIGO XXV

Finalmente, como ha alguns Hollandezes, a quem, ou por parte da Companhia da India Occidental, ou em outro nome, assim nas terras do Brasil, como de Portugal e outras sujeitas ao dito Reino, ficam ainda bens de raiz, e não poucas dividas; e tambem pode ser que alguns vassallos de El-Rei de Portugal, moradores no Brasil, ou que lá tiverem tido seus domicilios, tenham acção que intentar em os dominios, e contra os vassallos das Provincias Unidas: De commum consentimento os bens de raiz, particularmente as casas e engenhos, que servem para a fabrica dos assucares se haverão de restituir a seus primeiros donos e possuidores; e as acções e demandas que se intentarem, se haverão logo de averiguar por parte dos devedores. E porque o Embaixa-

1661 Agosto 6 instructum sese mandato sufficienti professus est, amicabili compositione finem faciendi actionibus tam realibus, quam personalibus, quæ Fœderatorum Belgarum populo ex eo capite competere possent, idcirco ut in casibus prædictis, iis quorum interest absque ulla ambage et molestia, per æquipollens satisfiat, eædem actiones omnes prædicto Regis Lusitaniæ Legato intra trimestre spatium communicentur, redacta in scriptis confecto inventario, cum declaratione originis et documentorum quibus illæ actiones probari possint, ac porro vel per pacta singularia cum iis quorum interest, vel pacto generali inter præfatum Regem et prædictos Fœderati Belgii Ordines per solutionem summæ pecuniariæ penitus extinguantur. At si prædicta negotia vel in totum, vel pro parte intra sex mensium spatium hoc pacto componi nequeant, tamque controversiæ omnes quæ super æquitate rationibus ac taxatione actionum, hinc inde moveri ac repollulare possint, penitus præcidantur ac tollantur, tres utrinque Commissarii constituentur, qui post exactum octodecim mensium spatium, ut in Brasilia commorantes ejus rei certiores fieri et tempestive præmonere possint, Ulisiponæ in unum convocandi ac conventuri sunt, instructi potestate ac authoritate, quæ peculiariter nunc iis hoc ipso diplomate defertur, admittenti et sub examen vocandi, intentatam quamcumque actionem super immobilibus bonis ac debitis, tum in jus etiam citandi reos adversamque actoribus partem, ut obloquantur aut causam suam tuantur, si possint; defertur præterea iisdem commissariis authoritas qua auditis contradictoribus, aut iis non comparentibus adversus contumaces decernant juxtà jura et æquitatem, nulla judicii forensis adhibita solemnitati, atque omni ambage litis protrahendæ prorsus amota, jus de plano dicant, curabunt quoque præfatus Rex ac Ordines ut re ipsa præstantur, ut quæ effectum omni ex parte habeat, quidquid per utriusque parte commissarios decernetur ac pronunciabitur. Tum ut judicio casurus, causam tenenti adversario confestim solide atque exacte satisfaciat, decreta ac sententias commissariorum per ministros suos plenæ executioni illico et sine mora mandabuntur: Si

dor de El-Rei de Portugal disse que tinha uma ordem suffi- 1661 Agosto 6
ciente para compor amigavelmente todas e quaesquer acções e pretensões, que por esta via podessem competir aos vassallos das Provincias Unidas; portanto para que nos sobreditos casos se dê sem molestia e dilação uma equivalente satisfação ás partes interessadas, se haverão de communicar por escripto todas estas acções ao dito Embaixador no termo de dous mezes, fazendo-se inventario com declaração da origem e principio e dos documentos, por onde as ditas pretensões e acções se possam provar, e venham de todo a extinguir-se, ou por contratos particulares, que se fizerem com as partes interessadas, ou por um geral entre El-Rei e os EE. por pagamento de uma somma pecuniaria. Porém se os sobreditos negocios, ou em todo, ou em parte se não podérem por este meio compor no termo de seis mezes, então para que se cortem, e tirem totalmente as controversias, que poderiam mover-se e nascer outra vez entre as partes sobre a equidade, contas e taxa das ditas acções, se constituirão e estabelecerão tres Commissarios de uma e outra parte, os quaes passado o termo de dezoito mezes, para neste tempo se poder avisar aos que morarem no Brasil, se convocarão e juntarão na cidade de Lisboa, e terão poder e auctoridade qual agora pelas presentes lhes é especialmente outorgada, para admittir e examinar qualquer acção instituida tocante aos bens de raiz e dividas; e outrosim para chamar a juizo aos Réus que dêem suas contraditas, e defendam sua causa, se podérem. Tambem se concede autoridade aos ditos Commissarios, para que ouvidas as contraditas, ou não se apresentando os Réus, possam sentencear os contumazes segundo o direito e a razão, sem outra fórma e solemnidade de juizo, tirando-se todas as dilações, que podem haver nas ditas causas. El-Rei de Portugal e os EE. Unidos terão cuidado e procurarão, que as causas, que forem julgadas e senteceadas pelos Commissarios de uma e outra parte, tenham seu inteiro e total effeito. E assim para que a parte condemnada satisfaça breve e inteiramente as sentenças dos ditos Commissarios, se haverão de dar á execução com toda a del-

1661 Agosto 6 quid vero ad summam satisfactionis desiderabitur, Rex ipse atque Ordines spondebunt, et fidem suam interponunt, id omne suo ex ære, suisque impensis sarciendum ac supplendum fors, si liquebit executionem neglectam aut extra consuetum et receptum ordinem dilatam stetisse, quo minus decreta Commissariorum effectum sortita sint. Si vero pari utriumque concurrente judicium discrepantia ac dissensu suffragiorum fiat, ut actioni intentatæ finis imponi a commissariis non possit, tum ut iidem aut concordibus votis, aut per majora super arbitrium eligant, his vero etiam eo casu inter sese ita dissentientibus, ut eadem super arbitri electio aut paribus votis; aut per majora suffragia absolvi nequeat, uti discrepantia inter illos sorte dirimatur; utque post electionem super arbitri, aut hoc aut illo modo factam, res per eundem unicum prædictis commissariis resumatur, et vel per amicabilem compositionem vel decisione per majora vota terminetur.

ARTICULUS XXVI

Conventum porro ac utrùnque consensum est ut Pax hæc et transactio, omniaque et singula hisce tabulis comprehenhensa, in optima legitimaque forma tam a præfato Lusitaniæ Rege, quam a prædictis Fœderatorum Provinciarum Ordinibus Generalibus, per patentes utriusque partis litteras, sigillo magno munitas confirmentur ac retihabeantur, mutuaque ratihabitionis instrumenta intra trium mensium spatium, ultro citroque extradantur, atque ut hæ tabulæ post elapsos alios tres menses, a traditis et commutatis ratihabitionum instrumentis, forma locoque solitis promulgentur: In quorum omnium fidem et testimonium, nos extraordinarius Legatus prædicti Regis Lusitaniæ, et Commissarii dictorum Fœderati Belgii Ordinum, vi et vigore litterarum mandati ac potestatis nobis a superioribus nostris datarum, hosce Articulos manibus propriis subsignavimus, ac sigillis nos-

ligencia pelos seus Ministros. Que se faltar alguma cousa para a inteira e plenaria satisfação, El-Rei e os sobreditos Estados prometterão e empenharão sua fé, como em effeito promettem e empenham de suppril-o e pagal-o á custa da sua fazenda, constando que por se ter feito pouco caso da execução, ou por haver-se dilatado contra a ordem sobredita e costumada, as sentenças dos ditos Commissarios não tiveram seu effeito. Porém se succeder que concorrendo entre os Juizes de uma e outra parte igual numero de pareceres differentes, os Commissarios não possam decidir as causas e acções intentadas, então elles mesmos, ou de commum consentimento, ou pela maior parte dos votos elegerão um super-arbitro; e succedendo ainda neste caso que haja entre elles differença nos pareceres, de modo que a eleição do super-arbitro, ou por igualdade, ou por maior numero de votos se não possa fazer, esta differença se terminará por sortes; e depois da eleição do super-arbitro, feita de um modo, ou de outro, se tornará a ventilar a causa, e se terminará, ou por composição amigavel, ou pelo maior numero dos votos. 1661 Agosto 6

ARTIGO XXVI

Consentiram as partes entre si e convieram que esta Paz e Tratado, e quanto nelle se contém, assim por El-Rei de Portugal, como pelos Estados das Provincias Unidas com boa e legitima fórma se confirme e ratifique por cartas patentes de uma e outra parte, selladas com o sêllo maior de suas armas; e que reciprocamente se tirem instrumentos, ou cartas de ratificação no tempo de tres mezes; e passados outros tres mezes depois de tirados os ditos instrumentos se publique este tratado na fórma e logares costumados.

Em fé e testemunho de quanto acima está declarado, nós o Embaixador Extraordinario de El-Rei de Portugal, e os Commissarios dos Estados das Provincias Unidas dos Paizes Baixos, em virtude da ordem e poderes de nossos Superiores á nós concedidos, temos assignado estes Artigos

1661 Agosto 6 tris munivimus. Hagæ Comitum in Hollandia, die sexta mensis Augusti anno millesimo sexcentesimo sexagesimo primo.

(L. S.) Conde de Miranda.
(L. S.) Fl. Cant.
(L. S.) Johan de Wit.
(L. S.) Christ. Rodenburgh.
(L. S.) E. S. van Glinstra.
(L. S.) B. J. Mulert.
(L. S.) J. Schulenburgh.

Alvará do Vice Rey da India para a publicação da paz entre El-Rey D. Affonso VI e os Estados Geraes das Provincias Unidas dos Paizes Baixos

(Arch. da India, liv. grande de Pazes, fol. 46.)

1663 Novembro 12 Antonio de Mello de Castro, etc. Faço saber a todos os Capitães das fortalezas, cidades, povos e Ministros, assim de guerra, como de justiça e fazenda, Capitães-Móres das armadas, e todos os mais vassallos de Sua Magestade de qualquer qualidade e condição que sejão, moradores neste Estado da India, ou que a elle de novo vierem, que o mesmo Senhor me avisa por carta sua de 2 de Abril deste presente anno de 1663, vinda na capitania Nossa Senhora dos Remedios do Cassabé de Baçaim, a qual chegou a esta barra em o 1.º deste mez de Novembro, que havia assentado paz com os poderosos senhores Estados Geraes das Provincias Unidas dos Paizes Baixos, cujas capitulações me vierão na mesma nau; e porque convem ser a todos notoria a dita paz, e que se observe e guarde santa e inviolavelmente, e que de parte

de nossas proprias mãos e lhes havemos posto os sellos de nossas armas; na Haya dos Condes em Hollanda aos 6 dias do mez de Agosto do anno de 1661. 1661 Agosto 6

(L. S.) Conde de Miranda.
(L. S.) Fl. Cant.
(L. S.) Johan de Wit.
(L. S.) Christ. Rodenburgh.
(L. S.) E. S. van Glinstra.
(L. S.) B. J. Mulert.
(L. S.) J. Schulenburgh.

---

a parte cesse toda a hostilidade e inimizade; mando que na conformidade da publicação que se fez assim em Portugal como em Hollanda, e agora nesta cidade de Goa, se cumpra inteiramente como nas ditas capitulações é declarado sem falta ou duvida alguma. Notifico-o assim a todas as sobreditas pessoas, ao Chanceller do Estado, Ouvidores geraes do crime e civel, e mais Ministros, Officiaes e Pessoas, a que pertencer, para que fação inteiramente cumprir e guardar esta provisão como nella se contém, sob as penas de direito e da publicação se passará certidão authentica nas costas desta, que valerá como carta, e não passará pela chancellaria sem embargo das ordenações em contrario. Nicolau Ferreira o fez em Goa a 12 de Novembro de 1663. Domingos da Silva de Mendonça, Secretario do Estado, a fiz escrever.— Antonio de Mello de Castro. 1663 Novembro 12

Alvará da publicação da paz celebrada entre a Magestade dElRey D. Affonso Nosso Senhor, e os poderosos Senhores Estados Geraes das Provincias Unidas dos Paizes Baixos, na fórma que acima se declara.

Para v. ex.ª ver e vale como carta.

Tratado de liga offensiva e defensiva celebrado por tempo de dez contra Carlos II, Rey de Hespanha, assigna

(Collecção de Tratados,

ARTICULUS XIV

1667 Março 31 Ante et post conclusam cum Anglo pacem, omni genere officiorum Christianissimus Rex, et tota qua pollet apud Ordines Fœderati Belgii auctoritate intercedet, ut dissidium, quod est inter Regem Portugalliæ et dictos fœderatos Ordines, componatur, Urbesque Cochim et Cananor restituantur Lusitaniæ Regi; et ut ea de re inseratur specialis Articulus in Tractatu de Pace inter Anglos et Batavos: intercedet quoque cum eodem affectu Christianissimus Rex, ut Summus Pontifex non solum in confirmatione Episcoporum, sed etiam in omnibus rebus se habeat erga Regem Portugalliæ, ut solitum est Summis Pontificibus se habere cum aliis Regibus ejusdem Regni.

Ajustamento e revalidação da paz e amisade entre o Conde Vice Rey e Capitão geral da India, e Sivagi Raze

(Arch. da India, livro 1.º de Pazes, fol. 161.)

1667 Dezembro 5 Por quanto Sivagi Raze me ha escrito repetidas vezes desculpando-se da entrada que ignorando elle suas gentes fizerão em Bardez contra os Dessais, que entendia tinhão ali suas terras, e que seu animo era, e foi sempre de conservar e continuar a paz com este Estado, houve por bem de fazer, e revalidar a dita amizade na fórma, e com as condições seguintes:

annos entre El-Rey D. Affonso VI e Luiz XIV, Rey de França, do em Lisboa aos 31 de Março de 1667

tom. I, pag. 351.)

ARTIGO XIV

Pendente a negoceaçam de Pas com Inglaterra, e despoys della elRey Christianissimo empregará com cuydado, e affeyçam seos officios, e toda a sua authoridade com os Estados das Provincias unidas dos Paizes bayxos para os trazer a regular, a acommodar a diferensa que ha entre Sua Magestade de Portugal, e elles, e partecularmente para que se restituam a elRey de Portugal as praças de Cochim, e Cananor, e disto se faça hum artigo especial no Tratado de pas entre França e Inglaterra, e os ditos Estados, e do mesmo modo obrará elRey Christianissimo de todo seu poder com o Summo Pontifice, para que na confirmaçam dos Bispados e em tudo o mays se corresponda com elRey de Portugal, como os Summos Pontifices sempre fizeram com os Reys Portuguezes. 1667 Março 31

1.° Que elle Sivagi Raze restituirá logo em boa amizade, e sem engano, e sem levar preço algum por resgate, todos os captivos e prisioneiros, homens, mulheres e meninos, que levarão as suas gentes das terras de Bardez na entrada que nella fizerão em 19 de novembro de 1667, e assim gados e boiadas, que se acharem pertencentes aos vassallos e terras delRey meu Senhor. 1667 Dezembro 5

2. Que os Dessais Lacumu Saunto, e Quessoá Naique, que estão recolhidos em nossas terras, serão notificados não fação guerra, nem hostilidade alguma a elle Sivagi Raze, nem a seus vassallos e terras, estando dentro das terras delRey meu Senhor, e que fazendo o contrario, e sendo disso sabedor por si, ou por aviso proprio delle Sivagi Raze, os dei-

1667 Dezembro 5 tará logo de suas terras, e do mesmo modo indo-se os Dessais das nossas terras para as suas, e dahi fizerem guerra a elle Sivagi Raze, e a seus vassallos, tendo disso certa noticia, os não tornará a admittir, nem recolher em suas terras, e o mesmo se entenderá com Narobá Saunto, e Malu Sinay, achando-se nas nossas terras, e para evitar toda a occasião de desordens, os ditos Dessais emquanto estiverem nas terras delRey de Portugal morarão na Ilha de Goa, e de nenhum modo em Bardez, nem em Salsete.

3. Que o commercio e boiadas que vierem do Balagate para esta Ilha de Goa, e porto, e terras de Bardez e Salcete, não serão tomadas, nem represadas, nem tão pouco as que destas Ilhas e terras delRey de Portugal forem para o Balagate, ou qualquer outra parte, pagarão humas e outras os juncões costumados, ainda que haja guerra entre elle Sivagi Raze e ElRey Idalxá, por quanto o commercio livre dos mercadores redunda sempre em commum utilidade.

4. Que haverá uma firme e boa amizade de ambas as partes, e assim por mar como por terra, e havendo-se feito alguma sem razão, se fará primeiro presente por parte de Sivagi Raze a elle Vice Rey da India, e do mesmo modo por parte do Vice Rey a elle Sivagi Raze, e sem se ter primeiro esta satisfação, se não poderá romper por alguma das partes esta paz e amizade, que será assignada por mim e por Sivagi Raze.

5. Que querendo ajustar-se Sivagi Raze com o Conde Vice Rey em alguma empreza, desde logo por pessoa confidente se poderá tratar do negocio, e do emprego das armas de ambas as partes na parte que parecer conveniente e util ao dito Vice Rey e Sivagi Raze. Goa, 5 de dezembro de 1667.— O Conde Vice Rey.

Treslado do contrato da paz e amisade assentada entre o grandioso Sivagi Raze e o Conde Vice Rey

(Arch. da India, livro 1.º de Pazes, fol. 162.)

O grandioso Vice Rey o contrato que mandou, cuja sustancia é o seguinte: 1667 Dezembro 11

Por quanto Sivagy Raze me ha escripto repetidas vezes, desculpando-se da entrada que elle e suas gentes fizerão em Bardez contra os Desais que tinhão ali suas terras, e que seu animo era, e foi sempre de conservar, e continuar a paz com este Estado, houve por bem de fazer revalidar a dita amizade na fórma e com as condições seguintes: que elle Sivagy Raze restituirá logo em boa amizade, e sem engano, e sem levar preço algum por resgate, todos os captivos e prisioneiros, homens, mulheres e meninos, que levarão as suas gentes das terras de Bardez na entrada que nellas fizerão em 19 de novembro de 1667, e assim os gados e boiadas que se acharem pertencentes aos vassallos delRey meu Senhor, pois o grandioso Vice Rey o que escreveu meudamente, e na fórma de sua escriptura a gente prisioneira que estava represada, a qual mandei largar sem tomar hum bazaruco della, e entreguei ao Reverendo Padre Gonçalo.

Lacumo Saunto e Quesoá Naique Desais, que assistão recolhidos em nossas terras, serão notificados não fação guerra nem hostilidade alguma a elle Sivagy Raze, nem a seus vassallos e terras, estando dentro nas terras delRey meu Senhor, e que fazendo o contrario, e sendo disso sabedor por si ou por aviso proprio delle Sivagy Raze, os deitará logo de suas terras, e do mesmo modo indo-se os Desais de nossas terras pera as suas, e dahi fizerem guerra a elle Sivagy Raze, e a seus vassallos, tendo disso certa noticia, os não tornarão admittir nem recolher em suas terras, e o mesmo se entenderá a Narbá Saunto, e Mallu Sinay, achando-se em nossas terras; os Desais em quanto estiverem nas terras delRey

1667 Dezembro 11 meu Senhor, para evitar as desordens, morarão dentro na cidade de Goa, e não assistirão em Salcete nem em Bardez, sobre que o grandioso Vice Rey escreveo, pois os ditos Desais deixarão na Ilha de Goa mui quietos, e em caso se derem molestias em qualquer particular até minima cousa aos vassallos de minhas terras, mandará lançar fóra da dita Ilha.

que o commercio e boiadas que vierem de Ballegate para esta Ilha de Goa, e porto, e terras de Salsete e Bardez, não serão tomadas, nem represadas, nem tão pouco as que destas Ilhas e terras delRey de Portugal forem pera o Ballegate, ou qualquer outra parte, pagando humas e outras pensões costumadas, ainda que haja guerra entre elle Sivagy Raze e ElRey Idalxá, por quanto o commercio livre dos mercadores redunda sempre em commum utilidade, sobre que escreveu o grandioso Vice Rey, e na forma do referido, conforme o meu assento e estilo, recadarei os direitos, e darei passagem.

que haverá huma firme e boa amizade de ambas as partes, assim por mar como por terra, e havendo-se feito alguma sem razão, se fará primeiro presente por parte de Sivagy Raze a elle Vice Rey, e do mesmo modo por parte do Vice Rey a elle Sivagy Raze, e sem ter primeiro esta satisfação, se não poderá romper por alguma das partes esta paz e amizade, que será assignada por mim e por Sivagy Raze, sobre que o grandioso Vice Rey escreveu, e na fórma da escriptura acima referida aceito.

que querendo ajustar-se Sivagy Raze com o Conde Vice Rey em alguma empreza, desde logo por pessoa confidente se poderá tratar do negocio, e do emprego das armas de ambas as partes, na parte que parecer conveniente, e util ao dito Vice Rey e Sivagy Raze. Goa, 5 de setembro de 1667.

Sobre que o grandioso Vice Rey escreveu, e eu acceito na fórma da escriptura acima relatada. Feita em 25 de Jama Dilacar, do anno de 1068, que em portuguez vem a ser 11 de dezembro de 1667.—Tem a chapa de Sivagy Raze.

Proposta das cousas apresentadas por Coje Alaudi Mamede, Embaixador delRey Gram Mogor, que são as mesmas que o dito Embaixador havia proposto por parte de Mirzá Raza Jaisinga General do dito Rey

(Arch. da India, livro 1.º de Pazes, fol. 156.)

1.º

Quando se comprarem fazendas nas terras dos Portuguezes por parte delRey Mogor, não pagarão direitos, nem se porá impedimento a ellas, antes lhe darão todo o favor e liberdade. 1667

2.º

Toda a pessoa que for rebelde, ou alevantado contra a corôa do dito Rey, lhe não darão lugar os Portuguezes debaixo de seu amparo, e o tratarão como proprio alevantado do delRey de Portugal.

3.º

Que de parte a parte haja concorrencia de vizitas e cartas por via de Embaixadores e Enviados, para haver maior firmeza, e augmento na amizade de ambos os Estados, e que assistirá sempre hum Embaixador nas terras dos Portuguezes por parte do dito Rey, o qual será respeitado nellas com toda a honra e cortezia, conforme a grandeza do mesmo Rey, para procurar e dar expediente aos negocios de ambos os Estados, para que não haja differença na amizade delles.

4.º

Não sejão tomados os orfãos dos vassallos do dito Rey, assim mouros como gentios, e que os não fação christãos por força.—Rubrica do Vice Rey, e outra que parece ser do Embaixador do Mogor.

Resposta do Conde de S. Vicente, Vice Rey e Capitão geral da India, á proposta antecedente

(Arch. da India, livro 1.º de Pazes, fol. 156.)

1.º

1667 Que quando se offereça alguma occasião de se comprar alguma curiosidade, ou regalo para a pessoa delRey Mogor, se lhe fará toda a boa passagem, e o mesmo se espera del Rey Mogor, quando se offereça outro similhante para se mandar a ElRey meu Senhor; e em quanto ás mais fazendas sérem isentas de direitos, é em prejuizo da fazenda real, e rendimentos das alfandegas de ambos os Reys.

2.º

Que me conformo em tudo, sendo as pessoas naturaes vassallos a ElRey Mogor, e rebeldes contra a sua corôa, e o mesmo se fará da parte delRey Mogor.

3.º

Que me conformo em que assista reciprocamente Embaixador, Enviado ou Assistente, que parecer mais conveniente ás materias que se tratarem, e que igualmente sejão respeitados, e tratados com toda a honra e cortezia.

4.º

Que a nossa Religião não permitte fazer christãos por força, e a este respeito mandarei as ordens que forem necessarias para se não fazer o contrario, mas fazendo-se christãos voluntariamente, se não entregarão por nenhum caso, e se lhes dará todo o favor e amparo.—O Conde Vice Rey.—Chapa do Mogor e assignatura persiana.

Documentos tocantes ás relações com o Gram Mogor ao tempo das capitulações antecedentes

Carta do Vice Rey Antonio de Mello de Castro a Mirzá Raze Jaisinga, General delRey Mogor

(Arch. da India, livro 2.º dos Reis vizinhos, fol. 36.)

Recebi a carta de V. S.ª e me alegro muito de ter tão perto tão bom vizinho, e de que passe com a saude que lhe desejo. Sempre que V. S.ª me der estas novas, farei dellas toda a estimação. 1665 Março 31

Entre ElRey, meu Senhor, e ElRey Surtão Aurangeb *(sic)* ha paz e amizade, que dura ha muitos annos. O anno passado a rompeu sem causa o capitão Ludican, entrando as nossas terras, seguras com a fé e palavra real, de que me tenho queixado a ElRey Surtão Arangeb *(sic)*, esperando de hum Rey tão grande castigue aquelle excesso, que se fez contra suas ordens, e contra seus amigos, porque destas terras não se deu nunca ajuda ou favor ao Sivagi, nem basta dizer-se que traz comsigo alguns Portuguezes para se presumir que eu o consinto, pois tambem nas terras delRey Mogor anda grande quantidade de gente portugueza sem minha licença, huns por crimes que não commetterão, outros esquecidos de sua obrigação; e não está em meu poder reduzil-os; e do mesmo modo se acha muita gente portugueza em Golcondá, no Canará, e com o Idalxá, como V. S.ª deve saber; e por aqui ficará entendendo que eu me não havia de privar de tão grande copia de soldados, tendo guerras, e podendo com elles castigar a meus inimigos. O certo é que o capitão Lodican buscou aquella desculpa para cobrir o que lhe succedeu, como se isto ouvesse de esconder aos olhos do mundo haver elle procedido, ou com menos cuidado, ou com menos zêlo do que devia, deixando passar o Sivagy a Surrate, em que não podião ter culpa os Portugue-

1665 Março 31 zes; mas ainda que eu me acho escandalisado, e que não estou satisfeito; comtudo, por V. S.ª mo pedir, a quem eu desejo comprazer, mando ordens ao Norte para que se não dê ao Sivagy favor de nenhum modo, nem nas nossas terras se admitta gente sua, e o mesmo se fará desta banda; e quando se offereça cousa do gosto de V. S.ª me terá com mui boa vontade. Deus alumie em sua divina graça a V. S.ª Goa, 31 de Março de 1665.—Antonio de Mello de Castro.

Carta para o Capitão christão dos Mogores

(Arch. da India, livro 2.º dos Reis vizinhos, fol. 36.)

Francisco de Mello, e Diogo de Mello, me escrevem as razões, que eu tenho de estar agradecido a V. M.cê assim por ter comnosco a mesma crença, como por nos haver defendido das calumnias, que sem causa nos levantarão; e quando se offereça cousa de conveniencia e gosto de V. M.cê conhecerá no meu animo muito igual satisfação. Eu respondo ao general Maha Raza Jaisinga que de boa vontade ordeno que se não dê favor algum ao Sivagy por seu respeito, e pelo de V. M.cê posto que me achava escandalisado dos excessos, que o capitão Lodiscan obrou o anno passado contra os pobres e mesquinhos das nossas terras, sem mais causa que querer levar dellas, como fez, a sustancia daquelles moradores, porém, espero que ElRey Surthão Aurangebe *(sic)* me mande satisfazer, como é justo, e que castigue a quem sem ordem sua faz similhantes desordens. Contra minha vontade anda com Sivagy alguma gente, e do mesmo modo se acha grande quantidade della nas terras de ElRey Mogor, e Idalxá, do Canará, de Golcondá, e muita mais em Bengala, e não está na minha mão o reduzir estes homens, nem ainda com o perdão de suas culpas. Folgarei muito que os castigue o general Maha Raza Jaisinga, como eu farei, se os colher, porque fique exemplo. V. M.cê veja se quer de mim alguma cousa, porque eu tambem desejo mostrar que se não perde o que se faz aos Portuguezes. Deus guarde a V. M.cê Goa, 31 de Março de 1665.—Antonio de Mello de Castro. 1665 Março 31

Carta para Mirzá Raze Jaisinga, General do Mogor

(Arch. da India, livro 2.º dos Reis vizinhos, fol. 38.)

Para me alegrar com V. S.ª do bom successo que teve, mando o Reverendo Padre Damião Vieira, vigario de Baçaim, pessoa que estimo muito, e juntamente para tratar com V. S.ª as cousas sobre que me escreve. V. S.ª lhe dê todo o credito, e elle dirá a V. S.ª tudo o que ha sobre estas materias; e eu fico com mui boa vontade para o que V. S.ª me encommendar de seu gosto. Deus guarde a V. S.ª e o alumie em sua divina graça. Goa, 22 de Agosto de 1665.—Antonio de Mello de Castro. 1665 Agosto 22

Carta para Mirzá Lascarim

(Arch. da India, livro 2.º dos Reis vizinhos, fol. 38.)

Ha muitos dias que não tenho cartas de V. M.cê e como lhe estou tão obrigado, sinto que me faltem as novas de como passa. Mando o Reverendo Padre Damião Vieira a vizitar o General Mirzá Raza Jaisinga, e dar-lhe os parabens da victoria, e a resposta dos particulares sobre que me escreve; e posto que na sua carta se mostra sentido, é com pouca razão, como entenderá ouvindo ao dito Padre, e as razões de V. M.cê Os Portuguezes somos muito verdadeiros, e muito firmes na amizade com os nossos amigos, e sabemos muito bem defendermo-nos de nossos inimigos, como tem mostrado a experiencia de tantos annos; e assim espero que o dito General queira que este conhecimento, que hoje temos hum do outro, continue em boa correspondencia no futuro, e deverei mais a V. M.cê o não perdermos os amigos,

1665 Agosto 22 que é só o que se póde sentir; porque a guerra pagão só os mesquinhos lavradores, e depois os que negoceão no mar a satisfazem. Não se offerece pôr outra cousa. Guarde Deus a V. M.cê Goa, 22 de Agosto de 1665.—Antonio de Mello de Castro.

Carta para o Enviado do General do Mogor

(Arch. da India, livro 2.º dos Reis vizinhos, fol. 38.)

Recebi a carta de V. M.cê e me alegrei muito com ella, que por filho de seu pae, de quem sou grande amigo, e estimo muito. Ao General Mirzá Raze Jaisinga não tinha mandado vizitar, porque é costume entre nós que quem vem envie primeiro a dizel-o, e isto mesmo fiz com a Rainha mãe del Rey Aly Idalxá, como seu pae de V. M.cê sabe, que então era Embaixador; mas depois que soube que o General enviára a V. M.cê e que arribára por causa do tempo, mando que vá o Padre Damião Vieira vizital-o de minha parte, e dar-lhe os parabens da victoria. A V. M.cê agradeço o bom animo que mostra nas nossas cousas. Seu pae de V. M.cê e toda a gente está nestas minhas terras com a mesma estimação que tinha quando fazia o officio que trouxe, e segure-se V. M.cê que em quanto aqui estiver, não terá que desejar; e V. M.cê me achará com muito boa vontade para tudo que lhe convier. Goa, 22 de Agosto de 1665.—Antonio de Mello de Castro.

Carta do Vice Rey Conde de S. Vicente a Mirzá Raze Jaisinga, General delRey Mogor

(Arch. da India, livro 2.º dos Reis vizinhos, fol. 49 v.)

1666 Dezembro 17 O Embaixador Coje Alaudy Mamede significará a V. S.ª as demonstrações de gosto, com que recebi as novas de sua saude, e o desejo que tenho de se continuar uma firme e verdadeira amizade entre estes Estados delRey meu Senhor, e delRey Mogor. 1666 Dezembro 17

Muito se duvidou se se devia ouvir a pratica das propostas, que o Embaixador de V. S.ª offerece, por não mostrar, como é costume, poder real, mas para que V. S.ª entenda quão boa vontade lhe tenho, e estimação que faço da pessoa de V. S.ª e seu enviado, ordenei viesse á minha presença, estando ainda convalescente da doença que padeci no mar, e lhe mandei deferir a todas as suas propostas, como V. S.ª verá da resposta dellas, que com esta remetto a V. S.ª

Com o dito Embaixador, por me parecer homem prudente, e de confiança, hei communicado algumas materias em ordem á conservação e interesses particulares de ambas as corôas, de que elle deve dar conta a V. S.ª a quem envio hum retrato da Magestade delRey, meu Senhor, em signal do meu affecto, e boa amizade. Quando se offereça alguma cousa do gosto de V. S.ª me achará sempre com grande vontade. Deus alumie a V. S.ª em sua divina graça. Goa, 17 de dezembro de 1666.—O Conde Vice Rey.

Carta para o filho do Capitão General delRey Mogor Cumar

(Arch. da India, livro 2.º dos Reis vizinhos, fol. 50.)

Havendo entendido do Embaixador Cojé Alaudy Mamede que o Padre Damião Vieira era devedor a V. M.ᶜᵉ de seiscentas rupias, que lhe havia entregado para algumas compras; mandei fazer diligencia para se darem logo, como com effeito se entregarão ao dito Embaixador que significará a V. M.ᶜᵉ a boa vontade com que desejo em muitas occasiões dar-lhe gosto, e a estimação que faço de sua pessoa por suas partes, e ser filho do Capitão General Mirza Raza Zaissinga, amigo deste Estado. Guarde Deus a V. M.ᶜᵉ Goa, 17 de Dezembro de 1666.—O Conde Vice Rey.

Carta do Vice Rey Conde de S. Vicente ao General delRey Mogor

(Arch. da India, livro 2.º dos Reis vizinhos, fol. 50 v.)

1667 Janeiro 10 A todos os particulares que o Embaixador representar a V. S.ª da minha parte, dê V. S.ª inteiro credito, e lhe faça V. S.ª todo o favor que merece, e me responda V. S.ª logo, logo, porque este nosso negocio não soffre dilação, e eu quizera obrar com brevidade, visto me persuadir o Embaixador a que eu tivesse por proprios delRey, meu Senhor, os interesses que são sómente delRey Mogor. V. S.ª com brevidade me avise, que assim importa. Deus alumie a V. S.ª em sua divina graça. Goa, 10 de Janeiro de 1667.—O Conde Vice Rey.

Carta para El-Rey Mogor

(Arch. da India, livro 2.º dos Reis vizinhos, fol 51.)

O Embaixador do General de Vossa Alteza me representou tão vivamente os affectos com que Vossa Alteza amava as cousas delRey, meu Senhor, que eu me determinei em pagar a Vossa Alteza este affecto, offerecendo-me com todo o poder da India aos augmentos de sua grandeza. O Embaixador dirá a Vossa Alteza o mais, e todos os meus intentos. Vossa Alteza me avise com brevidade para que eu o ajude, e sirva com o amor e correspondencia que devo, e porque ao Embaixador communiquei tudo, esta não serve de mais senão de que Vossa Alteza conheça o meu animo, e de que tenha por certo que tem no seu Embaixador hum fidelissimo criado, e que pelas boas razões que me deu, me persuadiu a mais difficultosa empreza do mundo. Deus guarde a Vossa Alteza e o alumie em sua divina graça, e com ella haja Sua Real Pessoa e Estado em sua guarda. Goa, 10 de Janeiro de 1667.—O Conde Vice Rey.

Carta para o Embaixador do General delRey Mogor, Coja Alaudi Mamede

(Arch. da India, livro 2.° dos Reis vizinhos, fol. 56 v.)

Parti com huma poderosissima armada em fé do que haviamos concertado, e nem em Baçaim, nem em outra parte achei novas do negocio que tratamos. Recolhendo-me a esta cidade, visto não ter effeito a minha determinação, achei a carta de V. M.cê e como nella se não explicava com clareza o que tratámos, fiquei suspenso, depois de haver feito hum gasto tão consideravel; comtudo, querendo o Geral que a nossa liga tenha effeito, será precisamente necessario que V. M.cê me faça novo aviso, ou que V. M.cê em pessoa venha, que a mim me não faltão navios e soldados, como tambem ao Gram Mogor não falta dinheiro com que ajudar hum negocio de tanto peso e tão util como este a sua grandeza. Eu fiz de gasto com a armada, que não obrou nada, mais de dez leques de rupias, e assim sem soccorro de dinheiro prompto não poderei obrar o que convem; espero que V. M.cê ajuste hum soccorro de dinheiro prompto, para de novo eu pôr em o mar a minha armada, e conseguirmos o que praticamos, que para isso estou promptissimo. Não vão as obras que V. M.cê pedia, porque se não poderão fazer a tempo, e eu quiz despachar logo este homem, a quem mandei dar ajuda de custo para o caminho. Escreva-me V. M.cê e volte ajustar o que temos praticado, que isto é o que convem a todos. Nosso Senhor, etc. Goa, 29 de Abril de 1667.—O Conde Vice Rey.

1667 Abril 29

Carta para o General Mirzã Raze Jaisinga

(Arch. da India, livro 2.° dos Reis vizinhos, fol. 56 v.)

Primeira e segunda vez me fiz ao mar esperando aviso de V. S.ª sobre o que havia communicado o Embaixador Coje Alaudi Mamede, com que se passou a monção, e se perdeu

1667 Abril 29 o gasto de huma tão poderosa armada, como a V. S.ª será notorio. Estou com o mesmo animo de seguir a mesma empreza, quando V. S.ª queira ajustar se me assiste com dinheiro, porque soldados, armas e navios não me faltão, fora do que se espera do Reino, pois o principal fruito desta jornada ha de redundar em beneficio da corôa do Grão Mogor, e em fé d'esta certeza deixei de obrar outras facções, a que o tempo, e particulares conveniencias me convidavão, estando V. S.ª certo que nunca se arrependerá do affecto e amizade que mostrar a este Estado, porque com todo o empenho delle desejo assistir ás cousas delRey Mogor, e particulares do gosto de V. S.ª a quem Deus guarde e alumie em sua divina graça. Goa, 29 de Abril de 1667.—O Conde Vice Rey.

Carta para Alaudi Hamede

(Arch. da India, livro 2.º dos Reis vizinhos, fol. 75 v.)

1667 Dezembro 23 A carta de V. M.cê recebi, e me alegrei com as boas novas, que por ella me dá suas; e quanto aos particulares que na mesma carta me trata, pode-os V. M.cê communicar ao Almirante e Geral do Estreito D. Jeronymo Manuel na mesma fórma que o ha de fazer commigo, para que inteirado da proposta que V. M.cê lhe fizer, necessitando que se tome algumas noticias dessa parte, o possa fazer, e dar-me conta delles para melhor resolução das materias propostas. O mesmo Almirante Geral dará a V. M.cê embarcação para V. M.cê se poder vir com toda a sua gente e familia, para o que lhe mostrará V. M.cê esta minha carta, e á vista della não terá duvida alguma para cumprimento ao que digo, e quando chegue esta o dito Almirante seja partido para esta cidade, mostre-a V. M.cê ao Capitão da cidade de Baçaim, ou da fortaleza, em que V. M.cê se achar, que fará o mesmo que encarregava a D. Jeronymo Manuel, porque assim o ordeno, e como V. M.cê ha de vir a esta cidade, deixo para á vista a resolução de todos os mais particulares que aponta na sua. Nosso Senhor, etc. Goa, 23 de Dezembro de 1667.—O Conde Vice Rey.

Carta para Coje Alaudi Mamede, Embaixador que veio aqui do Mogor

(Arch. da India, livro 2.º dos Reis vizinhos, fol. 80.)

Recebi a carta de V. M.cê e senti muito que V. M.cê não viesse em companhia do Geral D. Jeronymo Manuel; eu fico já embarcado, e como hei de ir ter ao Norte, se Deos for servido, e elle o sabia, justamente quiz escusar a V. M.cê o trabalho de vir a Goa. Por todo Abril estarei em Baçaim adonde ajustaremos tudo quanto temos praticado, em tão boa fórma que V. M.cê conheça que eu não só levo vontade de fazer a jornada, se não tambem forças e disposições bastantes para grandes emprezas, e tambem hei de procurar tomem os Inglezes parte nellas, pois são huma cousa mesma comnosco, e unidos se póde conseguir hum grandissimo effeito, e V. M.cê verá que eu trabalho por que tudo se conclua, e V. M.cê tenha os interesses que se devem esperar deste negocio. Goa, 4 de Março de 1668.—O Conde Vice Rey. 1668 Março 4

Carta para o Embaixador do Gram Mogor

(Arch. da India, livro 2.º dos Reis vizinhos, fol. 85.)

O Vedor Geral da fazenda mandará deferir ao que V. M.cê me representa; em nada do que lhe tóca me discuido. Panelim, 15 de maio de 1668.—O Conde Vice Rey. 1668 Maio 15

Carta para o Gram Mogor

(Arch. da India, livro 2.º dos Reis vizinhos, fol. 85 v.)

A carta de Vossa Magestade chegou a minhas mãos pelo Embaixador Coje Alaudy Mamede, e eu a estimei como devia, assim por ser de Vossa Magestade, como por entender os singulares favores que Vossa Magestade me fazia nella, e 1668 Maio 18

1668 Maio 18 como Vossa Magestade houve por bem de concluir as pazes com ElRey, meu senhor, com todas aquellas condições, que para se conservar firmissima a antiga amizade erão convenientes. Vossa Magestade me faz sabedor de que o victorioso exercito de Vossa Magestade governado pelo generoso e bem afortunado Principe Sultão Mazama, filho de Vossa Magestade, entrou em o Decam; eu me offereci ao Principe para o ir ajudar, e quem empenha a propria vida não duvidará do mais. Presente deve ser a Vossa Magestade como depois que cheguei ao oriente cercado de muitos valorosos Capitães e soldados, logo o imperio do mar foi dos Portuguezes, passando as minhas armadas dentro á China, e obrigando ElRey de Golcondá a me vir pedir pazes, e de como tenho em tanto receio a costa do Malabar, que já não se atreve a navegar por ella hum barco; tantos são os que lhe tenho tomado; e o Canará experimenta o rigor da minha espada recolhido a seus montes, sem poderem seus vassallos navegar. Arabia padece de fome, tomando-lhe as portas do Canará, e dos estreitos; ao de Meca passarão parte das minhas náos; ao do mar da Persia com o valoroso Geral daquella armada forão poderosos navios, de modo que assim como Vossa Magestade é senhor das terras do oriente, o é ElRey, meu senhor, de todos os mares. Sendo isto assim, unido Vossa Magestade com ElRey, meu senhor, tudo se sujeitará; pelo que pareceu communicar em ordem a isto o meu coração ao Embaixador de Vossa Magestade, lembrando a Vossa Magestade os muitos leques, que o anno passado fiz de gasto para intentar por mar a grande empreza, que não teve effeito; pelo que agora escrevo ao Principe, e digo ao Embaixador lhe proponha todos os meus intentos, para que Vossa Magestade fique bem servido, e eu mereça os reaes favores de Vossa Magestade. E no tocante ao que Vossa Magestade me fez sabedor sobre Sivagi, dirá a Vossa Magestade o Embaixador o que sobre este particular lhe tenho communicado. Deus guarde a Real Pessoa de Vossa Magestade, e o alumie em sua divina graça, e com ella haja sua real pessoa e estado em sua guarda. Goa, 18 de Maio de 1668.—O Conde Vice Rey.

Carta para o Sultão Mazama, Principe do Gram Mogor

(Arch. da India, livro 2.º dos Reis vizinhos, fol. 86 v.)

Diz-me Vossa Alteza que me escreve pela ordem que tem de ElRey Grão Mogor para escrever aos amigos, e aos vizinhos, e cuidava eu que me havia Vossa Alteza de escrever como a quem mais que todos os homens do mundo ama a Vossa Alteza porque as grandes virtudes de Vossa Alteza são mais claras, e resplandecentes que o sol, e chegão a toda a parte as noticias do valor, e da prudencia de Vossa Alteza do que se tem espalhado a fama por toda a Asia. Tenho confiança para offerecer a Vossa Alteza hum cavallo arabio, porque espero que Vossa Alteza nelle entre em alguma empreza, donde me possa ter a mim por companheiro, se Vossa Alteza me quizer permittir este favor. Sobre os particulares dos vassallos de Vossa Alteza se lhe fizerão quantos favores elles poderão desejar, assim nos seus pagamentos como no mais. Sobre os outros negocios que me tocou o Embaixador, leva a resposta que elle dará a Vossa Alteza da minha parte; é pessoa muito prudente, por isso lhe encommendei tudo o que tinha no meu coração; Vossa Alteza lhe dê inteiro credito, e se sirva de mim, e me escreva Vossa Alteza muitas vezes, porque eu desejo muito muito obrar alguma grande cousa por Vossa Alteza. Deus alumie a Vossa Alteza em sua divina graça. Goa, 18 de Maio de 1668.—O Conde Vice Rey.

1668 Maio 18

Carta do Vice Rey Conde de S. Vicente ao Rey de Nepal

(Arch. da India, livro 2.º dos Reis vizinhos, fol. 53 v.)

A fama da grandeza de Vossa Alteza me fazia desejar occasião de poder offerecer a Vossa Alteza a amizade e toda a boa correspondencia deste Estado com esse de Vossa Alteza de mais de me ser assim encommendado pela Magestade delRey de Portugal, meu Senhor, que como grande e pode-

1667 Fevereiro 23

1667 Fevereiro 23 roso Rey deseja mostrar amor e boa vontade a todos os bons Principes como Vossa Alteza. E porque tive noticia que os Padres portadores desta ião á côrte de Vossa Alteza para morarem, e fazerem assento no seu Reino, me pareceu escrever por elles, e não dilatar mais o significar a Vossa Alteza este desejo que tenho de que haja boa amizade entre Vossa Alteza e a Magestade delRey de Portugal, meu Senhor.

Os Padres que vão á côrte de Vossa Alteza são sacerdotes do verdadeiro Deus, e mestres em sua lei, que ensinão os bons costumes, e o caminho do céu a quem os quizer ouvir. Não tem outra pretenção senão de agradar a Deos e a Vossa Alteza pelo que não tratão de mercadorias, nem de alcançar bens temporaes, mas só de alcançar os bens eternos da outra vida; e porque necessitão do favor e amparo de Vossa Alteza lhe peço os queira receber debaixo de sua protecção, e não permittir que alguem os offenda, ou lhe impida o poderem ensinar livremente as verdades, que Deus revelou, e que todos hão de crer para alcançar a bemaventurança. Todo o bom tratamento que Vossa Alteza fizer a estes Padres, o estimarei como feito a minha pessoa, e lho agradecerei nas occasiões que se offerecerem. Deus guarde a Vossa Alteza e o alumie em sua divina graça, e com ella haja sua Real Pessoa e Estado em sua guarda. Goa, 23 de Fevereiro de 1667.— O Conde Vice Rey.

Condições com que o Vice Rey e Capitão geral da India, João Nunes da Cunha, Conde de S. Vicente, aceita por feudatario do Estado ao Sidy, Principe e Senhor da Danda Raja Pury, na fórma das capitulações que celebrou com D. Jeronymo Manoel, Almirante da armada real, e Geral do Estreito de Ormuz

(Arch. da India, livro 1.º de Pazes, fol. 169.)

1.º

1667 Que o Sidy Fatecan reconhecendo o seu erro, e em satisfação de todos os que seus Governadores havião commettido na administração dos seus Reinos durante a sua menoridade, mandou degollar os tres Governadores e tutores seus por haverem tomado captivos os Portuguezes, destruidos os seus barcos, e intentado sediciosamente acommetter as terras, e os portos do Estado da India no tempo que por elle governarão. 1667

2.°

Que de hoje para todo o sempre não poderá navegar embarcação sua sem tomar cartaz do Estado, nem navegar a porto com que tenhão guerra os Portuguezes.

3.°

Que em signal de feudo, reconhecimento, e boa amizade pagará ao Estado dois cavallos arabios.

4.°

E por quanto hoje se prohibe ao Sidy o commercio de todos os portos da Arabia, que em logar dos cavallos dará para provimento das praças de Sua Magestade quarenta murás de bate, que serão entregues ao feitor de Sua Magestade de Chaul, e cobrará delle conhecimento.

5.°

Que poderá o Sidy ter n'esta cidade seu feitor, se lhe for necessario para bem do seu contrato e mercancia, e se lhe passarão quatro cartazes assim a elle Sidy, como a seus vassallos, para navegarem a quaesquer portos, não sendo de inimigos do Estado, nem levando e trazendo cousas defesas pelo regimento, e pagarão sómente os direitos que ElRey Mogor, e seus vassallos costumão pagar dos cartazes que pedem, e em signal de boa amizade se concede hum cartaz cada anno a elle Sidy livre de direitos para hum barco de porte de quinhentos até seiscentos candis, não indo, como se declara, para portos de inimigos do Estado, nem levando cousas defesas.

6.°

Que o Senhor Conde Vice Rey esquecerá de hoje para to-

1667 do o sempre as más correspondencias feitas pelos capitães daquella fortaleza aos mercadores, officiaes e soldados de Sua Magestade.

7.º

Que em nome de Sua Magestade o Senhor Conde Vice Rey toma e acceita como feudatario d'este Estado debaixo da sua protecção a elle Fatecan, e a todos os seus successores, para os soccorrer em todos seus apertos, e necessidades com as forças do Estado.

8.º

Que sem embargo de ser tomado em boa guerra hum barco do Sidy, o Senhor Conde Vice Rey mandará que os cinco cavallos, que nelle vierão, destinados de presente para sua pessoa, se lhe dêem graciosamente.

9.º

Que as fazendas e tudo o mais que se achou no dito barco ficará perdido para a fazenda real de Sua Magestade, e se repartirá conforme seus regimentos, e que aos vassalos do Sidy, que vinhão em o barco, se lhes dará liberdade.

Com estas condições recebe o Senhor Conde Vice Rey debaixo da protecção das armas de Sua Magestade ao dito Sidy; e em fé do tratado se assignarão estas capitulações pelo Senhor Conde Vice Rey, e sellarão com o sêllo das Armas Reaes de Sua Magestade, e outrosim pelo Senhor Fatecan com o seu sêllo e chapa costumada.—O Conde Vice Rey.

Sêllo das Armas Reaes de Portugal em lacre vermelho, no principio do papel.

Sêllo e chapa do Sidy, no fim delle, junto da assignatura do Vice Rey.

Registada no Livro dos Registos, que serve n'esta feitoria de Chaul a fl. 45 v. até 46 por mim escrivão da dita feitoria e fazenda abaixo assignado. Chaul, hoje 5 de Maio de 1670.—João Rodrigues.

Carta do Principe Regente ao Vice Rey da India sobre a representação de D. Ignez de Miranda, directa senhora do Cassabé da Ilha de Bombaim

(Arch. da India, livro das Monções n.º 24, fol. 107.)

Conde Vice Rey da India, amigo.—Eu o Principe vos envio muito saudar, como aquelle que amo. D. Ignez de Miranda, viuva de D. Rodrigo de Monsanto, direita senhoria do Cassabé da Ilha de Bombaim, me representou aqui o que entendereis da copia inclusa na sua petição sobre os Inglezes não quererem que assista naquella Ilha, impedindo-lhe a cobrança das rendas do seu foral; e porque convem remediar as queixas desta viuva, vos encommendo muito que vendo a dita petição, e o que nella se refere, façaes com o Governador de Bombaim que deixe usar a D. Ignez de Miranda dos direitos, casas, baluartes, e mais fazenda, de que estava de posse antes da entrega de Bombaim, e feita esta diligencia, que applicareis com vosso zelo, e com o que responder o Governador de Bombaim se poderá então tratar do requerimento da fortaleza de Dio, ou Baçaim, que D. Ignez pede em recompensa das perdas referidas. Escripta em Lisboa a 28 de fevereiro de 1669.—Principe.—O Conde de Arcos. 1669 Fevereiro 28

Para o Vice Reý da India.

Resposta dos Governadores da India

Senhor.—Ao Governador de Bombaim escrevemos na fórma que Vossa Alteza nos ordena; inda não respondeu, sendo que esta diligencia pouco fundirá, e muito menos agora que governa aquella Ilha Henrique Gary, pouco affeiçoado á nossa nação. D. Ignez de Miranda tinha em Bombaim hum grande palacio com dois baluartes junto a elle, e pouco afastado huma boa casa de campo com jardins e hortas; rendia- 1670 Janeiro 24

1670 Janeiro 24 lhe esta fazenda arriba de 13:000 xerafins por anno; está desapossada de quasi tudo, cobrando só um limitado rendimento, e por mais diligencias que tem feito com os Governadores Inglezes daquella Ilha, não alcançou outro despacho mais que requeresse a ElRey de Gram Bretanha. Este prazo, andando ha annos em leilão, se chegou a dar por elle 100:000 xerafins, de que nos pareceu avisar a Vossa Alteza não só em ordem á perda que teve D. Ignez, mas tambem por se poder descontar esta addição tão grossa no ajustamento do dote da Serenissima

---

Tratado de paz, alliança e commercio entre o Principe-Regente D. Pe assignado na Haya em

(Dumont, tom. VII, parte I, pag. 114.)

1669 Julho 30 Quandoquidem à Conclusione & Ratificatione inde postremi Tractatûs Pacis, inter Regnum Portugalliæ ex una, & Ordines Provinciarum Unitarum ex altera parte, die VI. Augusti Anno MDCLXI, sancitæ, certæ quædam Controversiæ super expugnatione locorum Cochin & Cananor, quæ Societas Indiæ Occidentalis dictarum Provinciarum in India armis in protestatem suam redegit, intervenerint, ob quas & interea dum de Jure dictorum locorum disceptatur, à parte Coronæ Portugalliæ plurimis promissis, neque quoad argentum, neque quoad valorem argenti, neque quoad Commerciorum frequentiam in Regionibus à Portugallia acquisitis & alibi, satisfactum fuerit, hocque occasionem præbuerit timendi, ne harum contentionum continuatio inter ambas Nationes denuò bellum excitet, quod antevertere tàm una quàm altera Natio toto corde desiderat; Propterea inter Dominum Don Franciscum de Mello, Equitem Ordinis Christi, Commendatorem ad S. Petrum de Veiga de Lilla, & S. Martinum de Ranhados, Dominum in Sylves, Gubernatorem Civitatis Lamego, Serenissimi Principis Portugalliæ Summum & Nobilem Ciborum Sectorem & mensæ Diribitorem, ipsius Consi-

Senhora Rainha de Gram Bretanha, e dizemos mais a Vossa 1670
Alteza que as casas grandes, baluartes, e casas de campo per- Janeiro
tencem a esta viuva, mas não todos os rendimentos, de que 24
só tem ametade, por a outra estar dividida em estimantes, herdeiros de seu segundo sogro Manuel de Mello de Castelbranco; e sobre esta informação Vossa Alteza mandará resolver o que for servido. Deos guarde, etc. Goa 24 de janeiro de 1670.—Antonio de Mello de Castro—Manuel Corte Real de Sampaio.

---

dro e os Estados Geraes das Provincias Unidas dos Paizes Baixos
30 de Julho de 1669

(Traducção tirada dos mss. de D. Luiz Caetano de Lima.)

Por quanto depois da conclusão e ratificação do ultimo 1669
Tratado de paz entre o Reino de Portugal por uma parte, e Julho
os Estados das Provincias Unidas dos Paizes Baixos de ou- 30
tra aos 6 dias de Agosto de 1661 sobrevieram algumas duvidas tocantes a certa differença sobre a preza e retenção das Cidades e praças de Cochim e Cananor, que as armas da Companhia Occidental das ditas Provincias occuparam na India: Em rasão do qual e em quanto se disputava do direito das ditas praças não se deu satisfação da parte da Coroa de Portugal a algumas promessas, tanto de dinheiro, ou de valor delle, como de commercio nas Conquistas de Portugal, e em outras partes; e que com justa rasão se podia temer que pela continuação destas differenças as duas nações tornassem outra vez a entrar em guerra (o que tanto uma como outra desejam com todo o affecto prevenir), foi concluido e ajustado entre o Senhor D. Francisco de Mello, Cavalleiro da Ordem de Christo, Commendador de S. Pedro da Veiga de Lilla, e de S. Martinho de Ranhados, Senhor da Villa de Silvam, Alcaide mór e Governador da Cidade de Lamego, Trinchante mór do Serenissimo Principe de Portugal, do seu

1669 Julho 30 liarium, & Legatum Extraordinarium ad Generales Ordines Fœderatarum Provinciarum, virtute Mandati cum libera à dicta sua Celsitudine Regia, Serenissimo Principe Don Petro, Successore, Gubernatore & Regente Regni Portugalliæ, ipsi dati, cujus Copia sub finem præsentis Tractatûs inseretur, ab una parte, & Dominos, Guilielmum de Heuckelom, Consulem Civitatis Noviomagensis, Joannem à Nieuborgh, Consulem Civitatis Alckmariensis, Joannem de Witt, Consiliarium & Syndicum Hollandiæ atque Frisiæ-Occidentalis, Hadrianum Pieterson, Syndicum Civitatis Zierkseensis, Joannem, Baronem de Reede, Dominum in Renswoude, Emmickhuysen &c. Equitem Ordinis Regis Daniæ, Everwynum de Bentheim, Juris Doctorem, & Consulem Civitatis Campensis, ut & Egbertum Horencken, Dominum de Wierhuysen &c. omnes Deputatos & Plenipotentiarios, Celsorum & Præpotentium Ordinum Generalium Provinciarum Unitarum Belgii, similiter vi Mandatorum per Superiores illorum ipsis datorum, quorum Copia sub finem hujus Tractatus adscripta quoque extat, ex altera parte conventum & conclusum fuit. Quemadmodum ad præveniendas majores Turbas, vigore præsentium conventum & conclusum est.

ARTICULUS I

Quod ad interim Civitates & Loca Cochin & Cananor, quorum jamjam mentio facta est, dictorum Dominorum Ordinum potestati (sub qua nunc sunt) subjecta, & in manibus Societatis Indiæ Occidentalis maneant, atque in securitatem vi hypothecæ eas ipsi teneant, usque dum solutio sex terminorum in Tractatu Anni MDCLXI. expressorum & promissorum, quæ Mense Aprilis Anno MDCLXVIII. fieri debebat, tresque milliones Hollandici valoris efficit, nec non refusio sumptuum quos in instructionem Classis, & in belligerationem, quô dicta loca expugnarentur, impendi oportebat, quorum æstimatio ad justum pretium redigenda erit, fiat. Adeò ut Corona Portugalliæ restitutionem dictorum locorum à Præpotentibus Celsitudinibus suis prætendere nequeat, antequam reapse cessi termini iis soluti sint, & refusio expensarum & sumptuum memora-

Conselho e seu Embaixador Extraordinario aos Estados Geraes das Provincias Unidas, em virtude do pleno poder a elle dado por Sua Alteza Real o dito Serenissimo Principe D. Pedro, Successor, Governador, e Regente do Reino de Portugal (do qual poder a copia será junta ao fim do presente tratado) de uma parte: e os Senhores Guilherme de Heuckelom, Bourgo-mestre da Cidade de Alkmaer, João de Wit, Conselheiro Pensionario de Hollanda e West Frisa, Adriano Pieterson, Pensionario da Cidade de Ziriezee, João Barão de Reede, Senhor de Renswoude, e Emmyckhuissen &c. Cavalleiro da Ordem d'El-Rei de Dinamarca, Everwin de Benthem, Doutor em Direito, e Bourgo-mestre da Cidade de Campen, e Egbert Horenken, Senhor de Vierhuysen &c. Deputados e Plenipotenciarios dos Altos e Poderosos Senhores os Estados Geraes das Provincias Unidas dos Paizes Baixos, igualmente em virtude dos poderes a elles dados por seus Superiores, (dos quaes tambem a copia será junta ao fim deste tratado) de outra parte. Como tambem para prevenir maiores desordens, e para restabelecer uma boa e sincera amizade entre as duas nações, foi convindo e ajustado pelas presentes. 1669 Julho 30

ARTIGO I

Que no interim as ditas Cidades e Praças de Cochim e Cananor ficarão (como ellas estão ao presente) no poder dos ditos Senhores Estados, e nas mãos da sua Companhia da India Oriental, para servir de segurança e penhor do pagamento dos seis termos expressos e promettidos no dito Tratado de 1661, e vencidos em Abril de 1668, que montam a tres milhões de Livras de dinheiro de Hollanda; como outro si da reparação das despezas feitas no apresto da armada, e das outras prevenções que se fizeram para a tomada das ditas praças, das novas fortificações que nellas se fizeram, e das velhas que se repararam, depois da sua reducção: das quaes despezas se fará estimação segundo o justo valor; e que não poderá a Corôa de Portugal pertender dos Seus Altos Poderes a restituição destas praças, antes de haver effe-

1669 Julho 30 torum fiat. Nec quoad Ordines Generales, in illorum potestate fiet à Corona Portugalliæ dictam Summam trium millionum exigere, quamdiu hæcce loca retinuerint.

ARTICULUS II

Jus Proprietatis dictarum Civitatum & Locorum quod concernit, de quo hucusque in unum convenire partes nequivêre, omni opere adnitetur ad informationem pleniorem do eo capiendam, & amicabiliter desuper paciscendum, antequam Præpotentes Suæ Celsitudines dictam summam trium millionum, & refusionem sumptuum & expensarum, ut supra memoratum, accipiant.

ARTICULUS III

Præterea Præpotentes Celsitudines Suæ ex una parte renuntiabunt, quemadmodum vi præsentium quoque renuntiant, tàm pro se, quàm pro Societate sua Indiæ Occidentalis, & aliis Provinciarum Belgii Incolis Juri per Articulum xxv. ipsiusmet Tractatûs Pacis quæsito, atque ex altera parte Regnum Portugalliæ bona fide se obligabit, sicuti vigore præsentis Tractatûs se adstringit, ad solvendum Præpotentibus Suis Celsitudinibus, aut Mandatariis illorum, exacte & efficaciter, summam quingentorum millium Crusatorum, aut millionem unum librarum & id quidem mediante Sale, quod in Civitate Setuval suppeditabitur & extradetur, ad onerandum eo Navigia, ex Mandato Ordinum Generalium, ad hoc illuc transmissa.

ARTICULUS IV

Et id ipsum Sal Portugalli sumptibus suis & sine onere tradent & convehent, in Scaphis aut Navigiolis, ad Litora Maris; quod deinde hi hinc avehent, pro more hucusque Subditis & Incolis Provinciarum Unitarum, si quando illi in Setuval Sal coemerunt, consueto & usitato, ad rationem mille quadringentorum & octuaginta Reis (qui reducti ad monetam Crusatorum, juxta valorem eorundem nunc temporis in Portugallia receptum duos Crusatos, & viginti quatuor partes, quarum viginti quinque totum Crusatum conficiunt, valent) pro

ctivamente pago os ditos termos vencidos, e satisfeito ás despezas dos gastos que ficam ditos; nem os ditos Estados Geraes da sua parte poderão pedir á Coroa de Portugal a dita somma de tres milhões, em quanto elles tiverem as ditas praças.

1639 Julho 30

ARTIGO II

E quanto ao direito da propriedade das ditas Cidades e praças, do qual até agora as duas partes se não hão podido conformar, se procurará maior clareza, e concordar amigavelmente, primeiro que S. A. P. cobrem a somma dos tres milhões, e a satisfação dos gastos e despezas, como fica dito.

ARTIGO III

Demais de uma parte S. A. P. renunciarão, assim como em effeito renunciam pelas presentes, ao direito adquirido pelo artigo 25 do mesmo tratado de paz, tanto pelo que lhes toca a elles, como á sua Companhia das Indias Occidentaes, e aos outros Habitantes das Provincias Unidas; e que da outra parte o Reino de Portugal se obrigará em boa fé, assi como se obriga pelo presente Tratado, a pagar a S. A. P., ou á sua ordem pontual e effectivamente a somma de quinhentos mil cruzados, ou um milhão de Livras, e isto em sal, o qual será entregue na Villa de Setubal, para ser nella carregado nos navios que para este effeito serão lá enviados por ordem dos ditos Estados Geraes.

ARTIGO IV

E será o dito Sal entregue pelos Portuguezes, e á sua custa, livre, á borda do mar, nos bateis ou barcos que o forem buscar, da maneira que se usa e pratica até agora com os Vassallos e Habitantes das Provincias Unidas, quando vão comprar sal a Setubal: pelo preço de 1:480 réis o moio, que reduzidos a cruzados, segundo o preço por que correm de presente em Portugal, fazem dois cruzados e vinte e quatro partes de outro repartido em vinte e cinco partes. Convem a saber que por 74 cruzados serão entregues 25 moios de Sal.

1669 Julho 30 modio, sic ut pro septuaginta quatuor Crusatis, viginti modii Salis tradantur. Proinde conclusum constitutumque fuit, & firmiter obtinebit, ut pro quingentis Crusatorum millibus centum sexaginta octo millia, centum & novendecim Modii Salis exhibeantur.

ARTICULUS V

Quoad tempus memoratum Sal exhibebitur & extradetur, statim atque destinata ad id transportandum Navigia appulerint, idque duobus aut tribus vicibus, aut pluribus, si ita res postulet, & dictis Dominis Ordinibus id conducere visum fuerit.

ARTICULUS VI

Intercedente hoc, & ad evitandum ne ullo tempore dicti Subditi & Incolæ prætensiones suas iterare, & denuo à Corona Portugalliæ aliam quàm vigore præsentis Tractatus stipulatum satisfactionem exigere queant, Præpotentes Suæ Celsitudines curabunt, ut in manus memorati Domini Legati Portugalliæ, post realem solutionem dictorum centum mille Crusatorum omnia Instrumenta, Scripta, Documenta, & Pacta, de prætensionibus illis, tàm liquidis, quàm illiquidis, quæ contra Coronam Portugalliæ pro Interessatis ratione XXV. Articuli producta fuisse deprehendentur, tradentur.

ARTICULUS VII

Alias Summas, quod attinet, quas Regnum Portugalliæ, statis terminis, vigore dicti Tractatûs Pacis solvere obstrictum est, ducentos scilicet quinquaginta mille Crusatos per annum, & dein decem in sequentibus annis, illæ sequenti modo expedientur: Quantumcunque corona Portugalliæ de quolibet modio Salis, qui Setuvaliæ venditur & tollitur, pro jure suæ Gabella recipit, septingentos nempe Reis, qui secundùm valorem præsentem Crusatorum, unum Crusatum de quinque modiis Salis & pro proportione majorem quantitatem efficiunt, totum id Jus unicè destinatum sit, & reapse convertetur in solutionem deficientium terminorum ad utilitatem Præpotentium Suarum Celsitudinum.

E por conclusão fica ajustado inalteravelmente, que pelos quinhentos mil cruzados serão entregues cento e sessenta e oito mil novecentos e dezanove mil moios de sal. 1669 Julho 30

ARTIGO V

Quanto ao tempo o dito Sal será entregue logo que os navios destinados para o trazerem, forem chegados, e isto em duas ou tres vezes, ou mais se succeder, e os ditos Senhores Estados o acharem conveniente.

ARTIGO VI

Mediante o qual, para evitar que em algum tempo os ditos Vassallos e Habitantes não possam repetir suas pretenções, nem pedir outra satisfação á Corôa de Portugal mais que aquella que fica estipulada pelo presente Tratado, S. A. P. farão entregar nas mãos do dito Sr. Embaixador de Portugal, depois que os ditos quinhentos mil cruzados forem effectivamente pagos, todos os instrumentos, papeis, e documentos, e contratos de pretenções assim liquidas, como por liquidar, que se acharem e forem produzidas contra a Corôa de Portugal pelos interessados no artigo 25.°

ARTIGO VII

E pelo que toca ás outras sommas que o Reino de Portugal está obrigado a pagar dentro dos termos declarados no dito Tratado da paz, convem a saber, dozentos e cincoenta mil cruzados cada anno em dez annos consecutivos, elles serão pagos na maneira seguinte. Por quanto a Corôa de Portugal tem em cada moio de Sal que se vende e carrega em Setubal, por seu direito, um tributo de setecentos réis, que fazem segundo o presente preço dos cruzádos, um cruzado e duas partes de outro, repartido em cinco partes, convem a saber sete cruzados em cinco moios de Sal, e a mesma proporção em uma maior quantidade: o dito direito será unicamente applicado, e effectivamente consignado ao pagamento dos termos, que se ficam a dever a S. A. P.

ARTICULUS VIII

1669 Julho 30 Verùm cum subductâ ratione illâ, necesse est, ut ad realem satisfactionem cujusque Termini extradantur, & singulis annis in Naves plus quàm centum septuaginta octo mille, quingenti septuaginta cum uno modiorum Salis inferantur, & cum nullo modo cogitatione assequi queat, tantam quantitatem uno anno suppeditari posse, ad hoc experientia docuerit, ipso tempore Pacis, & cùm coactio illa nullo incommodo aut inconvenientia, nec Mari, nec Terrâ, turbata fuisset quod singulis annis plusquam (incirca) nonaginta millia modiorum Salis, plusve minusve, Navibus immissum fuerit, conventum est ad evitanda plura detrimenta, quæ præcavere Portugalliæ haud potis erat, si obstricta foret, tam ingentem summam pecuniæ per singulos annos exactè præstare, concordatum fuit, quod tempus Solutionis illius prolongetur, eo respectu verò, sicuti etiam quò alio quoque modo damnum cessantium usurarum, & incertitudo solutionis quæ ex prolongatione illa terminorum resultat, compensetur, solutio intra viginti annos fiet, quorum primus initium ex eo sumet, ex quo Præpotentes Suæ Celsitudines cessarunt mittere, conquirendum pretium unius millionis librarum in Sale, ut supra dictum, & quod intermedio tempore illorum viginti annorum ipsis cum effectu valor centum quingentorum millium Crusatorum exhibitus sit. Mediante quo omnia dissidia & tricæ computorum, quæ ob usuras summarum in terminis in Tractatu Pacis memorato præfixis non exsolutarum, & ob id quoque quod eadem de re in quæstionem vocabatur, suboriri poterunt, cessabunt.

ARTICULUS IX

Quod in exactam satisfactionem dictæ summæ centum quingentorum mille Crusatorum annuorum, Corona Portugalliæ, modo superius expresso cedet, prout etiam illa irrevocabiliter Præpotentibus Suis Celsitudinibus cedit, Gabellas quas Corona illa, sicut supra memoratum, ex omni Sale, quod venditur & ex Setuval exportatur, capit; videlicet septingentos Reis, sive unum Crusatum & quinquagesimam de quolibet

ARTIGO VIII

Mas porque para a satisfação effectiva de cada termo seria necessario por esta conta que se embarcassem todos os annos mais de 178:571 moios de Sal, e que não ha apparencia alguma de que esta quantidade se possa gastar em um anno, havendo a experiencia mostrado que ainda em tempos de paz, quando o commercio não é interrompido por alguns inconvenientes, ou incommodidades por mar, nem por terra, não se embarcam cada anno mais que quazi oitenta mil moios de Sal, pouco mais ou menos: foi ajustado e convindo, que para prevenir muitos inconvenientes, que seriam inevitaveis em Portugal, se o obrigassem ao preciso pagamento destas grandes sommas de dinheiro todos os annos, o tempo do dito pagamento será prolongado; e que assi por esta consideração como para recompensar de alguma maneira a perda dos interesses e reditos, e a incerteza dos pagamentos que se considera nesta larga prolongação de termos, a dita satisfação se fará em vinte annos; dos quaes o primeiro começará depois que S. A. P. tiverem acabado de mandar buscar o valor do milhão de Livras em Sal, como fica dito. E que durante o dito termo de vinte annos, lhes será em cada um delles pago effectivamente o valor de cento e cincoenta mil cruzados. Na qual conformidade cessarão todas as differenças e embaraços de contas, que pode haver pelos reditos das sommas que foram pagas nos termos determinados pelo dito Tratado da paz, como tambem do mais que alem disto foi proposto sobre a mesma materia. 1669 Julho 30

ARTIGO IX

Que para a satisfação effectiva da dita somma de cento e cincoenta mil cruzados cada anno, a Corôa de Portugal cederá na maneira que fica dito, como ella cede irrevocavelmente a S. A. P. pelas presentes, o direito que a dita Corôa tem, como fica dito, sobre todo o Sal que se vende e embarca em Setubal, a saber setecentos réis, ou um cruzado e dous quintos em cada moio, e com cento e sete mil cento e

1669 Julho 30 modio, & de septingentis millibus centum quadraginta tribus modiis, dictam integram summam, centum quingentorum millium Crusatorum.

ARTICULUS X

Sub hac tamen expressa conditione & reservatione, ut casu quo dicta quantitas septingentorum millium centum & quadraginta trium modiorum Salis uno in anno suppeditari nequeant, insuperve Jus quod Corona recipit, totam summam, centum quingentorum millium Crusatorum in argento exæquare haud valeat, laudata Corona Portugalliæ supplebit istum defectum, solvendo sequentibus annis ante omnia in commodum Suarum Præpotentum Celsitudinum, tot modios Salis, quot ad supplementum defectûs præteriti anni requirentur, sic ut quilibet modius supra dicto modo extraditi Salis, quadringentis & octuaginta Reis, id est, duobus Crusatis & viginti quatuor partibus, quarum viginti quinque totum Crusatum conficiunt, cum inclusione Jurium Coronæ & sumptuum, sine dictis Juribus autem modius ipse, ad rationem septingentorum octuaginta Reis, aut unius, Crusati cum quatuordecim partibus, quarum viginti quinque totum conficiunt, æstimetur, taliter ut vigenti quatuor modiorum, supra dicto modo traditorum, defectus, triginta novem Crusatis & in majori quantitati pro portione resarciatur, dummodò memoratus defectus singulis annis tringinta mille Crusatorum valorem non excedat, eò quòd Corona Portugalliæ expressissime vi præsentium Tractatuum stipulata sit, quòd Sale supplere haud óbstricta fiet id, quod singulis annis dictam summam triginta millia Crusatorum excedit. Quemadmodum etiam in casu cujuscunque alterius defectûs, omnia media & cautiones necessariæ atque possibiles adhibeantur, per quas Præpotentes Suæ Celsitudines securè reddantur, & ipsis solutione allegatæ summæ centum quinquaginta millium Crusatorum annuatim satisfiat, idque sine retardatione aut frustratione quacunque, & quocunque etiam modo id fiat.

ARTICULUS XI

Quo minùs etiam, in omnem eventum, dictus defectus, à

quarenta e tres moios a somma inteira de cento e cincoenta mil cruzados. 1669 Julho 30

ARTIGO X

Com esta condição expressa porém, que em cazo que a dita quantidade de 107:143 moios não possa ser tirada em um anno, e que por esta rasão os direitos da Corôa não possam montar á somma inteira de cento e cincoenta mil cruzados em dinheiro; a dita Corôa de Portugal suprirá esta falta, pagando o anno seguinte primeiro que tudo a S. A. P. tantos moios do Sal, quantos bastarem para suprir a falta do anno antecedente, de sorte que cada moio de Sal entregue na maneira declarada, sendo estimado (comprehendidos os direitos da Corôa e os gastos) em mil quatrocentos e oitenta reis, ou dois cruzados e vinte e quatro partes de cruzado, repartido em vinte e cinco. O mesmo moio sem os direitos será estimado a rasão de 780 réis, ou um cruzado e quatro partes de outro, repartido em vinte e cinco. De tal modo que vinte e cinco moios pagos da maneira acima, suprirão a falta de trinta e nove cruzados, e uma maior quantidade á mesma proporção. Comtanto que a dita falta não exceda o valor de trinta mil cruzados cada anno; pois a Corôa de Portugal ha bem expressamente declarado pelo presente Tratado que ella não será obrigada a suprir em Sal o que faltar cada anno, alem da dita somma de trinta mil cruzados. Como tambem que em caso de qualquer outra falta se buscarão todos os expedientes, e todas as precauções necessarias e possiveis, a fim de que S. A. P. sejam inteiramente assegurados e effectivamente satisfeitos do pagamento da dita somma de cento e cincoenta mil cruzados cada anno, sem que haja falta ou defeito algum em qualquer maneira que seja.

ARTIGO XI

E para que em nenhum caso a dita falta se augmente da

1669 Julho 30 Præpotentibus Suis Celsitudinibus, aut Incolarum & Subditorum Provinciarum Unitarum culpâ augeatur, promiserunt eæ & sese obligarunt, prout per præsentes promittunt & sese obligant, curaturos semet, ut Subditi & Incolæ dictarum Provinciarum Unitarum quotannis tantum Salis tollant & avehant, quantum ejusdem sustulerunt & avexêre proximis præcedentibus annis, iis, qui præ aliis hoc Naves onerarunt.

ARTICULUS XII

Et quod si contingat defectum aliquem, vel ob Bella, vel contentiones maritimas, vel alias ob incommoditates, aliquando supervenire posse, sic ut Subditi & Incolæ dictarum Provinciarum Unitarum ad tollendam quantitatem Salis, ad quam avehendam vi præcedentis Articuli, adstricti sint, illuc commeare haud valeant, quòd tunc Corona Portugalliæ defectum illum supplere non teneatur, priusquam dicti viginti anni plenariè finem suum nacti fuerint, ut tamen ea propter usuras aliquas pendere, obligata haud fiet; Nec Præpotentes Suæ Celsitudines sine liberrimo consensu Coronæ Portugalliæ aliquam aliam satisfactionem debitorum suorum prætendere poterunt, quamdiu reapse Juribus ad Sal Setuvalense gaudebunt.

ARTICULUS XIII

Nihilominus si fortè Coronæ Portugalliæ aliud quodpiam medium sese citiùs expediendi, sive argento, aut aliis effectibus, quàm dictis Juribus, ratione Salis, occurrerit, illud arripiendi & in actum deducendi in electione illius erit, & eo casu id de memoratis terminis pro proportione deducetur.

ARTICULUS XIV

Insuper in specie conventum & concordatum est, non secus ac in præsentibus Tractatibus paciscitur & convenitur, ut ad præveniendas varii generis incommoditates, Sal, durante termino ad dictam solutionem, nec majori pretio Incolis Unitarum Provinciarum, nec minori alii cuicunque Nationi, pretio, Sal vendetur, quàm ut quadringentis & octingentis

parte S. A. P., ou por culpa dos Habitantes e Vassallos das Provincias Unidas, elles prometteram e se obrigaram, como promettem e se obrigam pelas presentes que elles farão de modo que os Vassallos e Habitantes destas Provincias irão buscar todos os annos tanta quantidade de Sal, quanto foi o mais que elles tiraram em algum dos dez annos proximos passados. 1669 Julho 30

ARTIGO XII

E em caso que possa succeder algum embaraço por guerras e impedimentos por mar, ou outras incommodidades que podem algum tempo sobrevir, de sorte que os Vassallos e habitantes das ditas Provincias Unidas não possam ir buscar a quantidade de Sal, a que elles são obrigados pelo artigo precedente; que em tal caso a Corôa de Portugal não será obrigada a suprir esta falta, senão depois de expiração inteira dos ditos vinte annos, sem que por rasão disto ella seja obrigada a pagar alguns interesses, ou reditos. E não poderão S. A. P. sem voluntario consentimento da Corôa de Portugal pretender alguma outra satisfação da sua divida, em quanto elles gosarem effectivamente os ditos direitos do Sal de Setubal.

ARTIGO XIII

Comtudo em caso que a Corôa de Portugal ache algum outro meio conveniente para se livrar mais cedo desta divida, ou seja em dinheiro, ou outros effeitos, fóra dos ditos direitos do Sal, ficará á sua escolha o fazel-o; e nesse caso se abaterá do termo á mesma proporção.

ARTIGO XIV

Foi tambem particularmente convindo e ajustado, como pelas presentes se ajusta e convém, que para prevenir toda a sorte de inconvenientes, o Sal não será vendido, durante o tempo do dito pagamento, a mais alto preço aos habitantes das Provincias Unidas, nem a menor preço a alguma outra nação, que a mil quatrocentos e oitenta réis, que co-

1669 Julho 30 Reis, qui ut superius hic dictum est, juxta valorem communem & præsentem Crusatorum, duos Crusatos & viginti quatuor partes, de viginti quinque partibus Crusati efficiunt, modius valeat, idque tantò minùs sine præcedente Præpotentum Celsitudinum Suarum consensu.

ARTICULUS XV

Quemadmodum quoque, casu quo reperiatur, Dominos Ordines, ex tam ingenti Salis quantitate, quam ex Setuval avehere poterunt, ante elapsum terminum viginti annorum, integri debiti sui solutionem recepisse, non obstante assignatione dicti termini, quocunque tempore reperietur æs alienum expeditum fore, memorata assignatio cesset, & Jura illa Coronæ Portugalliæ libera retineat.

ARTICULUS XVI

Quo verò omnia superius conventa ad præscriptum & necessariâ cum securitate Præpotentum Suarum Celsitudinum exequantur, præponent ex sua parte & autorent in dicto loco Setuval, personam huic negotio aptam authoritate publicâ munitam, qui inprimis nomine ipsorum apocham omnis in solutionem dicti millionis præstiti Salis det, & dehinc vice Celsitudinis Suæ Regalis, Principis Portugalliæ, nec non vice Præpotentum Suarum Celsitudinum integrum pretium omnis in Naves illati & avehendi Salis, ab Incolis Unitarum Provinciarum, ut & ab aliis Nationibus, recipiet, ut exinde proventus, quantum Jura Coronæ attinet, & id quod requiritur ad supplendum annuum defectum, modo supra dicto, Præpotentibus Suis Celsitudinibus aut ipsorum Mandatum solvat, & reliqua quoque in manus Mercatorum Salis in Setuval, ad quos ea pertinent, det. Pro integritate & fide ejus personæ, ut & exacta executione & implemento omnium superiorum, prædes sese Præpotentes Suæ Celsitudines constituent & obligent, quemadmodum vi horum sese pro his obligant & prædes constituunt. Adjungeturque eidem à Celsitudine Sua Regali pro sua parte persona, quæ supputet cum ipsa rationes,

mo fica dito, fazem, segundo o preço corrente dos cruzados, dois cruzados e vinte e quatro partes de outro repartido em vinte e cinco partes, cada moio, ao menos sem preceder consentimento de S. A. P. 1669 Julho 30

ARTIGO XV

Como tambem que em caso que se ache que os Senhores Estados pela grande quantidade de Sal, que podessem haver tirado de Setubal, estejam pagos de toda a divida, antes da expiração do dito termo de vinte annos; não obstante a consignação do dito termo, em qualquer tempo que se achar que a divida está paga, cessará a dita consignação, e os direitos ficarão livres á Corôa de Portugal.

ARTIGO XVI

Que para executar tudo o sobredito com ordem e segurança necessaria, S. A. P. estabelecerão da sua parte, e constituirão na dita Villa de Setubal, uma pessoa capaz, revestida de auctoridade publica, a qual primeiramente dará quitação em seu nome de todo o Sal que for entregue para o pagamento do dito milhão, e que consecutivamente receberá em nome de S. A. P. o valor inteiro de todo o Sal, que se embarcar ou carregar, assim pelos habitantes destas Provincias, como pelos de outras nações, para do procedido pagar o que tocar aos direitos da Corôa, e o que for necessario para suprir as faltas de cada anno, da maneira que fica declarado, a S. A. P., ou á sua ordem; como outro sim para entregar o que restar na mão dos mercadores de Sal de Setubal, a quem o dito dinheiro pertencer. Pela sinceridade e fidelidade da tal pessoa, como tambem pela pontualidade em executar e cumprir tudo o sobredito, S. A. P. se hão obrigado e constituido fiadores, como elles se obrigam e constituem pelas presentes, e da parte de Sua Alteza Real lhe será adjunta outra pessoa, para ter conta e registro de tudo o que elle receber, tanto em direitos como

1669 Julho 30 & adversas conscribet, omnium tàm pro Juribus, quàm pro Sale receptorum, & quæ extradentur apochæ dictorum receptorum, à duabus istis personis conjunctim subsignentur.

ARTICULUS XVII

Nec etiam cursus dictæ suppeditationis Salis aut solutionis, ullo modo aut ullâ ratione, quæcunque illa sit, interrumpi aut turbari poterit, nec etiam permittetur, ut per arresta aut manuum injectiones incommodetur, verum solutio dicta, aut satisfactio memorata semper continuetur, quicunque etiam casus aut dissidia supervenire queant, aut quæ actiones aut pretenciones in posterum nascantur, sic ut propterea aut illa de causa, nulla retentio, compensatio, aut detractio prætendi, multò minus executio in actum deduci queat.

ARTICULUS XVIII

Eo fine & ut nullum obstaculum, nec ullum præpedimentum, qui executionem omnium supra scriptorum remorari in Portugallia valeat, sed Navigia illarum Provinciarum illic appellentia, parata eorum onera inveniante, Præpotentes Suæ Celsitudines, Officialem, qui vice Coronæ Portugalliæ apud Ordines illos recidebit, mense uno ante illorum discessum, de eo certiorem reddent.

ARTICULUS XIX

Et quoniam Serenissimus Portugalliæ Princeps se obstringit, quòd secundum superiora, Domini Ordines, pro Juribus illius Coronæ septingentos Reis ex quolibet modio Salis perpetuò lucrifacient, etiamsi fortè in Portugallia moneta imposterum mutetur, & consequentur Crusati in majorem aut minorem numerum Reis, quàm quo in præsenti sunt, reducentur, & sic citatum Jus septingentorum Reis, plures vel pauciores Crusatos, quàm nunc temporis, efficiant; Conventum fuit, ut si in posterum talis mutatio contingat, eoque ipso Jus Coronæ ad plures aut pauciores, quàm unum Crusatum & duas quinquagesimas pertingat, prædicta Jura quoque in eadem proportione dictis Ordinibus imputentur, id est, *tot*

em Sal; e as quitações que forem dadas na dita receita, serão assignadas por estas duas pessoas juntamente. 1669 Julho 30

ARTIGO XVII

E não poderá o curso da dita entrega do Sal ou pagamento ser interrompido, ou embaraçado de qualquer maneira que seja, nem será permittido que elle seja impedido de embargos, nem penhoras; mas será o dito pagamento e satisfação sempre continuada, não obstante quaesquer incidentes, ou embaraços que possam sobrevir, ou quaesquer acções ou pretenções que possam acrescer depois; sem que por causa disto se possa pretender e menos executar em effeito alguma retenção, compensação, ou rebate.

ARTIGO XVIII

E a fim de que não haja algum obstaculo, ou retardamento que possa impedir em Portugal a execução de tudo o sobredito, mas antes que os navios deste Paiz tanto que lá chegarem, possam achar a sua carga prompta, S. A. P. advirtirão o ministro que residir da parte da Corôa de Portugal nesta Côrte um mez antes da sua partida.

ARTIGO XIX

E porquanto o Serenissimo Principe de Portugal se obriga a que na conformidade sobredita os Senhores Estados Geraes gosarão dos ditos direitos da Corôa de 700 réis em cada moio de Sal: visto que o dinheiro se poderá alterar depois em Portugal, e que por consequencia os cruzados poderão ser reduzidos a maior, ou a menor numero de réis, que o que elles tem de presente, e que por este modo o dito direito de 700 réis fará mais ou menos cruzados do que faz presentemente. Foi acordado que succedendo tal mudança em algum tempo, e por consequencia o direito da Corôa montando a mais ou menos de um cruzado e dois quintos em cada moio; assim tambem os ditos direitos se-

1669 Julho 30 Crusati cum talibus partibus, quot reapse pro memoratis Juribus solventur.

ARTICULUS XX

Et quamvis Præpotentes Suæ Celsitudines, in superioribus, Juri, privatis per Articulum xxv dicti Tractatûs Pacis quæsito, renuntiarunt, nihilominus executio & citum complementum formalium Contractuum, quos Comes de Miranda nomine Regis & Coronæ Portugalliæ, cum quibusdam privatis, super legitimis suorum prætensionibus, & nominatim cum Domino Guilielmo Doncker, Consule Hagiensi, Gisberto de Wit, & Abrahamo Azevedo, qui contractus hîc de verbo ad verbum inserentur, non intermittetur.

ARTICULUS XXI

Proindeque ut per hæc totaliter omnes causæ & prætextus, qui executionem dicti Tratactûs Pacis impedire vel differre poterint, sublati sint, sese declararunt & promiserunt, tam Corona Portugalliæ ex una, sicuti Præpotentes Suæ Celsitudines ex altera parte, quemadmodum vigore præsentium, bonâ fide semet declarant & promittunt, quod ille progressu temporis, tàm ab una quàm ab altera parte, in omnibus Articulis, Clausulis, & Punctis, sine omni dilatione, contentione, aut præpedimento, & in specie quoad trigesimum & quadragesimum Articulum ejusdem executioni mandetur & adimpleatur, sic ut Naves Incolarum Provinciarum Unitarum, quæ vi dispositionis dictorum Articulorum, quampiam Regionem Regni Portugalliæ adire volunt, aut quæ exinde venientes, aliorsum cursum suum dirigunt, nullatenus in itineribus suis retardari, aut arresto constringi, aut aliter sive directè impediri in Portubus aut Litoribus Portugalliæ, aut dictis Regionibus, sub pretextu, quòd Classis universalis, aut Naves Salvi Conductû paratæ non sint, aut nulla alia de causa sive prætextû, qualis qualis etiam is sit, poterunt. Sub hac tamen conditione, ut omnes Subditi & Incolæ dictarum Unitarum Provinciarum qui cupient versùs Brasiliam negotiari & ibi-

rão imputados e descontados aos ditos Estados á mesma proporção, convem a saber por tantas partes delles, quanto effectivamente se pagarem pelos ditos direitos. 1669 Julho 30

ARTIGO XX

E posto que S. A. P. hajam renunciado atraz aos direitos adquiridos dos particulares pelo Artigo 25 do dito Tratado de paz, comtudo não se deixarão de executar e cumprir sem dilação os Contratos formaes que o Conde de Miranda fez em nome d'El-Rei, e da Corôa de Portugal com alguns particulares sobre as suas legitimas pretenções, e nomeadamente com os Senhores Guilherme Doncker, Burgomestre da Haya, Gisbert de Wit, e Habraham de Azevedo, os quaes contratos se hão aqui por expressos palavra por palavra.

ARTIGO XXI

E porquanto por tudo o que fica dito se tiram inteiramente todas as causas, e todos os pretextos que podiam impedir ou dilatar a execução do dito Tratado da paz, se declarou e prometteu da parte da Corôa de Portugal, como tambem da parte de S. A. P., na forma que se declara e promette pelas presentes em boa fé, que ao diante o dito tratado de paz será executado de uma ou outra parte em todos seus pontos, clausulas, e artigos, sem alguma dilação, contestação, ou impedimento, e particularmente no tocante aos 3.° e 4.° artigos delle; de sorte que os navios dos habitantes destas Provincias Unidas, que em virtude da disposição dos ditos artigos quizerem ir a algumas das Conquistas de Portugal, ou que tornando dellas forem destinados para outras partes não possam de algum modo ser retardados em suas viagens, nem embargados, ou de outra maneira incommodados, directa ou indirectamente, nos portos de Portugal, sob pretexto de não estar prompto o comboy, ou frota geral, nem por outra causa ou pretexto que seja. Bem entendido que todos os vassallos e habitantes das ditas Provincias Unidas, que quizerem negociar ou mercadejar no Brazil, o não poderão fazer em direitura, mas serão obrigados tanto

1669 Julho 30 dem mercaturam exercere, hoc rectâ viâ illuc facere nequeant, sed quod hâc euntes & illac redeuntes in portus Portugalliæ appellere & eadem onera, propter exitum, ratione illarum, quæ versùs Brasiliam abeunt, & propter introitum, quæ inde veniunt, quæ proprii Regni Subditi in tali casu solvunt, dependant. Spondentque dicti Domini Ordines Generales in Suditos & Incolas harum Provinciarum Unitarum severè sese animadversuros, qui aliquando his superius contentis contravenisse deprehendentur, & curare ut in emolumentum Regni Portugalliâ pœnâ quadruplo majori, eâ quam sustinere obstricti fuissent in Portugalliâ, si illuc venissent, afficiantur. Ad quam virtute supra memorati Tratactûs & præsentis Articuli tenebuntur.

ARTICULUS XXII

Et casu quo ex parte Portugalliæ omnibus supra scriptis aut etiam aliis quibuscunque Capitulis dicti Tratactûs, aut prætensæ Conventioni satisfactum non fuerit, Præpotentes Suæ Celsitudines, juxta dispositionem memorati Articuli IV, redibunt ad pristina sua Jura omnia, quæ ante citati Tractatûs conclusionem adversùs Coronam Portugalliæ ipsis acquisita fuerint, ut tamen propterea Portugalli pecuniarum ab ipsis, vigori ejusdem ipsius Tractatûs, aut præsentis Conventionis, jam solutarum restitutionem sibi fieri, prætendere nequeant. Quemadmodum quoque, si ex parte Dominorum Ordinum, dicto Tractatui aut præsentibus Pactis conventis, contravenietur, Celsitudo Sua Regalis & Corona Portugalliæ ad omnia, ipsi ante hos Tractatus virtute ipsius illius IV Articuli, competentia Jura redibit.

ARTICULUS XXIII

Et quoniam jam ante conquerebatur de interruptione & turbatione Commerciorum, ex dissensione & dissidio, quæ inter duas Nationes hactenus intercessit, tàm in Europa quàm in Indiis subortâ; Amicitia, quæ per præsentes hos Tractatus restauratur, hoc effectui dabit quod vi Conventionis hujus & mediante exactâ executione superius conten-

á ida, como á vinda entrar nos portos de Portugal, e pagar nelles os mesmos direitos de saída os que quizerem ir ao Brazil, e de entrada os que de lá vierem, que os proprios vassallos do Reino pagam neste caso. E promettem os ditos Senhores Estados Geraes de fazer castigar severamente aos vassallos e habitantes destas Provincias, que se acharem em algum tempo haver contravindo ao sobredito, e de lhes fazer pagar a favor do Reino de Portugal, uma condenação de quatro vezes tanto, como o que elles serião obrigados a pagar em Portugal, se elles lá houvessem ido, como são obrigados em virtude do dito Tratado e deste presente artigo.

1669 Julho 30

ARTIGO XXII

E em caso que da parte de Portugal se não satisfaça a tudo o sobredito, ou a quaesquer outros pontos do dito tratado, ou da presente convenção, S. A. P. tornarão a entrar (conforme a disposição do dito 4.° artigo) em todos os direitos que lhes pertenciam contra a Corôa de Portugal antes da data do dito tratado, sem que por isto os Portuguezes possam pretender a restituição do dinheiro, que elles houvessem já pago em virtude do mesmo tratado, ou da convenção presente, como tambem se da parte dos Senhores Estados se contravier ao dito tratado ou á presente convenção, Sua Alteza Real, e a Corôa de Portugal tornarão a entrar em todos os direitos, que antes do dito tratado lhes podiam pertencer em virtude do mesmo 4.° artigo.

ARTIGO XXIII

E porque antes disso se hão feito algumas queixas de interrupções e impedimentos de commercio, succedidos pela má intelligencia que até agora houve entre as duas nações, assim em Europa, como nas Indias; a amizade que pelo presente tratado se torna a restabelecer, produzirá tambem este effeito, que em virtude desta convenção, e mediante a pon-

1669 Julho 30 torum, unius alteriusve bonum & conditio omnibus rationibus, & omnibus convenientibus modis promovebitur, & inprimis Navigationi & Commerciis Subditorum & Incolarum unius alteriusve omnimodè, in specie verò versus Indiam Orientalem, secundùm Jus Gentium, favebitur, in tantùm ut nullum omninò ratione illius perferatur, minus ab uno alteri inferatur impedimentum, nec permittetur, ut hoc ab unius aut alterius Subditis perpetretur, quin potiùs ex adverso, si fortè fortunæ quid simile ex una aut altera parte contingat (quod Deus avertat), id statim emendetur, & parti læsæ debita satisfactio præstetur.

ARTICULUS XXIV

Ante omnia verò quemadmodum Regia Sua Celsitudo se pro se & omnes suos Subditos obstringet, quod omnia superiora observet, & ut sanctè per omnia observentur, efficiet; Sic quoque pro parte suâ Præpotentes Suæ Celsitudines pro se, & pro omnibus suis Subditis, & nominatim pro Societatis Orientalis & Occidentalis Indiæ hominibus, sese obstringunt, curaturos semet ut in omnibus præsens Tractatus observetur, & Pax ubique tàm in Europa, quàm alibi conservetur, prout in præcedenti Articulo pleniùs & longiùs comprehensum est.

ARTICULUS XXV

Tandem conventum est ab utrisque Partium, quòd Tractatus hic, & contenta in præsentibus Articulis, in optima & forma legitima, tàm ex parte Serenissimi Principis Portugalliæ, quàm ex parte Dominorum Statuum Generalium Unitarum Provinciarum, & quidem per Literas Patentes unius alteriusve Statuum majori Sigillo roboratas, confirmentur & ratihabeantur, & quod Instrumenta Ratihabitionis, intra spatium trium mensium, à subsignatis præsentibus Tractatibus numerandorum, vel etiam citiùs, si id fieri queat, mutuò extradentur, & quod omnia in hoc Tractatu comprehensa, statim post mutationem memoratarum Ratihabitionum in forma, & modo consueto publicentur.

In fidem & testimonium eorum, Nos Legatus Extraordi-

tual execução della, se procurará o bem, e a melhoria de uma e outra por todas as vias, e por todos os meios convenientes; e principalmente se favorecerá a navegação e o commercio dos vassallos e habitantes de uma e outra por toda a parte e particularmente na India Oriental, segundo o direito das gentes; e conforme a isso se não farão algum aggravo nem molestia uns a outros, nem permittirão que tal se faça pelos vassallos de uma, nem de outra parte; mas ao contrario, que se succeder algum dia qualquer cousa similhante de uma parte ou de outra, (o que Deos não permitta) que o dano será reparado sem dilação, e se dará á parte lesa a satisfação que lhe for devida. 1669 Julho 30

ARTIGO XXIV

E sobretudo que como Sua Alteza Real se obriga por si, e por seus vassallos a observar e fazer observar inviolavelmente em toda a parte o que fica dito; assim tambem S. A. P. se obrigam por si e por seus vassallos, e nomeadamente, pelos das duas Companhias Oriental e Occidental a fazer observar em toda a parte o presente tratado, e manter a paz tanto em Europa, como nas mais partes, do modo que mais amplamente fica deduzido no artigo precedente.

ARTIGO XXV

Finalmente foi convindo de uma e outra parte que este tratado e tudo o conteudo nos presentes artigos, será confirmado e ratificado na melhor e mais legitima forma que poder ser, tanto da parte do Serenissimo Principe de Portugal, como da dos Senhores Estados Geraes das Provincias Unidas; e isto por cartas patentes de um e outro Estado, e selladas de seus grandes sellos, e que os instrumentos das ditas ratificações serão mutuamente entregues dentro do espaço de tres mezes a contar do dia da assignatura do presente tratado, e tudo o que nelle se contém será publicado de uma e outra parte, logo depois da permutação das ditas ratificações nas formas e lugares costumados.

Em fé e testemunho do qual, nós Embaixador Extraordi-

1669 Julho 30 narius memorati Serenissimi Principis Portugalliæ, & Nos Commissarii Delegati dictorum Dominorum Ordinum, virtute Mandatorum, à Superioribus nostris nobis datorum & jamjam transcriptorum, Articulos istos manu nostra propria subscripsimus, iisque Sigilla nostra impressimus. Hagæ XXX Julii Anno MDCLXIX.

(L. S.) D. Francisco de Mello.

(L. S.) W. van Heuckelom.
(L. S.) Johan de Wit.
(L. S.) A. Pieterson.
(L. S.) Joh. Baron van Reede.
(L. S.) E. van Benthem.
(L. S.) Egb. Horenken.

ARTICULUS SEPARATUS

1669 Julho 31 Quandoquidem Domini Ordines Generales Provinciarum Unitarum Belgii, in Articulo XI hodie conclusi & invicem subscripti Tractatûs sese obstrinxerunt, curaturos Præpotentes Suas Celsitudines id ipsum, ut Subditi & Incolæ dictarum Provinciarum Unitarum quotannis tantum Salis tollant & avehant, quantum ejusdem sustulêre & avexêre, proximis præcedentibus annis ii, qui præ aliis Naves suas onerarunt. Et in Articulo sequenti XII conventum fuit, quod si contingat, defectum aliquem vel ob Bella, vel contentiones Maritimas, vel alias ob incommoditates, aliquando supervenire posse, sic ut Subditi & Incolæ dictarum Provinciarum Unitarum ad tollendam quantitatem Salis, ad quam avehendam vi præcedentis Articuli XI adstricti sunt, illuc commeare haud valeant, quod tunc Corona Portugalliæ defectum illum supplere non teneatur, nisi prius memorati in præcedenti articulo integri viginti anni plenariè finem suum nacti fuerint, ut tamen ea propter usuras aliquas pendere obligati haut siet &c. Plenioris declarationis ergo, & præveniendorum dissidiorum gratiâ, quæ imposterum sive ratione justæ quantitatis Salis, quâ Incolæ dictarum Unitarum Provinciarum, qui præ aliis maximam partem avexêre de Setuval, Naves suas onerarunt, sive etiam ob incommoditates alias, quæ sufficere pu-

nario do dito Serenissimo Principe de Portugal, e Commissarios deputados dos ditos Senhores Estados, em virtude dos poderes a nós dados por nossos Superiores, havemos assignado de nossas proprias mãos, e sellado de nossos Sinetes estes artigos na Haya, em 30 de Julho de 1669. 1669 Julho 30

(L. S.) D. Francisco de Mello.

(L. S.) W. van Heuckelom.
(L. S.) Johan de Wit.
(L. S.) A. Pieterson.
(L. S.) Joh. Baron van Reede.
(L. S.) E. van Benthem.
(L. S.) E. Horenken.

ARTIGO SEPARADO

Porquanto os Senhores Estados Geraes das Provincias Unidas dos Paizes Baixos se tem obrigado pelo artigo 11.º do Tratado que hoje foi concluido e assignado entre nós, a que S. A. P. farão de modo, que os seus vassallos e habitantes das ditas Provincias Unidas irão buscar todos os annos tanto sal, quanto foi o mais que elles tiraram em algum dos dez annos proximos passados; e que pelo artigo decimo segundo seguinte foi accordado que em caso que possa succeder alguma falta por guerras, ou embaraços por mar, ou por outras incommodidades, que em algum tempo possam sobrevir, de sorte que os vassallos e habitantes das ditas Provincias não possam ir buscar a quantidade de sal, a que elles se tem obrigado pelo sobredito Artigo 11.º Em tal caso a Corôa de Portugal não será obrigada a suprir a esta falta, senão depois da expiração inteira dos vinte annos de que se faz menção nos artigos precedentes do mesmo Tratado; sem que por razão disso ella seja obrigada a pagar algum interesse ou redito. Para maior clareza, e a fim de prevenir as differenças que ao diante se podem encontrar, ou seja tocante á justa quantidade de sal que os habitantes d'estas Provincias podem haver tirado em algum dos ditos dez annos, em que elles tirassem mais sal de Setubal; ou seja no 1669 Julho 31

1669 Julho 31 tabuntur, ut ipsi illi Incolæ à tollenda & avehenda tota dicta quantitate Salis, abstineant exoriri poterunt; per præsentem Articulum separatum conventum & concordatum est, quemadmodum Nos per præsentes convenimus & concordamus, quòd ex parte Portugalliæ, unà cum Ratihabitione citati Tractatûs insimul extractus authenticus Registrorum super receptis Juribus de importatione & exportatione, & aliorum Registrorum publicorum laudati Regni Portugalliæ, super omni Sale, quo Incolæ memoratarum Provinciarum in Setuval in Annis MDCLIX. MDCLX. MDCLXI. MDCLXII. MDCLXIII. MDCLXIV, MDCLXV. MDCLXVI. Naves onerarunt, cum nomine & cognomine Navarchorum & Navium, à quibus & in quas dicta quantitas Salis recepta est, extradentur, quò mediante hoc, & ope aliarum informationum à Præpotentibus Suis Celsitudinibus desuper in hisce Regionibus interim captandarum, ante permutationem Ratihabitionum per mutuam conventionem definiri & in specie determinari justa quantitas modiorum, quos Incolæ dictarum Unitarum Provinciarum quotannis tollere & avehere tenebuntur, queat, & ut contentis in memorato Articulo XI, satisfiat, in reliquis verò penes Principem Portugalliæ electio & optio maneat, conditionem in dicto Articulo XI, expressam in suo vigore relinquendi, eamque generaliter & sine exceptione exequendi, id est, sine disceptatione dictum defectum ante decursum viginti annorum supplendi, aut potiùs circa finem & ante exspirationem cujuscunque anni promptè & in parata pecunia, tertiam partem justi valoris Salis, quod Subditi & Incolæ Unitarum Provinciarum in dicto anno infra quantitatem in memorato articulo stipulatum tollere intermiserunt, solvendi; Dummodò laudatus Dominus Princeps ante permutationem Ratihabitionum, ratione hujus alternativæ definitè se declararet; & si quando posterius membrum ipsius ejusdem alternativæ acceperit, nempè promptè in parata pecunia tertiam partem dicti defectûs exsolvendi, Ipse reapse, cum effectu, & sine dilatione eidem satisfaciet, & si id non præstiterit, Præpotentes Suæ Celsitudines anno insequenti, integrum defectûs pretium in Sale, secundum in stipulationem deductum, & in X. Articulo

tocante á sufficiente qualidade das incommodidades pelas quaes os mesmos habitantes se podem abster de tirar e carregar toda a dita quantidade de sal; Foi convindo e accordado por este presente Artigo separado (assim como nós concordamos e convimos por estas presentes) que da parte de Portugal se apresentará, juntamente com a ratificação do dito Tratado, uma Certidão authentica dos Livros de receita dos direitos da entrada e saída, ou de outros registros do mesmo Reino de Portugal, de todo o sal que foi carregado pelos habitantes destas Provincias em Setubal nos annos de 1659, 1660, 1661, 1662, 1663, 1664, 1665, 1666, 1667 e 1668, com expressão dos nomes e sobrenomes dos mestres, e dos navios, pelos quaes, e nos quaes a dita quantidade de sal foi carregada; a fim de que com esta noticia, e com as outras informações que S. A. P. tomarão entretanto sobre o mesmo negocio nestes paizes, se possa ao tempo da permutação das ratificações, fixar e particularmente determinar por uma reciproca convenção a justa quantidade de moios, que os habitantes d'estas Provincias Unidas serão obrigados a ir buscar todos os annos, para satisfazer ao conteúdo no sobredito Artigo 11.º E além d'isto que ficará na escolha e opção do Principe de Portugal o fazer subsistir e executar geralmente, e sem alguma excepção a condição expressa no dito Artigo 11.º, convem a saber de suprir sem contestação a sobredita falta depois da expiração dos ditos vinte annos, ou de pagar no fim de cada anno promptamente em dinheiro de contado, o justo terço do valor do sal, que os vassallos e habitantes d'estas Provincias Unidas houverem deixado de carregar no dito anno, menos da quantidade estipulada no dito artigo. Mediante o qual o dito S.or Principe se explicará positivamente sobre a dita alternativa, ao tempo da permutação das sobreditas ratificações. E em caso que elle acceite a derradeira parte da mesma alternativa (a saber o pagar promptamente em dinheiro de contado a terça parte da dita falta) que ella a satisfará real e effectivamente e sem dilação; e em falta disto o anno seguinte S. A. P. receberão o valor inteiro da falta em sal, da mesma maneira que ha sido

1669 Julho 31

1669 Julho 31 ejusdem Tractatûs, quoad supplementum defectûs, qui sine culpa alte-memoratarum Suarum Celsitudinum, aut Subditorum & Incolarum Provinciarum Unitarum & ratione quantitatis Salis, quæ ex causa ibidem contenta Art. x. stipulata fuerat contigerit, pleniùs expressum modum accipient. Actum Hagæ die XXXI Julii MDCLXIX.

(L. S.) D. Francisco de Mello.

(L. S.) W. van Heuckelom.
(L. S.) Johan de Wit.
(L. S.) A. Pieterson.
(L. S.) Johan Baron van Reede.
(L. S.) E. van Benthem.
(L. S.) E. Horenken.

Apontamentos de algumas cousas que pedio o Sidy de Dandá aos Governadores Antonio de Mello de Castro e Manuel Côrte Real de Sampaio

(Arch. da India, livro 1.° de Pazes, fol. 210.)

1670 Os negocios que pede a V. S.as conforme a ordem do Sidy, seu enviado Aly Dalvy.

1.°

V. S.as he necessario mandar passar huma ordem, ou provisão aos capitães, feitores das fortalezas de Chaul, Baçaim, e Damão pera que mandem soccorrer em tudo ao dito Sidy nas occasiões, em que mandando pedir o dito Sedy o socorro.

2.°

He necessario outra ordem de V. S.as pera os capitães móres das armadas deste Estado, pera poderem ajudar, e favorecer ao dito Sidy nesta occasião com as ditas armadas, ou nas occasiões que se offerecerem, visto ser leal servo e amigo deste Estado.

estipulado, e mais amplamente expresso no 10.° artigo do mesmo Tratado, sobre o supplemento da falta que succeder, sem ser por culpa de S. A. P., ou de seus vassallos e habitantes destas Provincias Unidas, e isto além da quantidade de sal, que pela razão n'elle declarada se tem accordado pelo dito 10.° artigo. Feito na Haya, aos 31 de Julho de 1669. 1669 Julho 31

(L. S.) D. Francisco de Mello.

(L. S.) W. van Heuckelom.
(L. S.) Johan de Wit.
(L. S.) A. Pieterson.
(L. S.) Johan Baron van Reede.
(L. S.) E. van Benthem.
(L. S.) E. Horenken.

3.°

Ha mister huma provisão ou ordem pera poderem navegar alguns barcos e galvetas no mar ao dito Sidy em defensa de seus inimigos, pera o que não ponhão impedimento de cousa alguma os capitães móres das ditas armadas, antes fação boa passagem, favorecendo, e ajudando em tudo. 1670

4.°

He necessario huma carta ou ordem de V. S.ª pera o capitão da fortaleza de Chaul pera libertar hum barco, que tem represado o dito capitão debaixo de seu seguro, o qual barco largue o dito capitão com suas fazendas, cabedal, fato e aparelhos.

5.°

Ha mister outra ordem de V. S.ª pera o mesmo capitão de Chaul pera se mandar libertar tres galvetas vasias, que ficão represadas, e varadas na dita fortaleza por ordem do dito capitão, o qual tambem dê satisfação a hum vassalo e servidor do dito Sidy, chamado Sidy Acute e Hacem Neguir, do dinheiro do gado que vendeo o capitão.

6.°

1670 Nesta occasião ha mister V. S.[as] socorrer em sua graça e favor ao dito Sidy com dez ou doze navios d'armada conforme o contrato da paz, e com isso elle ficará obrigado e agradecido pera obervar e guardar o dito contrato na forma que trata nelle.

7.°

Ha mister hum cartaz de V. S.[as] pera partir hum barco do dito Sidy do porto de Chaul pera o de Meca.

Resposta dos Governadores

1.°

1670 Fevereiro 6 Tem-se escrito ao capitão de Chaul ajude, e socorra ao Sidy de Dandá, quando lhe pedir socorro, como feudatario deste Estado.

2.°

Os capitães móres das armadas levarão regimento para portarem em Dandá, e fazerem o que tem assentado.

3.°

Poderão os barcos de Sidy andar em guarda da fortaleza de Dandá, e os capitães móres levarão regimento para não entenderem com elles.

4.°

Dá-se ordem em companhia destes capitulos para entregar ao Sidy por seu enviado o barco que entrou em Chaul com seguro do capitão da fortaleza.

5.°

Vai tambem ordem para o dito capitão entregar as galvetas, e preço do gado, constando ser de quem o requere.

6.°

Tem-se deferido no segundo capitulo.

7.º

Na secretaria se passe logo este cartaz na forma ordinaria; e destes apontamentos, e concessões fique a copia conforme na secretaria. Goa, 6 de fevereiro de 1670. 1670 Fevereiro 6

E declarão os Senhores Governadores que terão effeito estas concessões, dando o Sidy de Dandá comprimento ás capitulações, que em tempo do Senhor V Rey Conde de S. Vicente se assentarão entre o dito Senhor, e o dito Sidy, pagando logo o que deve de feudo e parias em Chaul, carregando-se em receita ao feitor da dita cidade, e nesta forma se obrigão os ditos senhores ao que concedem novamente pelo proposto nestes apontamentos, que assinarão, e mandarão sellar com o sello real de Sua Alteza. Goa, no dito dia, mez, e era acima.

Ajustamento e revalidação da paz e amisade entre os Governadores e Capitães geraes do Estado da India, e Sivagi Raze

(Arch. da India, livro 1.º de Pazes, fol. 190.)

Por quanto se tem offerecido varias desconfianças e discordias no procedimento dos capitães de Sivagi Raze com os vassallos de Sua Alteza e hora nos significar por carta sua, e enviado proprio, desejar a perpetuidade da paz com este Estado; houverão por bem os ditos senhores de condescender a sua petição, e revalidar a dita amizade na forma, e com as condições seguintes: 1670 Fevereiro 10

1. Que elle Sivagi Raze restituirá logo sem arte ou engano tres mil pagodes, que violentamente debaixo da fé e amizade se tomarão nas suas terras, dous mil a Malopá Chatim, e mil a Santopá Gaunço, moradores nesta cidade, vassallos de Sua Alteza em termo de dous mezes.

2. Que o commercio, e boyadas, que vierem do Balagate para esta ilha de Goa, e porto, e terras de Bardez e Salcete,

1670 Fevereiro 10 não serão tomadas, nem represadas, nem tão pouco as que destas ilhas e terras d'ElRey de Portugal forem para o Balagate, ou qualquer outra parte, pagando humas e outras os juncões costumados e antigos, ainda que haja guerra entre elle Sivagi Raze e ElRey Idalxá, por quanto o comercio livre dos mercadores redunda sempre em commũa utilidade.

3. Que restituirá o dito Sivagi Raze todos os barcos que tiver represado em seus portos, sem se valer de algum pretexto, e rezão que intente ter, e não pedirá aos donos dos ditos barcos dinheiro algum a titolo das despesas e gastos que com elles se hajão feito; os quaes barcos se entregarão á vista da armada, que faz viagem para o Norte, a seus donos, ou procuradores, em cuja companhia podem hir os donos dos barcos dos vassallos de Sivagi Raze para tomarem entrega dos barcos, que estão reprezados na fortaleza de Chaul, e nas mais do Norte.

4. Que não poderá elle Sivagi Raze fabricar obra alguma de fortaleza, ou caza de pedra e cal nos confins das terras que tem senhoreadas, e partem com as de Sua Alteza ainda que tenhão rio em meio.

5. Que haverá firme e boa amizade de ambas as partes, e assy por mar como por terra, e havendo-se feito alguma sem rezão, se fará primeiro presente por parte de Sivagi Raze aos Senhores Governadores da India; e do mesmo modo por parte dos ditos senhores a elle Sivagi Raze; e sem ter primeiro esta satisfação, se não poderá romper por alguma das partes esta paz e amizade, que será assinada pelos ditos Senhores Governadores, e por Sivagi Raze.

Que os Senhores Governadores se obrigão na mesma forma a guardar as capitulações seguintes:

1. Que os ditos Senhores Governadores mandarão entregar todos os barcos, que as armadas de Sua Alteza tomarão, e estão represados, assy nesta cidade como nas fortalezas do Norte, graciosamente, sem despeza alguma.

2. Que se passarão todos os cartazes, que pedirem as pessoas da juridição de Sivagi Raze pera todos os portos, não sendo dos inimigos do Estado, pagando os direitos e lagimas

ordinarias na forma que pagão os vassalos d'ElRey Gram Mogor. 1670 Fevereiro 10

3. Que os barcos menores, que navegarem de Caranjá até esta cidade com mantimentos, sal, e outras drogas desta sorte, não serão obrigados a tomar cartazes, e as armadas encontrandoos, lhe farão toda a boa passagem.

4. Que todas as armadas de Sua Alteza e barcos mercantis de seus vassallos, que para algum acontecimento tomarem os portos de Sivagi Raze, por tormenta, ou com alguma falta, se lhes fará todo o bom agazalho que convem para conservação da paz e amizade, que se pretende, dandoselhes tudo o de que necessitarem por seu dinheiro, e na mesma forma e igual correspondencia serão tratados os navios de Sivagi Raze nos portos de Sua Alteza.

5. Que por quanto o Sidy de Dandá he feudatario do Estado, e os Senhores Governadores a este respeito obrigados a defendelo e ajudalo, quando necessite do socorro das armas de Sua Alteza o que se não poderá exercitar sem offensa da nova amizade, que os ditos Senhores revalidão com Sivagi Raze, inimigo de Sidy, desejando evitar os ditos Senhores toda a desconfiança, que pode haver, fazendo os ditos Senhores as partes do Sidy, como são obrigados, interpõem sua authoridade e poder para compor e ajustar a Sivagi Raze e o Sidy, sendo medianeiros de huma boa e firme paz, de modo que hum e outro fiquem satisfeitos, para cujo effeito mandará Sivagi Raze ordem e poder ao seu embaixador Vitulá Pandito, assistente nesta corte, para ajustar a dita composição na forma referida.

6. Que haverá huma firme e boa amizade de ambas as partes, e assy por mar como por terra; e havendose feito alguma sem rezão, se fará primeiro presente por parte de Sivagi Raze aos Senhores Governadores, e do mesmo modo por parte dos ditos Senhores a Sivagi Raze; e sem se ter primeiro esta satisfação, se não poderá romper por alguma das partes esta paz e amizade, que será assinada pelos ditos Senhores Governadores e por Sivagi Raze. Goa, 10 de fevereiro de 1670.

Treslado do Memorial que apresentou o Enviado de Sivagi Raze

1670 1. Navegando os navios e barcos de Sivagi Raze, com os quaes não entenderão os Portuguezes, e nem lhes darão molestia em cousa alguma, assy polla hida, como para a vinda.

2. Aos Abessins de Dandá não darão lugar, nem provimento de cousa alguma, sobre que mandarão passar ordens a seus portos.

3. Os nossos barcos e navios de mantimentos, que ficão represados, sobre os quaes mandarão passar ordem para serem entregues.

4. Dando huma pessoa em companhia deste enviado com suas cartas a todos os capitães de seus portos, para que tenhão boa correspondencia com os Subedares de Sivagi, e obrem os ditos capitães na forma das ordens do governo.

5. O Imamo nos mandou tratar que lhe dessemos o mantimento, e lugares em nossos portos para fazerem aguada, em recompensão destas cousas nos darião o dinheiro que fosse necessario, e que tambem lhe dessemos em seu favor os nossos navios e barcos, a que respondemos que não darião cousa alguma ao dito Imamo, e nem lhe favorecerião, visto sermos amigos dos Portuguezes, e por amor disso quando o Imamo fizer alguma peleja, ou briga comnosco, os Portuguezes nos mandarão favorecer, e socorrer, e na mesma forma favoreceremos aos ditos Portuguezes quando elles tiverem peleja com o mesmo Imamo, para o que nos mandarão dar gastos e despezas, que forem necessarias.

6. Entre nós e o Mogor ha guerra, por cuja causa nós, e os Portuguezes fiquemos com união, e não darão lugar nas suas terras para a gente do Mogor, e nos favorecerão nas suas terras os ditos Portuguezes, sobre que mandarão escrever huma carta.

7. Cousas passadas não ha que tratar, por que em diante não entenderemos com as cousas dos Portuguezes.

Resposta dos Governadores aos capitulos do Memorial

1. Sendo embarcações e barcos pequenos poderão navegar livremente, e se não entenderá com elles, porem sendo embarcações, galiotas, e navios grandes, que naveguem para a costa, e hajão de passar o golfo, será obrigado a mandar buscar cartazes, os quaes se lhe passarão pelo mesmo estilo como se passão aos vassallos d'ElRey Mogor. 1670

2. Assym se fará.

3 Entregandose os navios e barcos, que estão represados dos vassallos moradores, e mercadores residentes nesta cidade, e nas mais fortalezas e portos deste Estado, e o que mais se ouver tomado ás ditas pessoas; se entregarão na mesma forma os barcos e navios, que estiverem represados dos vassallos de Sivagi Raze, e seus.

4. Que se mandará pessoa por parte do Estado, cartas aos capitães das praças de Sua Alteza para terem boa correspondencia com os subedares e ministros de Sivagi, tendoa elles igual com os mesmos capitães.

5. Pedindo Sivagi Raze ajuda e favor nosso contra o Imamo, em caso que lhe faça guerra, lho mandaremos dar graciosamente como amigo do Estado, com declaração que Sivagi Raze, nem seus subedares e capitães lhe não darão mantimentos em seus portos, nem deixarão fazer agoada, nem se lhe dará outro provimento algum.

6. As pazes que entre este Estado e ElRey Gram Mogor ha, são muito antigas, e nesta consideração não se pode negar a seus vassallos oprimidos agazalho e lugar em nossos portos, cidades, e fortalezas, e na mesma forma quando Sivagi Raze, e seus subedares, e capitães, e vassallos necessitem do mesmo agazalho, se lhe dará.

7. Havendo amizade e reciproca correspondencia de ambas as partes, se esquecerão as cousas passadas, e o mesmo se fará por parte de Sivagi Raze—Antonio de Mello de Castro—Manoel Corte Real de Sampaio—Chapa de Sivagi Raze.

Rasões que offerece o Nababo e Governador de Surrate, Xabandar, e mais mercadores do dito porto ao Padre Fr. Gaspar Baptista, Religioso Capucho, enviado pelos Governadores da India sobre as differenças passadas que houve entre elles vassallos delRey Mogor e os Senhores Portuguezes em presença de Mirzá Mahamed Xarifo, fiel e syndicante do sobredito Rey, que a este porto foi mandado para o tal caso

(Arch. da India, livro 1.º de Pazes, fol. 203.)

1670 Abril 8 Muito satisfeitos ficamos de havermos recebido as cartas dos Senhores Governadores assim pela rectidão da justiça que nos propunhão, como pelos favores que a este porto fazião, com que nos damos por muito satisfeitos; e as cartas que Vossa Paternidade nos deu dos Tanadares, Sagis, e outras pessoas de credito de Chaul de cima, Galiana, e Beumdim, nas quaes nos manifestão estarem melhoria de tres mil pessoas, e duas náos tudo emparado com o favor dos Senhores Portuguezes, avendolhes o Sevagy tomado suas terras; de tudo queremos fazer aviso a ElRey Horanguaxaba, pera que tambem conresponda com a satisfação que deve a tanta amizade, a quem mandamos nossas cartas com hum modello de tudo pelo referido sindicante, e só temos algumas duvidas na forma de novo cartaz, as quaes são grandes para mercadores; e são na maneira seguinte.

1. Como o sobredito cartaz diga não levarão, nem trarão Rumes, Turcos, e Abexins—ficão elles mercadores com meo aberto pera grandes perdas, porque nos portos para onde navegão, como são Conguo, Baçorá, Mequa, e outros, muitas vezes fretarão suas náos aos sobreditos mercadores, e por outros invejosos tiverão noticia da tal prohibição em seus cartazes, com que passarão para as náos daquelles, ficando as suas desfretadas, no que elles recebem muita perda.

2. E como diga a forma do novo cartaz—não levarão aço,

ferro, taboado, e bambús machos — todas sobreditas cousas são contrarias ao conhecimento que elles tem da mercancia, como he patente a todos, nem tal se praticou nunqua, com o que achão o mesmo meo aberto para desgostos, que como sejão cousas necessarias para o uso de seus barcos, poderão originar algum damno a elles. 1670 Abril 8

3. E como tambem diga a forma do novo cartaz — nem trará cavallos sem licença do governo, ou minha — sobre este ponto offerecem as duvidas seguintes: que como elles não podem antever a carga, que acharão naquelles portos pera onde navegão, não podem antecipadamente haver a sobredita licença, e trazendo os taes cavallos, ficão suas náos perdidas, e não trazendo recebem grande perda.

4. E o mais que diz o novo cartaz — não trarão christãos, ou filhos delles quer seja bautisados, ou não — offerecem os mercadores a Vossa Paternidade as duvidas seguintes: navegarem sempre em seus barcos muitos christãos Armenios, e outros com seus filhos e familias, nem a elles sobreditos lhes he dado inquirir das religiões dos mercadores, e das familias que trazem, porque seria hum processo infinito, e por mais diligencias que ponhão de sua parte, não poderão vencer as sobreditas duvidas.

5. E assim mais pede a Vossa Paternidade alguma modificação de palavras sobre o que diz a forma nova — Não hirão aos portos de Arabia — ficando o sentido conhecido em sua força que elles acceitão, e são contentes.

E com isto offerecem as cartas dos Senhores Governadores, nas quaes lhes dizem terem assentado em seu conselho tudo quanto por nós lhe foi proposto por hum arrezoado que offerecerão por Vossa Paternidade: e assim fomos contentes pagar os direitos da recolhida, que nunqua estiverão em uso; e assim requeremos a Vossa Paternidade dê comprimento ao que temos assentado com os sobreditos Senhores Governadores, para que nós o escrevamos assim ao Grande Rey Horanguaxaha, esperando delle concorrer com a amizade, que sempre teve com ElRey de Portugal, e como está para partir o referido Senhor Sindicante com as informações que veo

1670 Abril 8 buscar, e de presente estar cessada a prohibição, que tinhão os Portuguezes, de virem a este porto, e outros designios da guerra, concorra Vossa Paternidade, como enviado que he, a tratar desta pax e amizade conforme os poderes que tiver, dispensando com as duvidas que offerecemos, e fazendo o contrario, dará conta aos sobreditos Senhores, por quanto elles não podem navegar aceitando as taes condições, que por elles se não asegurarem dos cartazes dos Senhores Portuguezes, que este anno tiverão, por trazerem estas e outras condições, fretarão doze náos suas a certos mercadores, e nellas meterão suas fazendas, com o que receberão perda melhoria de duzentas mil rupias, e por tudo protestão a Vossa Paternidade, em fé do que se assinarão aqui, oje 8 de abril de 1670 — Sello e assignatura persiana de Mahamed Mosom — Sello e assignatura persiana do Nababo — Sello e assignatura persiana do Xabandar — Sello e assignatura persiana de Mahamed Xalaby — Sello e assignatura persiana de Agua Jafar — Sello e assignatura persiana de Agua Raim — Sello e assignatura persiana de Abdul Cafur — Outro sello persiano — Uma cruz, e assignatura armenia de Coja Minas.

Visto o que pelo Senhor Nababo, Xabandar, e os mais mercadores deste porto de Surrate allegão para o fim da boa pax, e certas considerações do serviço de Sua Alteza, conformandome com os poderes, que me são concedidos concedo o que pedem pela forma seguinte. — Fr. Gaspar Baptista.

Fulano, capitão da fortaleza de Damão. Faço saber aos que este virem que tendo respeito á antigua amizade, que o Estado da India tem com ElRey Mogor Horangnaxaha, e por esta causa estar em costume passarselhe cada anno hum cartaz pelos Senhores Vice Reys e Governadores da India pera huma náo sua poder partir do porto de Surrate para o Estreito de Mequa, e os mais, nesta fortaleza de Damão, e por o Conde de São Vicente, Vice Rey, ordenar se não passassem nesta fortaleza, nem em outras cartaz algum, e que todos fossem á cidade de Goa a requerellos, como fazião nos quatro annos proximos, e agora por justas considerações do serviço de Sua Alteza, e por pedir Mirzam Zosane Jamir, Governador de Surrate, e Xabandar Hagima Hamada Aly pelo Padre Frey Gaspar Bauptista, Capucho, se tornassem a passar nesta fortaleza, e se me ordenar passasse, remetendome para este effeito copia do assentado do conselho do Estado, e a nota de cartaz, que he esta: — hey por bem de dar licença, e seguro a este barco por nome tal, de porte de tantos centos candis, de que he senhorio fulano, e vai por Nacodá fulano, e por Tandel fulano, e por Piloto fulano, e por Carrane fulano, e leva pera sua defensa tantas peças, tantos falcões, e tantas espingardas, tantos traçados, e tantas lanças, e tantas panellas de polvora, e tanta polvora solta, e tantas ballas, pera que em tal monção possa partir do porto de Surrate, onde está, pera o de tal porto, não levando nem trazendo Arabios de Mascate, e de outros portos seus, nem poderá levar Portuguezes, sem ser registado por mim, e das fazendas que leva pagou os direitos da saida e entrada pelo estilo de cinco rupias o cento dos candis do barco tanto á ida como á vinda, e não das fazendas, como está assentado, com declaração que não irá por nenhum caso, e por precisa que seja a necessidade, a Mascate, nem seus portos dos taes nossos inimigos, e fazendo o contrario, lhe não valerá este cartaz, e requeiro da parte de Sua Alteza e dos Senhores Governadores da India, aos capitães móres das armadas deste Estado, mais capitães e officiaes, e pessoas a quem pertencer, que deixem fazer sua viagem a este barco livremente da hida e vinda sem impedimento algum, e guardem como neste se contem, o qual vai sellado com o sinete das armas reaes da coroa de Portugal. Fulano, referendario da feitoria, o fez a tantos de tal mez e anno. E eu fulano, escrivão da feitoria, o fiz escrever — e assinará o Capitão.

1670 Abril 8

Assento que tomaram o Padre Fr. Gaspar Baptista, e o Nababo e mercadores sobre o modo de receberem os cartazes

[(Arch. da India, livro 1.º de Pazes, fol. 203.)

1670 Abril 10 Dizem mais o Nababo, Xabandar, e os mercadores que elles pedirão os cartazes a Damão por via do Xabandar somente, o qual mandára os papeis sellado com o seu sello, e sendo por outra maneira, não se lhe dará credito algum, e do modo referido, avendo nelles falsidade na quantia dos candis do barco, não lhe valerá o cartaz, e só os poderá ir buscar Joguidas, tomado de todos por fiel pera o tal ministerio.

O estillo será como está na forma do cartaz a cinco rupias por cento dos candis do barco, a saber, se o barco for de mil candis, a cinco por cento fazem cincoenta rupias pelos direitos de saida, e outros tantos pela recolhida, os quaes pagará juntamente quando tirar o cartaz; e assim mais pagará a metade do primeiro direito para o secretario do Estado que pelo estillo acima fazem vinte cinco rupias; e assim mais vinte pela assinatura do Capitão de Damão, e dez para os tres officiaes da feitoria, a saber, cinco para o feitor, tres para o escrivão, e duas para o referendario, o que ao todo fazem cento e cincoenta e cinco rupias pelas distribuições acima; e sendo o barco de maior ou menor porte, se guardará com elle o estillo acima de mais ou menos, assim a ElRey, como a cada hum dos mais officiaes; e querendo os officiaes mais do que está assentado no sobredito assento, se fará enformação aos Vice Reys ou Governadores do Estado da India para que acudão aos taes excessos.

Ficou mais assentado que viessem os acredores do Nacodá Baiú Babá a este Surrate buscar suas satisfações, as quaes darião pontualmente.

E propondo o referido Padre algumas cousas em favor dos Portuguezes, respondeo o já dito Nababo não ter poderes para as conceder, e que por suas cartas manifestava aos Governadores da India o quanto desejava se conseguisse o que lhe propuzera, e mandou logo confirmar o que já tinha concedido noutro tempo ao mesmo Padre, que não pagassem os barcos das terras dos Senhores Portuguezes ancoragem neste porto de Surrate em nenhum tempo. 1670 Abril 10

E com isto ficou a amizade de novo confirmada entre os Portuguezes, e elles vassallos delRey Horanguaxaha, abrindose tambem de novo os contratos em seus portos livremente como de antes; em fee do que se assinarão aqui em confirmação de tudo o referido neste ser verdade. Surrate em 10 de abril de 1670 annos. — Fr. Gaspar Baptista — Sello, e assignatura persiana do Nababo — Sello e assignatura persiana de Miria Mahamed Mossom — Sello e assignatura persiana de Mahamed Xalaby — Sello e assignatura persiana de Mirsam Baquero — Sello e assignatura persiana do Xabandar — Sello e assignatura persiana de Mirá Assam — Sello e assignatura persiana de Agua Jafar — Sello e assignatura persiana de Agua Raim — Sello de Abdul Cafur — uma cruz, e assignatura armenia de Coja Minas — Um sello persiano.

Fórma dos Cartazes usados em differentes tempos

Cartaz a ElRey Idalxà

(Arch. da India. livro do Cartazes, fol. 4 v.)

Dom Jeronimo d'Azevedo &c. Faço saber aos que este virem que avendo eu respeito á antiga amizade, que ElRey Idalxá tem com este Estado, e pollo contrato das pazes que com elle está feito lhe ser concedido licença e seguro para seis náos suas poderem naveġar para Mecca, Ormuz, e outras partes, e por me ser pedido o presente pollo seu embaixador, Ey por bem, e me praz de dar licença e seguro a esta 1613 Agosto 9

1613 Agosto 9 sua náo por nome *Mamady*, que carrega quatro mil candins, de que vai por Nacodá Melique Ambar, de idade de trinta annos, e leva para sua defensão doze roqueiras de ferro, vinte espingardas, e as mais armas mouriscas dos que nella vão, para que nesta presente monção possa partir do dito porto de Dabul, onde está, para Judá, e tornar a elle, não levando, nem trazendo cousa alguma defesa, a saber, Rumes, Turcos, Abexins, canella de Ceilão, nem do mato, pimenta, gengibre, ferro, aço, cobre, chumbo, calaim, latão, madeira, taboado, cairo, salitre, enxofre, bambús machos, e as mais cousas declaradas pelo regimento; nem poderá levar Portuguezes, nem trazer cavallos sem minha licença, e poderá trazer escravos e escravas de sua nação somente: e avendo suspeita, ou informação que alguns delles são christãos, ou filhos de christãos, se fará com elles o exame declarado no Concilio Provincial, posto que os taes filhos não sejão baptisados, e antes que a dita náo parta do dito porto de Dabul, será vista e buscada pelo feitor de Sua Magestade, que nelle está, de que levará certidão sua nas costas deste; e com isso fará sua viagem de hida e vinda somente sem impedimento dos capitães móres das armadas deste Estado, nem d'outro qualquer capitão e pessoas, e a todos o notifico assy o cumprão e guardem sem duvida alguma; e este será sellado com o sinete das armas reaes da coroa de Portugal. Belchior da Silva o fez em Goa a 9 de agosto de 613. E eu o secretario Affonso Rodrigues de Guevara o fiz escrever. — Viso Rey.

Cartaz a ElRey Idalxá

(Arch. da India, livro de Cartazes, fol. 3.)

1613 Agosto 6 Dom Jeronimo d'Azevedo &c. Aos que este virem faço saber que avendo eu respeito a antiga amizade, e boa correspondencia, que ElRey Idalxá tem com este Estado, e pelo contrato das pazes que com elle está feito lhe ser concedida licença e seguro para seis náos poderem navegar para Mecca,

Ormuz e outras partes, e a elle me pedir ora o presente pollo seu embaixador para enviar huma náo sua do porto de Dabul a Tanassarim (ainda que isto he cousa nova, e que se não pedio, nem fez atégora) eu todavia por comprazer ao dito Rey, e corresponder a sua boa amizade, e entendendo que por estes mesmos respeitos o haverá ElRey meu senhor porora assy por bem, Ey por bem e me praz (por esta vez somente) de dar licença e seguro a esta sua náo por nome *Abdul Hadi*, que carrega mil candis, de que vay por Nacodá Melique Niaz, e leva a artelharia e armas necessarias para sua defensão, para que nesta monção proxima de setembro deste anno presente de 613 possa partir do dito porto de Dabul para Tanassarim, e tornar a elle, não levando, nem trazendo cousas defesas pelo regimento; e antes que parta, será vista e buscada pelo feitor de Sua Magestade, que reside no dito porto de Dabul, de que levará certidão sua nas costas deste, e com isto fará sua viagem de hida e vinda somente sem impedimento dos capitães móres das armadas deste Estado, nem d'outro qualquer capitão e pessoas, antes todos comprirão esta licença e seguro sem duvida alguma. Noteficoo assy aos sobreditos capitães móres, e capitães, mais officiaes e pessoas, a que pertencer e lhes mando que assy o cumprão e guardem, e fação inteiramente cumprir e guardar como se neste conthem sem duvida nem embargo algum, o qual será sellado com o sinete das armas reaes da coroa de Portugal. Miguel de Sá o fez em Goa a 6 de agosto de 1613. E eu o secretario Affonso Rodrigues de Guevara o fiz escrever —Viso Rey. 1613 Agosto 6

Cartaz ao Rey de Canará

(Arch. da India, livro de Cartazes, fol. 60.)

Vasco Fernandes Cezar de Menezes, do Conselho d'Estado de Sua Magestade, Vice Rey e Capitão Geral da India etc. Faço saber aos que este virem que tendo respeito ao Rey do Canará haver mandado pedir cartaz para hum barco seu po- 1714 Março 1

1714 Março 1 der navegar, e por lhe fazer graça por esta vez somente, hey por bem de lhe conceder licença e seguro ao dito seu barco por nome *Parme Suary*, de pregadura, de porte de seis centos candis de Goa, de que vai por Nacodá Hanssana Bapa, Carrane Punddalicu, Piloto Mahama Dagi, Condestavel Salú, Sarangue Ismal, Tandel Abdul, e mais gente de sua navegação, e leva para sua defensa vinte e cinco peças de artelharia, trinta espingardas, trinta espadas, cincoenta lanças, cinco ancoras, polvora, e balla necessaria, e mais petrechos de guerra, para que na monção do mez de março ou de abril do presente anno de 1714 possa fazer sua viagem do porto de Mangalor para o do Congo e Ormuz, e não levará escravos, ou escravas christãos, ou filhos de christãos, e havendo suspeita, ou informação que os leva, se fará com elles o exame declarado no Concilio Provincial, ainda que os taes filhos não sejão baptizados, nem poderá levar, ou trazer, Abexins, Rumes, nem Arabios das terras que obedeção ao Imamo de Mascate, nem carregará ferro, aço, enxofre, madeira, bambús machos por mercancia, nem fazendas pertencentes aos Arabios, ainda que não sejão das prohibidas, nem levará Portuguez, nem hirá a porto algum dos que obedecem ao Imamo de Mascate, nem aos do Angriá, nem de outro algum Principe, ou levantado, com que o Estado estiver em guerra; e supposto a todos seja prohibido o trazerem cavallos, por particular graça concedo ao dito Rey que este seu barco os possa trazer do porto do Congo ou de Ormuz, e chegando áquelle porto descarregará as fazendas que levar naquella feitoria e alfandega, e pagará nella os direitos que dever, de que trará certidão do nosso feitor nas costas deste cartaz, com declaração de como carregou os cavallos naquelles portos, para não haver duvida se os carregou, ou não em outros, e pertencentes ao Imamo de Mascate, e fazendo o contrario, ou hindo a portos prohibidos, e levando, ou trazendo fazendas vedadas, lhe não valerá este cartaz, e será o tal barco apresado, e perdido para a fazenda real. Noteficoo assym aos generaes e capitães móres das armadas deste Estado, mais capitães, officiaes, e pessoas a que pertencer, para que assym o cumprão e guardem, e deixem fazer sua viagem a este barco da hida e volta sem impedimento algum, e passado hum anno lhe não valerá este cartaz, o qual será sellado com o sello das armas reaes da Coroa de Portugal, e se declare que este he o septimo cartaz, que se passou neste presente verão, do qual não pagará os direitos nesta cidade, por lhe ser concedido livre dos ditos direitos por hum dos capitulos das pazes celebradas com o Rey do Canará. Gregorio Mascarenhas o fez em Goa ao primeiro de março de 1714. O secretario João Rodrigues Machado o fiz escrever —Vasco Fernandes Cezar de Menezes. 1714 Março 1

Por despacho do ex.[mo] Senhor Vice Rey e Capitão Geral da India de 27 de fevereiro de 1714.

Fórma dos Cartazes passados pelo Superintendente e Feitor do Porto do Congo

(Arch. da India, livro de Cartazes de 1705 a 1766, in fine.)

Fuão, superintendente e feitor do porto de Congo, etc. Faço saber aos que este virem que tendo respeito a F. morador em tal parte, terras de tal Rey, haver pedido cartaz para hum barco seu poder navegar, e por lhe fazer honra e mercê, por esta vez somente hey por bem de lhe conceder licença e seguro ao dito seu barco por nome tal, de porte de tantos candis de Goa, ou de Surrate, de que vai por Nacodá F. Carrane F. Sarangue F. Tandel F. e mais gente de sua navegação, e leva para sua defensa tantas peças, tantos bacamartes, tantas espingardas, tantas espadas, tantas lanças, tantas ancoras, huma espia, polvora, e balla necessaria, e mais petrechos de guerra, para que na presente monção de tal e tal mez e anno possa fazer sua viagem de tal porto, aonde está, para os portos de tal e tal athé tal, não sendo dos Princepes com que o estado estiver em guerra, nem aos de Angriá, e só se lhe permitte poder levar escravos e escravas de sua nação somente, e havendo suspeita, ou informação que alguns delles são christãos, ou filhos de christãos, Principios do seculo XVIII

Principios do seculo XVIII se fará com elles o exame declarado no Concilio Provincial, ainda que os taes filhos não sejão bautisados, nem poderá levar, e trazer Abexins, Rumes, nem Arabios da terra que obedeçam ao Imamo de Mascate, nem fazendas pertencentes aos ditos Arabios, nem carregará ferro, aço, inxofre, madeira, bambús machos por mercancia, nem poderá levar Portuguez, nem trará cavallos sem licença do ex.mo sr. Vice Rey e Capitão Geral da India, e fazendo o contrario lhe não valerá este cartaz, e hindo aos ditos portos prohibidos, e trazendo a fazenda vedada, ou sendo de lotação e porte de mais dos ditos tantos candins, será o tal barco represado, e perdido para a fazenda real, e pagou os direitos da entrada, e sahida neste porto de cada cem candis de carga dez rupias, e não das fazendas. Notificoo assim aos capitães móres das armadas do estado, mais capitães, officiaes, e pessoas a que pertencer, deixem fazer sua viagem a este barco da hida e volta sem impedimento algum, e passado hum anno lhe não valerá este cartaz, o qual será sellado com o sello das armas reaes da coroa de Portugal, e se declara que este he o 1.º, 2.º ou 3.º cartaz, que se passou neste presente anno. F. o fez, etc.

N. B. — Como este são os que hade passar o Vigario de Calecut, e o de Tanor para o AdRajá e seus vassallos, com condição que hindo a embarcação ao porto do Congo se lhe dará, com declaração que chegando áquelle porto, se descarregaria naquella feitoria a fazenda que levar, e pagaria nella os direitos, e traria certidão do feitor nas costas do dito cartaz, e não o fazendo assim, lhe não valeria, e seria perdido o tal barco.

Cartaz a Govinda Das Naná

(Arch. da India, livro de Cartazes, fol 213.)

1766 Julho 15 Os Governadores da India etc. Fazemos saber aos que este cartaz virem que tendo attenção a Govinda Das Naná, da nação Guzarate, mercador, e morador em Taná, terras do Norte, senhorio de hum Gurabo ou Palla invocada *Savay*, de porte de 150 candins de Surrate, haver mandado pedir cartaz para a mesma embarcação, e por lhe fazermos honra e mercê, por esta vez somente havemos por bem conceder licença ou seguro ao dito Gurabo ou Palla invocada *Savay* do porte de cento e cincoenta candins de Surrate, e leva para a sua lotação seis ancoras entre grandes e pequenas, vinte e cinco lascares, hum Sarangue por nome Abdul Raiman, hum Tandel, chamado Ballu, hum Carane Guzarate, e dous pilotos mouros, e para a sua defensa nove peças de artilharia, onze sipaes com suas caitocas e catanas, polvora, e balla necessaria, para poder navegar no verão seguinte a quaesquer portos dos amigos deste Estado, e não hirá a porto algum dos Principes e levantados com que o Estado estiver em guerra, e não poderá levar, nem trazer Turcos, Abexins e Rumes, nem carregará ferro, aço, inxofre, salitre, cobre, madeira, bambús machos, nem poderá levar Portuguez, nem trará cavallos sem nossa licença, e só se lhe permitte poder levar escravos e escravas somente da sua nação, e havendo suspeita, ou informação de que algum delles he christão, ou filho de christão, se fará com elle o exame declarado no Concilio Provincial, ainda que os taes filhos não sejão baptisados, e fazendo o contrario não valerá este cartaz; e hindo aos portos prohibidos, e trazendo fazenda vedada, e sendo a dita embarcação de lotação e porte de mais de 150 candins de Surrate, será represada para a fazenda real. E pagou de direitos de entrada e sahida trinta xerafins, a resão de vinte xerafins a cada cem candins de carga, e não das fazendas. Notificamolo assim aos Generaes e Capitães Móres deste Estado, e mais Capitães, e pessoas a que pertencer, assim o cumprão e guardem, e deixem fazer viagem a mesma embarcação da hida e volta, e passado hum anno não valerá este cartaz, que he o primeiro que se passou para o verão seguinte, e será sellado com o sello das armas reaes da coroa de Portugal. Mathias Phelippe Ribeiro o fez em Goa a 15 de julho de 1766. O secretario, Henrique José de Mendanha Benevides Cirne o fez escrever — Arcebispo

1766 Julho 15

1766 Julho 15 Primaz — João Baptista Vaz Pereira — D. João José de Mello.

Por despacho dos ex.^mos^ e ill.^mos^ srs. Governadores da India de 11 de Julho de 1766.

Cartaz a Bapugy Gopal

O Conde de Sarzedas etc. Faço saber aos que este cartaz virem que tendo attenção a Bapugy Gopal, mercador, e morador em Rajapur, terra do Dominante de Punem, me haver mandado pedir por seo procurador cartaz para o seu Mochua de pregadura, denominado *Laddqui*, do porte de vinte candins de Surrate, por lhe fazer honra e mercê, hey por bem conceder licença, e seguro para o dito Machua, que leva para sua lotação o Mocadão Mucunda, sete marinheiros, e duas fateixas, para navegar neste presente verão a quaesquer portos dos amigos e alliados do Estado; e não hirá aos dos Princepes e levantados com quem o mesmo Estado estiver em guerra, nem levará Portuguez, e fazendo o contrario, lhe não valerá este cartaz, e hindo aos portos prohibidos, trazendo fazenda vedada, e sendo o dito Mochua do porte de mais de vinte candins, será reprezado para a real fazenda. Pagou de direitos quatro xerafins a rezão de vinte a cada cem candins de carga, e não de fazenda. Notificoo assim aos Generaes, Capitães Móres das armadas deste Estado, e mais Capitães, e pessoas a quem pertencer, cumprão e guardem, e deixem fazer viagem ao dito Monchua da hida e volta, e passado hum anno lhe não valerá este cartaz, que he o primeiro que se passou neste verão, o qual será sellado com o sello das armas reaes da corôa de Portugal. Pedro Rozario Baracho o fez em 3 de outubro de 1816 — Conde de Sarzedas — Manoel José Gomes Loureiro.

Por despacho do Illmo e Exmo Sr. Conde Vice Rey, e Capitão General de mar e terra do Estado da India, de 3 de outubro de 1816.

Contrato das pazes feitas entre os Governadores da India Antonio de Mello de Castro, e Manuel Côrte Réal de Sampaio com El-Rey do Canará Somaxacar Naique, por seu Embaixador Vitulá Malló

(Arch. da India, livro 1.º de Pazes, fol. 214.)

Em nome de Deus todo poderoso. Saibão quantos este contrato de pazes, e amizade virem que no anno do nascimento de Nosso Senhor Jesus Christo de 1671 aos vinte dias do mez de Abril do dito anno, nesta cidade de Goa, na sala real da fortaleza della, em que os Senhores Vice Reys fazem seu assento, estando os Illustrissimos Senhores Governadores Antonio de Mello de Castro, e Manuel Corte Real de Sampaio, que succederão no Governo na primeira via por fallecimento do Conde de S. Vicente, Vice Rey, e bem assim Vitulá Malló, Embaixador de Quelledy Somaxacar Naique, Rey do Equery, e o Doutor André Freire de Athaide, Secretario do Estado, e Gopana Sinay, lingua do dito Embaixador, e assim mais D. Manuel Mascarenhas, do Conselho de Sua Magestade, João Rodrigues Viegas, Vedor da fazenda geral, Diogo de Mello de Castro, Capitão da cidade, João de Mello de Sampaio, e D. Francisco Luiz Lobo, e sendo todos juntos, foi vista a carta de crença, que o dito Embaixador Vitulá Malló trouxe de seu Rey para os Senhores Governadores assentarem as pazes, que entre este Estado e o dito Rey Somaxacar Naique se tratavão, a qual carta vae ao diante copiada no fim deste assento; e sendo lida a dita carta, e havendo-se largamente praticado sobre as condições das ditas pazes, que por muitas vezes, e differentes dias se tinhão conferido, se assentou este contrato e capitulações na maneira seguinte: 1671 Abril 20

1. Que dará o dito Rey ao Estado feitorias em Onor, Barcelor e Mangalor, e logares para se fundarem, com suas cercas, e bangaçaes ao redor em limite de hum tiro de espingarda de mão, ficando pertencendo os fructos da dita demar-

1671 Abril 20 cação ás feitorias, nas quaes se não farão paredes dobradas, senão singellas, nem baluartes, muralhas, ameias, seteiras, nem cavas, nem tomarão mais chão daquelle que está demarcado.

2. Que nos ditos logares não consentirão moinhos de azeite, nem terão balanças, nem pesos, e usarão dos que se usão nas terras do dito Rey.

3. Não farão christãos por força, nem tomarão orphãos, nem matarão vaccas, nem bramanes *(sic)*.

4. Os moços captivos dos Portuguezes que fugirem para as terras do dito Rey, os levarão por bom modo e voluntariamente.

5. Por receio dos inimigos e ladrões deixarão nas feitorias polvora e pelouros, que lhe forem necessarios.

6. Aos feitores mandará dar seus estillos na fórma da antiguidade das fortalezas, e tem ordenado aos mercadores para que paguem aos feitores os direitos e ancoragens, lagimas, e aos juncaneiros o arroz das pareas.

7. Tanto que chegarem as armadas do Estado, para se não dilatarem por causa de carga, os feitores conduzirão todo o arroz antecipadamente, e o embarcarão com assistencia do juncaneiro delRey.

8. Os officiaes da Armané querendo ir fallar com os feitores, mandarão primeiro pedir licença, e os Tanadares e Perpatins não mandarão seus officiaes fazer força e violencias nas feitorias e seus districtos, e do mesmo modo os adgentes dos feitores não farão força alguma nas terras do dito Rey.

9. Os mercadores Portuguezes poderão agazalhar todas suas fazendas na feitoria, e só das que venderem pagarão direitos, e poderão sem impedimento algum levar as que não venderem; e outrosim poderão os ditos feitores trazer das terras do dito Rey tudo o que lhes for necessario para o seu serviço e gasto de sua caza sem pagarem juncão, que larga o dito Rey por se lhe pedir.

10. Os barcos, navios e manchuas dos moradores das terras dos Portuguezes, entrando nos rios e portos do dito Rey,

não pagarão direitos mais que das fazendas que venderem, e se lhes fará toda a boa passagem e gazalhado. 1671 Abril 20

11. Indo e vindo os patamares com cartas de Portuguezes, se não dará busca, e os deixarão passar livremente.

12. Se alguns navios dos ladrões, que morão nas terras do dito Rey, prezarem alguns barcos dos Portuguezes, ou mercadores de suas terras, os mandará logo largar na fórma da antiguidade.

13. Os barcos, manchuas e navios das terras dos Canarás tomarão Cartazes na fórma que se fazia antigamente, e os barcos do dito Rey que partem com carga de pimenta, se lhes passarão Cartazes na secretaria na fórma do estilo antigo; porém, não poderão ir a portos dos inimigos do Estado.

14. Tendo guerra o dito Rey, não sendo com os amigos do Estado, será soccorrido com as armadas na fórma da antiguidade, nem o Estado se unirá com os inimigos do Canará.

15. Vindo os barcos delRey do Canará aos portos do Estado, se lhe fará boa passagem, e arribando a elles com occasião da tormenta, não serão obrigados a descarregar as fazendas, nem a pagar direitos, salvo das que venderem voluntariamente.

16. Os barcos, navios e manchuas do Rey do Canará, que passarem pelas feitorias do Estado, não pagarão lagimas, e anchoragens.

17. Finalmente, será obrigado logo o dito Rey a mandar entregar, se o não tem feito, setenta candins de pimenta em recompensa dos periches, que se tomarão em hum dos portos do Canará, tendo entrado debaixo do seguro.

O qual contrato e capitulações, e cousas nelle conthendas, e esta amizade, que ora novamente se faz, prometteu o dito Embaixador Vitulá Malló em nome do dito Rey Somaxacar Naique, seu Senhor, e dos mais Reis que lhe succederem, de cumprir e guardar, ter, e manter em todo assim como nelle se contém, sob pena de que não o fazendo assim, pagarão ao Estado todas as perdas e damnos que houver por não cumprirem as ditas pazes; e os ditos Senhores Gover-

1671 Abril 20 nadores o acceitarão em nome do Principe Nosso Senhor, e prometterão outrosim de cumprir e guardar, e manter esta amizade, e todo o contheudo neste contrato por si e pelos Vice Reis e Governadores que ao diante forem deste Estado, sob a mesma pena de pagar ao dito Rey Somaxacar Naique todas as perdas, despezas e damnos que causarem por se não cumprir; o que tudo o dito Embaixador Vitulá Malló acceitou em nome delRey Somaxacar Naique, seu Senhor, e por firmeza de tudo jurarão os ditos Senhores Governadores em hum Missal, em que pozerão as mãos, com declaração que irá huma pessoa deste Estado ao Rey Somaxacar Naique para elle jurar a dar cumprimento a tudo o capitulado elle e seus successores como nelle se contem; com o que se houve por celebrada e solemnisada esta paz e amizade entre este Estado e o dito Rey Somaxacar Naique, e o teor deste se lhe remette para o dito Rey o firmar, e mandar apregoar na sua Côrte, como os ditos Senhores Goverdores o mandarão tambem fazer nesta cidade, e onde mais cumprir, de que se fez este assento, em que todos assignarão. Fulano o fez no dito dia, mez e anno [1].

Copia da carta que El-Rey do Canará escreveo aos Governadores Antonio de Mello de Castro e Manuel Côrte Real de Sampaio, com as condições das pazes

1671 Fevereiro 14 Aos possuidores de felicidades, Governadores do Estado da India, Antonio de Mello de Castro e Manuel Côrte Real de Sampaio, a quem escrevo eu Quelady Somaxecar Naique com muito amor e cortezia. Entre mim e ElRey de Portugal ha de haver grande amizade como houve antigamente, cujo contrato e ajustamento eu celebro em 14 de Fevereiro deste presente anno de 1671, pela maneira seguinte:

Em Mangalor, Barcelor e Onor, nestas tres partes, darei logares para fazerem suas feitorias e bangaçais, e os redo-

1 Assim está sem as taes assignaturas.

res, e logares de limite serão de hum tiro de espingarda de mão, nos ditos logares não farão muro de paredes dobradas, senão singellas, nem farão baluartes, ameias, muralhas, seteiras e cava, nem tomarão mais chão de que aquelle que digo de mais a mais. Nos ditos logares não consentirão moinhos de azeite, e as balanças e pezos, por onde se pezarem e medirem, serão os que se usão nas minhas terras. Não farão christãos por força, nem tomarão orphãos, nem matarão vaccas, e Bramnes. Os moços captivos dos Portuguezes, que fugirem para as minhas terras, os levarão voluntariamente. Por causa e receio dos inimigos e ladrões deixarão nas feitorias polvora e pelouros, que forem necessarios. Aos feitores mandarei dar seus estilos na fórma da antiguidade, e tenho ordenado aos mercadores para que paguem aos feitores os direitos que antigamente se pagavam de ancoragens, lagimas, e o mais na fórma da antiguidade, e na mesma conformidade tenho mandado aos juncaneiros paguem o arroz das parias. Tanto que chegarem as armadas, para não serem ellas dilatadas por amor da carga, os Portuguezes trarão arroz, e outras cousas antecipadamente, e deixarão; tanto que trouxerem e ajustarem nesta fórma serão obrigados quando embarcarem fazel-o em presença dos meus juncaneiros. Os officiaes da Armané, querendo fallar com os feitores, mandarão primeiro pedir licença, e os Tanadares e Parpatins não mandarão seus officiaes a fazer força e violencia alguma, e neste particular o que for licito ordenarei. Que do mesmo modo os adgentes dos feitores vindo nas minhas terras não farão força alguma, nem os meus farão nenhum escandalo, e dado caso se fizerem o contrario, mandarei deferir o que for rezão, passando a ordem para isso. Os mercadores dos Portuguezes trazendo suas fazendas pelo rio, deixarão nas feitorias, e as que venderem me pagarão seus direitos, e as que tornarem a levar não pagarão cousa alguma, nem lhe porei impedimento algum na materia. E o que os feitores de minhas terras trouxerem para o serviço e gasto de sua casa, ainda que me pertença o juncão, com tudo eu lho largo por me pedirem.

1671 Fevereiro 14

1671 Fevereiro 14 Os barcos, navios e manchuas dos mercadores das terras dos Portuguezes entrando nos rios de minhas terras com suas fazendas, para se voltarem a invernar pagarão os direitos das fazendas que venderem, e com isso se lhes dará boa passagem. Indo e vindo os correios com as cartas dos Portuguezes lhe não darão busca, e os deixarão passar livremente, para o que passarei ordem. Os barcos e navios dos ladrões, que morão nas minhas terras, os quaes represarem alguns barcos dos mercadores das terras dos Portuguezes, os quaes mandarei largar, pois neste particular ordenarei na fórma da antiguidade. Os barcos, navios e manchuas das terras dos Canarás tomarão Cartazes, e pagarão os estilos acostumados, e os meus barcos, que partem com a carga da pimenta na fórma da antiguidade, aos quaes se passarão os Cartazes na fórma do estilo antigo. Offerecendo-se alguma occasião, mandarão os Portuguezes armada com polvora e ballas para me ajudarem com os mouros, naires e outros; com todos estes não se devem unir os Portuguezes, e nem darão logar a meus inimigos. Mandando eu meu exercito contra os referidos, então me ajudarão. Os barcos e navios de minhas terras indo aos portos dos Portuguezes, dos quaes cobrarão os direitos, e lhes darão boa passagem. Se acaso com alguma tormenta, ou vento contrario arribando nos ditos portos os barcos e navios referidos, lhes concederão a licença e largarão; não farão descarregar as fazendas das ditas embarcações. Os Portuguezes e mercadores trazendo suas fazendas carregadas nos navios e barcos, as que levarem de nossas terras pagarão seus direitos em presença dos juncaneiros e escrivães, e não farão absolutamente; e com isso haja o commercio. Os meus barcos, navios e manchuas de provimento passando de ida e vinda não cobrarão as lagimas e ancoragens, e na fórma do contrato e ajustamento relatado n'este, guardando e correndo os Portuguezes sem faltar a elle de sua parte, na mesma conformidade não faltarei da minha para o cumprir, e como de feito dou escripto este papel do contrato.

Apontamentos que fizeram os Governadores Antonio de Mello de Castro, e Manuel Côrte Real de Sampaio sobre o ajustamento das ditas pazes

As feitorias em Mangalor, Barcelor e Onor hão de ser as casas dellas capazes de podermos ter nella artelharia, se nos parecer, que assim por parte de Vossa Alteza nol-o mandou offerecer Narna Malló, e ao redor das feitorias se fará huma cerca de parede singela, por causa dos ladrões, pera os quaes tambem teremos nossas armas e monições necessarias. Pois bem se deixa ver que não é isto por causa do Rey, pois as ditas feitorias corre por conta do Rey o defendel-as e sustental-as; e mandaremos que se não fação baluartes, ameias muralhas, nem cava; e mandaremos aos feitores que não tomem mais chão das terras, que o Rey tem dado de limites de hum tiro de espingarda da mão. Mandaremos que nos ditos limites não consintão moinhos de azeite, que os pesos e medidas por onde se houverem de pezar, vender, comprar as fazendas serão os que se usão nas ditas terras. Tambem mandaremos que se não fação christãos por força, antes se guarde o estilo que sempre houve. Os moços captivos dos vassallos delRey de Portugal, que fugirem para as terras delRey de Canará, os ministros do dito Rey darão todo favor a seus donos para que os possão trazer para suas casas. Mandaremos que quando se ajuntar arroz nos bangaçaes, a outras fazendas comprarem os vassallos delRey de Portugal para as terem juntas, para se não dilatarem as armadas, que quando se houverem de embarcar esteja presente o juncaneiro, ou seus officiaes para cobrarem o juncão, que pertencer ao dito Rey. E mandaremos aos feitores e seus officiaes que na fórma que se fazia quando havia fortalezas, cobrem as lagimas, ancoragens, fanão da Collecta, e os mais direitos que se pagavão quando havião fortalezas, e as parias em Barçelor e Mangalor. Mandaremos aos feitores e seus officiaes que não fação força alguma aos vassallos delRey do Canará, e quando nisto sejão culpados, os mandaremos cas- 1671

1671 tigar conforme for rezão. Tambem mandaremos aos mercadores vassallos delRey de Portugal trazendo fazendas de fóra para as feitorias e seus limites, das que venderem na terra paguem juncão a ElRey do Canará, e as que tornarem a levar para outras partes, que não forem do dito Reino, não parão nenhuns direitos; como tambem o que os feitores trouxerem para o serviço e gasto de sua casa não pagarão juncão, por ElRey do Canará assim o conceder. Os barcos, navios e manchuas de mercadores das terras dos Portuguezes, que por algum acontecimento ou de tormenta, ou de inimigos entrarem nos portos delRey do Canará, e ali não venderem suas fazendas, as poderão levar livremente, e o Rey os mandará tratar com toda a boa amizade, mandando-lhe dar toda a ajuda para se refazerem para poderem fazer sua viagem; e do mesmo modo aos barcos, que do Reino de Canará por causa de tormenta, ou de inimigos entrarem em nossos portos lhe mandaremos dar todo favor; e nos que derem á costa de huma e outra parte se guardará o costume antigo. Aos barcos, navios e manchuas delRey do Canará mandaremos passar Cartazes, e delles pagarão o que foi costume; e a hum barco delRey do Canará, que levar sua pimenta para o Estreito, ou outra parte que lhe parecer, lhe daremos hum Cartaz graciosamente. Porém os barcos, que se acharem sem Cartazes serão tomados por perdidos; e levando Cartazes, não irão a portos de nossos inimigos, porque sendo achados nelles, tambem serão tomados por perdidos sem que disso haja escandalo; ou se levarem fazendas prohibidas pelo regimento, e que não estiverem declaradas nos ditos Cartazes, que sempre assim foi estilo.

Tendo ElRey do Canará guerra com algum dos seus inimigos, e pedindo-nos soccorro, o ajudaremos como sempre se fez, e passaremos ordem aos nossos capitães das armadas para que não dêem favor nem ajuda contra ElRey do Canará. Aos barcos e navios que levarem provimentos para as fortalezas delRey do Canará, mandaremos passar ordens aos feitores para que lhe não levem direitos. Aos christãos, que vivem nas terras delRey do Canará, é necessario que ElRey do

Canará os obrigue a que obedeção nas cousas que tocão a nossa lei, aos Padres que andarem no dito Reino, e que os Padres os possão castigar naquillo que errarem contra a lei. Tambem somos informados que alguns Bramanes obrigão aos christãos de irem festejar a festa de seus pagodes com salvas de mosquetaria, e outras cousas, que nossa lei prohibe; e assim ElRey do Canará deve mandar que daqui em diante se não faça, e os que fizerem, mandal-os castigar. 1671

Pazes que celebrou Antonio de Mello de Castro, Capitão General dos galeões do Estado da India, com o Governador da cidade de Meca

(Arch. da India, livro das Monções, n.º 37, fol. 172.)

Antonio de Mello de Castro, do Conselho de Sua Alteza, Capitão General dos galeões do mar da India, de huma parte. 1672 Maio 12

Saycide Hasan, Governador da cidade de Mecca por Moulannã Eman Esmaien, Rey da Arabia, de outra parte, vem nos artigos seguintes com o Senhor General.

O Governador de Mecca pede a paz ao Senhor General conforme os artigos seguintes, por escusar guerra.

1. Os Senhores Portuguezes poderão vir com seus navios carregados de mercancia para negociar em este porto de Mecca com toda a segurança sem que nenhuns inimigos lhes fação mal das portas de Babo para dentro, e se succeder o contrario, o dito Governador se obriga a pagar todas as perdas e damnos, que se fizerem nas ditas portas de Babo e Meca.

2. Não pagarão os ditos Senhores Portuguezes nenhumas ancoragens, e sómente pagarão 3 por cento, como as outras nações, do que se vender em terra, e as fazendas que não poderem vender, as poderão levar a bordo dos seus navios, ou adonde melhor lhe parecer, sem pagar nenhuns direitos.

3. Todas as mercancias que vierem em companhia dos

1672 Maio 12 navios de guerra do Senhor General Antonio de Mello de Castro, não pagarão nenhuns direitos, e serão francas de todo.

4. O dito Governador pagará em dinheiro de contado ao Senhor General dez mil patacas.

5. De mais dará o dito Governador todos os direitos de hum navio carregado de mercancias vindo da cidade de Goa para este porto de Mecca, trazendo hum passaporte do Senhor Vice Rey, ou Governador do Estado da India, e despacho da alfandega, ainda que seja o dito navio o mais grande e mais rico que possa ser, não pagará ancoragem, nem direitos da entrada nem da saida, e será isto para sempre jamais, e os mercadores que comprarem as fazendas do dito navio, sejão quem forem, não pagarão dellas nenhum direito.

6. Os mais navios que vierem de mercancia a este porto, trazendo o Capitão Portuguez, ainda que seja de qualquer outra nação, ou venha em seu serviço, não pagarão mais que a tres por cento, como as outras nações, e nada de ancoragens.

7. Todos os navios portuguezes que vierem de Dio, Damão, Chaul e outras partes, sendo vassallos delRey de Portugal, que Deus guarde, não trazendo mais que sómente Capitão Portuguez, não pagarão ancoragens, e sómente pagará a 3 por cento, como está dito acima.

8. Um navio de Dio carregado de mercancias, que está ancorado junto da capitania, gozará do privilegio da paz sem pagar ancoragens, e sómente a 3 por cento.

9. Os Senhores Portuguezes poderão levantar no mais alto de sua feitoria hum mastro com sua bandeira com as armas delRey de Portugal.

10. Os ditos Senhores poderão mandar dizer missa na sua feitoria, sem que nenhuma pessoa lhe faça damno, nem aggravo.

11. Se succeder que algum criado da feitoria fizer alguma velhacaria ao maior da feitoria, o poderá castigar sem que o Governador tome noticia, ou conhecimento della.

Todos estes artigos serão cumpridos da parte delRey e Governador desta terra, de que fizerão seus juramentos na fórma de sua lei; e tambem o Senhor General Antonio de Mello de Castro, promette da parte de Sua Alteza, cujos poderes lhe são concedidos pelo Senhor Vice Rey do Estado da India, de os guardar, e jurou aos Santos Evangelhos, e de largar todos os navios, que estão neste porto de Mecca para mercanciar, de qualquer nação que seja. Feito em a feitoria franceza em a cidade de Mecca aos 12 dias do mez de Maio de 1672. 1672 Maio 12

Yo Juan Collett mercador francez al servicio dela Compagnia Real de Françia por el comercio de la India, declaro haver estado presente a todos estes conçiertos de pazes insima declarados, y como testigo lo firmo por ser verdade.— Juan Collett.

Ha copia no livro 1.º de pazes, fl. 224, e livro grande de pazes, fl. 60, com este encerramento:

«Conferida esta copia com outra que está no Livro das Cartas de Sua Alteza do anno de 1672 do tempo do Vice Rey o Conde de Lavradio. Goa, 30 de Janeiro de 1679.— Luiz Gonçalves Cotta.»

Foi para a Côrte acompanhado de uma carta do Vice Rey Conde de Lavradio, que diz:

Senhor.—Em 15 de Setembro tive aviso de Antonio de Mello de Castro, General da Armada, que foi ao Estreito, que havia ajustado no porto de Mecca na fórma que Vossa Alteza verá pelo treslado da capitulação que acompanha esta, que era na fórma do regimento que levava. Deus guarde a Catholica e Real Pessoa de Vossa Alteza muitos annos. Goa, 15 de Setembro de 1672.—Luiz de Mendonça Furtado.

(Livro das Monções, n.º 37, fl. 171.)

É notavel que na mesma monção em que foram á Côrte estas capitulações, fosse tambem prezo o General que as ajustára, não por esse facto, mas por outros procedimentos durante a expedição da armada, como se vê dos documentos que aqui se seguem.

Carta do Vice Rey Luiz de Mendonça Furtado, Conde de Lavradio, a Sua Alteza, datada de 29 de Dezembro de 1672

(Arch. da India, livro das Monções, n.º 37, fol. 227.)

1672 Dezembro 29 Senhor.—Depois de partir o Pataxo, em que foi por Capitão Simão de Sousa de Tavora, por quem dei conta a Vossa Alteza do que me havia avisado o General da Armada Antonio de Mello de Castro, chegou a armada a este porto, vindo fazendo por todos os portos do Norte demoras muito em damno da fazenda de Vossa Alteza e fôra este mal mais soffrivel, se a perda de quebrar o regimento, e se vir do Estreito, e largar as presas, e fazer tregoas com os Arabios, não fôra tão consideravel, que se perdeu muito da reputação, que as armas de Vossa Alteza havião cobrado naquelle Estreito, e quasi se impossibilitava a armada, de modo que venci grandes difficuldades para a tornar a haviar, assim porque os cabedaes da India chegarão á limitação, que a Vossa Alteza tenho feito presente por muitas vias, como por se deixar divirtir a gente, que no Estreito se conserva sã e junta; o mandei prender na fortaleza da Agoada, e ao chanceller tirar devassa deste caso. Se sair comprehendido nella, a remeterei a Vossa Alteza na náo Nossa Senhora da Ajuda juntamente com o General Antonio de Mello de Castro, significando a Vossa Alteza que se esta desordem e inobediencia de se não guardar o Regimento dos Vice Reis, perda da fazenda, e reputação das armas reaes, e tratar de mercancia, a que sómente passou ao Estreito, não tiver huma rigorosa demonstração, não poderá Vossa Alteza nunca ser bem servido dos mais que assistem na India no serviço de Vossa Alteza.

Carta do Vice-Rey Luiz de Mendonça Furtado, Conde de Lavradio, a Sua Alteza

(Arch. da India, livro das Monções, n.º 37, fol. 232.)

Senhor.—Antonio de Mello de Castro vae para esse Reino por sahir pronunciado na devassa, que mandei tirar dos procedimentos que teve na armada, com que passou ao Estreito e de não haver guardado o Regimento que lhe dei, por me parecer não convinha tomar-se aqui conhecimento das culpas que contra elle se tem resultado na dita devassa, e para que á vista della mande Vossa Alteza proceder contra Antonio de Mello de Castro como parecer justiça; e seguro a Vossa Alteza que por se faltar com ella, se tem originado tantas perdas, quantas se tem visto neste Estado, e Moçambique em perigo de se perder, e Dio saqueado dos Arabios, sem por isso sair ninguem castigado pelas devassas que do caso se tirarão, antes servirão para sairem por ellas canonisados os culpados. Esta, de que se trata, a tirou o Chanceler do Estado, servindo nella de Escrivão o Desembargador Pedro de Anveres, em que não houve soborno, antes foi tirada com aquella exacção e inteireza, que o caso requeria, e convinha ao serviço de Vossa Alteza cuja Catholica e Real Pessoa Deus guarde muitos annos. Goa 2 de Janeiro de 1673.—Luiz de Mendonça Furtado. 1673 Janeiro 2

Por quanto em relação se viu a devassa, que mandei tirar dos procedimentos de Antonio de Mello de Castro, preso na fortaleza da Agoada, e na dita devassa sahio pronunciado, e por justas causas que a isso me movem, determino remeter preso á Côrte e cidade de Lisboa ao dito Antonio de Mello de Castro; ordeno ao Doutor Pedro de Anveres por esta minha portaria lho notefique assym, para que tenha tempo conveniente de se poder preparar para hir nesta monção. Goa 29 de Dezembro de 1672.—Mendonça. 1672 Dezembro 29

1672 Dezembro 30 Em virtude da portaria acima do Conde Vice Rey deste Estado fui eu o Desembargador Pedro de Anveres com o Escrivão da Ouvidoria Geral Francisco de Barros da Silva á fortaleza da Aguada, aonde achei prezo ao sobredito Antonio de Mello de Castro, e lhe notefiquei a dita portaria, e toda lha li e declarei, e por elle foi bem entendida, e me respondeu que se dava por noteficado; em fé do que passei a presente certidão, em que se assignou commigo o dito Escrivão Francisco de Barros da Silva, nesta cidade de Goa aos 30 de Dezembro de 1672. E eu o Desembargador Pedro de Anveres que o escrevi.—O Desembargador, Pedro de Anveres—Francisco de Barros da Silva.

Cartas que o Padre Mathias Duarte, da Companhia de Jesus, escreveu ao Vice Rey o Conde de Lavradio, mandando uma olla delRey de Tanor sobre as capitulações, que com elle tinha ajustado

(Arch. da India, livro 1.º de Pazes, fol. 228.)

1677 Março 19 P. C.—Senhor.—Depois de ter mandado os cartazes a V. Ex.ª chegou aqui o Capitão Mathias Nunes Lobo com a fragata Sant'Anna, e foi o dia que nossas armas forão mais respeitadas que nunca, e nossa nação mais venerada, porque jogando os da fragata o entrudo com hum barco que estava em Parpiangali, daqui huma legoa, concorrerão ao mesmo tempo aquelles Principes, e mercadores com estes, a me pedir mandasse retirar a fragata (que por inercia do Condestavel se não meteo aquelle barco a pique), e que virião em tudo o que o Padre quizesse, restituir a igreja e palmar, e que ao Capitão darião feitoria, agua, lenha e tudo o que lhe fosse necessario, como consta de hum Enviado que lhe mandarão, mas não assentámos nada, porque o Capitão foi em demanda de hum barco, que deste porto lhe fugiu sem cartaz; cuidando eu o tinhamos seguro, huma noite desappareceu. Na volta que fez o Capitão me pediu o Rey, que supposto os Portuguezes estavão tão perto, que lhe escrevesse viessem a terra para ver o que tanto desejava antes que morresse; foi necessario condescender com esta petição assim pelo grande desejo que o Rey e mais Princepes tinhão de ver ao Capitão, como porque estava muito falto de lenha e agua, de que os provi de tudo como elles dirão; esta foi a causa de o Capitão sahir a terra, onde se lhe fez muita festa, mas custou-lhe cara pelas datas que deu de sua pobreza a este Rey e Principes, costume do Malavar. O Capitão, que he muito esperto, informará a V. Ex.ª como convem assim a nosso credito, como a nosso proveito andarem todo o verão correndo a costa duas fragatas nossas, e se andarem acompanhadas de dous ou quatro navios, não lhe escapará barco que não apanhem e queimem, assim no mar como na terra. V. Ex.ª sendo servido acceitar esta informação, terá todo o Malavar sujeito, e nossas armas respeitadas. Deus guarde a V. Ex.ª por largos annos, etc. Tanor em 19 de Março de 1677. Indigno servo de V. Ex.ª—Mathias Duarte. 1677 Março 19

Outra carta

P. C.—Senhor.—Haverá seis dias que escrevi a V. Ex.ª dandolhe conta do successo que teve a vinda da nossa fragata e como ficamos temidos e respeitados neste Malavar; e se sendo huma, fez tanto estrondo, que não farião duas ou tres com outros tantos navios? A embaixada que se fez ao Capitão Mathias Nunes Lobo, quando foi sobre o barco de Parpiangali, não teve por então effeito. Agora me mandou aquelle Rey hum Enviado para tratar o que então pretendia, que era estabelecer a paz, que sempre comnosco teve; respondi-lhe que só vindo o Regedor Mór do Reyno com hum Principe, e olas firmadas pelo mesmo Rey para se tratar na fórma que eu quizesse, admittiria concerto em nome de V. Ex.ª; vierão estes, e logo tratarão como aquelle Rey fôra sempre muito dos Portuguezes, e que a primeira igreja que a fé Romana 1677 Março 22

1677 Março 22 teve nas terras do Malavar, fôra em seu Reyno; nisto fallarão muita verdade; e que só do tempo do Senhor Conde João Nunes da Cunha a esta parte se isentarão, por se lhe apanharem dous barcos, a que não valeu o seguro do Padre, que aqui assiste, sendo costume de mais de cincoenta annos passar-lhe cartaz, e havendo-os todos os Senhores Vice Reys por bons, aquelle Senhor o reprovou, mas que daqui em diante querião ser tratados como amigos que até agora, e estar por tudo que nós como amigos seus quizessemos; a isto respondi que querendo ser admittidos á amizade primeira, alem das capitulações antigas havião de estar pelo seguinte, a saber: que darião passagem franca por suas terras a todos os Portuguezes, assim para contrato, como para tudo o mais que quizessem. Item, que se em qualquer tempo quizessemos feitoria em suas terras, a darião. Item, que chegando ali algum barco nosso, atirando peça, e largando bandeira, irião a bordo a saber do que necessitava, e lhe darião agua e lenha, sendo-lhe necessaria. Item, que não irião suas manchuas a Goa sem nosso chitto, nem seus barcos navegarião para parte alguma sem nosso cartaz. Item, mais que restituirão os palmares da igreja, e que em satisfação do que comerão estes dez ou doze annos, levantarião á sua custa a igreja que cahiu. Em tudo veiu o Principe e Regedor Mór, e se assentou por ola firmada pelo Rey, que com esta envio a V. Ex.ª, e contém os mesmos pontos que nesta vão, se V. Ex.ª for servido, póde-os confirmar, e parecendo-lhe ser necessario acrescentar mais algum ponto (sendo que nestes está todo o essencial) avise-me para eu o propor ao Rey, que não hei de visitar, nem tomar posse da nova igreja e palmar sem approvação de V. Ex.ª se bem que pela muita experiencia que tenho do Malavar parece-me acertado que V. Ex.ª venha nestes capitulos, porque tendo nós igreja em Parpiangali, he hum freo muito grande para enfrear e refrear o desaforo, com que estes mouros mercadores tratão a nossa gente, que aqui vem fazer contrato, o que de hoje em diante não poderá haver, porque á primeira sem razão se irá o Padre com os christãos para Parpiangali, e ficará o contrato aqui quebrado, o que elles de nenhum modo hão de querer, que só com nossas perdas ficarão ricos, e depois que se perdeu Cochim começou este bazar a enriquecer, de sorte que hoje he dos mais opulentos do Malavar, e daqui vem que nos não tem aquelle respeito que deviam, mas estou certo que á primeira (?) ausencia que o Padre daqui fizer, sendo necessario, o mesmo Rey o irá buscar em pessoa pela muita dependencia que tem de nossa assistencia, e por sua causa todos aqui vem, e como por ora não temos aqui outra igreja, forçosamente havemos de ver, ouvir e callar, sem lhe poder pôr outro remedio mais que o que aponto a V. Ex.ª que Deus nos guarde, etc. Tanor 22 de Março de 1677.—Indigno servo de V. Ex.ª—Mathias Duarte.

1677 Março 22

Pazes que celebrou o Governador e Capitão geral da India, Antonio Paes de Sande, com Quellady Bassopá Naique, Rey do Canará, por seu Embaixador Chrisná Naique

(Arch. da India, livro 1.º de Pazes, fol. 233.)

Assento que se tomou no Conselho do Estado sobre as pazes do Canará

Em Goa aos 10 de Dezembro de 1678 na sala real da fortaleza desta cidade, estando em Conselho do Estado o Ill.mo Senhor Antonio Paes de Sande, do Conselho de Sua Alteza, Governador e Capitão Geral da India, com os Conselheiros que foram chamados, o Doutor Francisco Delgado e Matos, Inquisidor Apostolico, Luiz Alvares Pereira de Lacerda, Vedor Geral da Fazenda, Manuel Furtado de Mendonça, Capitão da Cidade, Joseph de Mello de Castro, Capitão Geral da Armada de Alto Bordo, Christovão de Sousa Coutinho, Doutor Manuel Martins Madeira, Chanceller da Relação, e Diogo de Freitas de Macedo, e sendo todos juntos, lhes propoz o dito Senhor Governador que obrigado Bassopá Naique, Rey do

1678 Dezembro 10

1678 Dezembro 10 Canará, das hostilidades, que lhe tinhão feito nos seus portos as nossas armadas de alto bordo, e de remo, de que erão Capitães Móres Domingos Barreto da Silva, e Manuel Tavares da Gama, por se haver levantado com as pareas, que pagava em cada anno a este Estado, e dar feitoria nas suas terras aos Arabios, nossos inimigos, se resolveu o dito Rey do Canará a mandar a esta cidade a Chrisná Naique, seu Embaixador, com ordem para assentar a paz, e cessarem as ditas hostilidades, sobre que fizera elle o dito Senhor Governador varias conferencias com o dito Embaixador, e por huma e outra parte se propozerão as capitulações da dita paz, que apresentava no dito Conselho, ordenando aos ditos Conselheiros que vissem se convinha ao Estado assentar-se a dita paz na fórma declarada nas ditas capitulações, ou continuar-se com a guerra, e sendo lidas na presença de todos por mim o Doutor Luiz Monteiro da Costa, que faço o officio de Secretario do Estado no impedimento da doença do Secretario Luiz Gonçalves Cotta, se praticou sobre ellas com todas as boas considerações convenientes ao serviço de Sua Alteza e todos uniformemente forão de parecer que se ajustasse e assentasse a dita paz na fórma das ditas capitulações, por estarem feitas com grande reputação das armas do dito Senhor, credito e utilidade do Estado, de que se fez este assento, que todos assignarão, e eu o sobredito Doutor Luiz Monteiro da Costa, que sirvo de Secretario do Estado, o fiz escrever.— Antonio Paes de Sande—Francisco Delgado e Matos—Luiz Alvres Pereira de Lacerda—Manuel Furtado de Mendonça—Christovão de Sousa Coutinho—Diogo de Freitas de Macedo.

Conforma com o original, que está a folhas 49 do livro dos assentos do Conselho do Estado da India.—Luiz Gonçalves Cotta.

Tratado de paz, alliança e commercio, feito e concluido na cidade de Goa em 15 de Dezembro de 1678, entre o Governador e Capitão geral do Estado da India, Antonio Paes de Sande, e Quellady Bassopá Naique, Rey do Canará, por seu Embaixador, Chrisná Naique, com as condições abaixo declaradas

Condições por parte do Estado

1. Que ElRey do Canará em satisfação dos gastos da armada, e de outras cousas, dará ao Estado trinta mil xerafins, e ElRey do Canará não fallará em que se lhe desconte a perda que o dito Rey teve nos barcos que lhe tomou o Estado, nem tambem nos mais barcos que até o presente tomou o Estado a seus vassallos, ou fossem tomados com justiça, ou sem ella, e do mesmo modo não pedirá o Estado satisfação das pareas. e algumas lagimas destes annos atrazados, nem de outras perdas que lhe deu o Canará. 1678 Dezembro 15

2. Que ElRey do Canará todos os annos pagará ao Estado as pareas como antigamente, em Mangalor e seu districto, e em Barcelor.

3. Que ElRey do Canará dará huma feitoria com seus limites no porto de Mangalor, com condição que ElRey do Canará dará pedra e chunambo, e madeira, tudo posto no logar aonde se houver de fabricar a dita feitoria, tudo á custa do dito Rey, e por conta do Estado só se pagará aos officiaes, que fabricarem a dita feitoria.

4. Que ElRey do Canará alem das pareas, que foi costume sempre pagarem-se em Mangalor e seus districtos, e em Barcelor cada anno, dará na dita feitoria mais mil e quinhentos fardos de arroz chamasal limpo em cada anno.

5. Que a feitoria, ou bangaçal, em que estiverão os Arabios, será arrazada, que não fique pedra sobre pedra, e que de hoje por diante ElRey do Canará não permittirá em seus portos barcos de Arabios, nem consentirá que os ditos Arabios fação commercio, nem comprem, nem vendão nos ditos portos, nem em terra sua; poderá, porém, permittir que pela sua terra passe algum Arabio passageiro, que se não detenha nella, e em caso que as nossas armadas achem algum

1678 Dezembro 15 barco, ou barcos dos Arabios nos portos do Canará, será licito represal-os, e pelejar com elles, sem por esta causa se ficar quebrando a paz.

6. Que nenhum barco delRey do Canará, ou de seus vassallos irá a portos dos inimigos do Estado, principalmente do Arabio, e se for, poderá tomar-se por perdido.

7. Que nenhum barco delRey do Canará, nem de seus vassallos poderá navegar sem Cartazes, os quaes pagarão como he costume, excepto dous barcos do dito Rey, aos quaes se lhe concedem dous Cartazes, sem que por elles pague nada, com declaração que os Cartazes para os barcos, que navegarem da ponta de Dio até o Cabo de Comory, ou sejão grandes ou pequenos, os passará o feitor que assistir na feitoria do dito Canará, e os barcos que houverem de engolfar, ou para o Estreito, ou para Bengala e costa, serão obrigados aos virem tirar á secretaria deste Estado, e os calamutes que houverem de vir para esta cidade, ainda que venhão em companhia da nossa armada, trarão cartaz do feitor, o qual pagarão na fórma do estilo e costume, e vindo sem o dito cartaz, serão os ditos calamutes tomados por perdidos.

8. Que a dita feitoria terá todos os privilegios como se fosse fortaleza, e se pagará nella as lagimas, ancoragens, coleta, e os mais costumes, que se pagavão á fortaleza, quando naquelle porto a tinhamos, para o que os Ministros do dito Rey darão todo o favor.

9. Que na dita feitoria e seus limites poderá haver boticas de tabaco, de mantimento, taverna, e as mais rendas costumadas, e que no juncão cada dia largarão cinco cargas para provimento das ditas boticas, sem pelas ditas cargas se pagar nada de juncão.

10. Que na dita feitoria poderemos ter igreja para os christãos fazerem nella sua obrigação, e havendo alguns rebeldes, os poderão os nossos Padres castigar, e sendo para isso necessario o favor dos Tanadares e Maniagares, o dito Rey lhe ordenará lhe dêem o dito favor para serem castigados conforme a nossa lei.

11. Que as careas e differenças que houverem entre os christãos, ainda que morem nos limites delRey do Canará, o feitor junto com o Padre serão seus juizes. 1678 Dezembro 15

12. Que os nossos Padres, especialmente os missionarios, que passarem pelo Reino do Canará para outros reinos, os juncaneiros os não molestarão, nem tomarão juncão do fato de seu uso, e farfalhadas que levarem, salvo se levarem fazendas de lei, das quaes pagarão juncão, e os Ministros do dito Rey lhe darão todo o favor para fazerem seu caminho, como amigos, e o mesmo se guardará com os Portuguezes e Christãos, que pelo dito Reyno passarem.

13. Que ElRey do Canará dará licença e chão, e todo o favor para fazermos igrejas nas suas terras, onde houver Christãos, principalmente em Mirzeo, Chandor, Onor, Batecalá, Caleanapor.

14. Que os ladrões vassallos delRey do Canará não entenderão com os barcos dos vassallos do Estado, e tomando algum, ElRey do Canará será obrigado a fazer restituir os barcos com suas fazendas, e castigará os ditos ladrões.

15. Que na dita feitoria poderemos ter bangaçaes para recolher mantimento, e ao redor da dita feitoria se poderá fazer huma cerca para resguardo da dita feitoria, e que nella poderá o feitor ter suas armas, a saber: espingardas, bacamartes, arcabuzes e mosquetes de trilhão para defensa de alguns ladrões.

16. Que fugindo algum captivo nosso para as terras do dito Rey, requerendo seu Senhor, ElRey do Canará mandará aos Tanadares e Maniagares lhos entregue para que seus donos não percão o seu dinheiro.

17. Que os Ministros do Armane terão muito respeito ao feitor que ali assistir, e quando houverem de vir fallar com o dito feitor, primeiro lhe mandarão pedir licença, nem nos limites da dita feitoria farão forças e violencias.

18. Que os mercadores vassallos do Estado poderão agasalhar suas fazendas na feitoria, e seus limites, e só das fazendas que venderem pagarão juncão.

19. Que o feitor poderá trazer das terras do dito Rey o

1678 Dezembro 15 que lhe for necessario para gasto de sua casa e seu serviço, sem por isso pagar juncão.

Condições por parte delRey do Canará

1. Que o Estado, tendo ElRey do Canará guerra, não sendo com amigos deste Estado, será socorrido com as armadas na forma da antiguidade, nem o Estado se unirá com os inimigos do Canará.

2. Que em caso que os Arabios cerquem os portos delRey do Canará, ou pretendão fazer-lhe guerra em terra, o Estado com suas armadas defenderá os ditos portos ajudando ao dito Rey.

3. Que na feitoria não haverá moinhos de azeite.

4. Que vindo os barcos do Rey do Canará aos portos do Estado, se lhe fará boa passagem, e arribando a elles por causa da tormenta, não serão obrigados a descarregar as fazendas, nem pagar direitos, salvo das que venderem voluntariamente.

5. Que os Capitães desta cidade não obrigarão a que os barcos do Canará, que dali vierem, e trouxerem cartaz do feitor, torne aqui a tomar outros, nem no passo de Pangim serão obrigados a pagarem mais do que aquillo que antigamente pagavão, porque estes annos atraz os Capitães alterarão estes costumes pedindo o que lhes parecia.

6. Que os padres no Reino do Canará não farão christãos por força, nem tomarão orfãos, nem matarão vacas.

7. Que os Capitães Móres, e mais Capitães das armadas por virem comboyando os barcos de arroz, não obrigarão aos donos a lhes darem fardos de arroz, nem peitas pelos acompanharem, e os tirarem dos portos.

8. Que mandando ElRey do Canará os seus barcos ao porto do Congo, ou Ormuz, e mandando o dito Rey trazer alguns cavallos, o Estado lhe dará licença para isso.

9. Que hindo os barcos para os portos do Congo e Ormuz, não serão tomados no mar, salvo se os tomarem nos portos da Arabia.

10. Que havendo alguma differença entre as pessoas sojeitas á feitoria, ou vassallos do Estado com os delRey do Canará, se a offensa for feita pela gente da feitoria, ou vassallos do Estado, os ministros delRey do Canará farão queixa ao feitor para a satisfação, e não a dando, darão conta ao Vice Rey ou Governador do Estado, que lhe mandará dar, e do mesmo modo sendo a offensa feita por algum vassallo delRey do Canará, o feitor fará queixa aos ministros delRey, a que tocar, para lhe darem satisfação, e não a dando, recorrerá a ElRey, que lha mandará dar. 1678 Dezembro 15

As quaes condições, propostas e ajustadas por uma e outra parte, acceitarão o dito Governador e Capitão Geral da India Antonio Paes de Sande, e o dito Embaixador Chrisná Naique, em nome delRey Quelady Bassopá Naique, e sobre ellas se fizerão varias conferencias, e forão bem entendidas pelo dito Embaixador por meio de Narná Sinay, lingoa do Estado, e de Maduá Sinay, lingoa do mesmo embaixador, que lhas declararão na lingua bramana, por elle não entender a portugueza, e ambos os ditos Governador e Capitão Geral, e o dito Embaixador se obrigarão a que as ditas condições se guardarião reciprocamente muito inteiramente, sem se alterarem em cousa alguma, a saber, o dito Governador e Capitão Geral por si e seus successores no dito governo, e o dito Embaixador pelo dito seu Rey, e pelos mais que lhe sucederem, sem nunca em tempo algum contradizerem, nem quebrarem as ditas capitulações da paz e amizade, antes as terão, e manterão, e guardarão inviolavelmente, e para maior firmeza as jurarão ambos, o dito Governador e Capitão Geral no juramento dos Santos Evangelhos, pondo a mão em hum missal, e o dito Embaixador pelo juramento do seu rito de arroz e betle posto sobre a cabeça e olhos, a que se acharão presentes os Conselheiros do Estado o Doutor Francisco Delgado e Matos, Inquisidor Apostolico, Luis Alvares Pereira de Lacerda, Vedor Geral da fazenda, Manoel Furtado de Mendonça, Capitão da cidade, Joseph de Mello de Castro, Geral da armada de alto bordo, Christovão de Sousa Coutinho, o Doutor Manoel Martins Madeira, Chanceler

1678 Dezembro 15 da Relação, João de Mello de Sampayo, e Diogo de Freitas de Macedo, e assinarão o dito Governador e Capitão Geral, e o dito Embaixador, e os ditos Conselheiros, e os lingoas referidos. Goa, 15 de dezembro de 1678. E eu o Secretario do Estado Luis Gonçalves Cotta as fiz escrever, e me achei presente a tudo, de que dou minha fee, e me assinei, e se fizerão por duas vias, de que se deo huma ao Embaixador.— Antonio Paes de Sande — Signal canará do Embaixador — Francisco Delgado e Matos — Luis Alvares Pereira de Lacerda — Manoel Furtado de Mendonça — Joseph de Mello de Castro — Christovão de Sousa Coutinho — Manoel Martins Madeira — Diogo de Freitas de Macedo — João de Mello Sampayo — Luiz Gonçalves Cotta — Narná Sinay — Signal canará do lingua Maduá Sinay.

Carta delRey do Canará, Quellady Bassopá Naique, ao Senhor Governador

1678 Ao possuidor de felicidades Antonio Paes de Sande, Governador do Estado de Goa, a quem escrevo eu Quellady Bassopá Naique com muito amor e cortezia, e faço por esta a saber: Entre mim e ElRey de Portugal ha amizade antiga, que veio correndo de muitos annos para cá, e pela razão della de parte a parte houve boa conformidade, e a referida amizade não he nova, e nesta consideração póde V. S.ª conservar de sua parte, para que pelo tempo em diante fosse ella augmentada muito de dia em dia; sendo assim V. S.ª faltou a ella, e mandou presar os meus barcos reaes com toda a fazenda, e alem disso de certo tempo para cá dão molestia por mar, e a mim não he muito para tomar a satisfação disso, porém attentando á mesma amizade que tenho com esse Estado, considero que V. S.ª ordenará para a gente que faltou a esta correspondencia, e mandará restituir os ditos barcos com toda a fazenda, conforme o que se escreveo no principio, e procuraria V. S.ª que a dita differença, e falta que houve na dita amizade, ficasse de fóra, e houvesse a boa correspondencia na forma da antiguidade, e confiando-me na boa amizade de V. S.ª entendi que me não faltaria com a restituição dos barcos apontados, e como eu necessitava da vizinhança desse Estado para receber a correspondencia devida em todas as minhas cousas, e nesta razão tinha dado lugares, e cazas com suas lagimas e ancoragens, e debaixo da confiança desta dita amizade navegavão os meus barcos com os cartazes de V. S.ª sendo assim os forão represados com toda a fazenda por parte desse Estado, e não bastando isso, a correspondencia que V. S.ª mostra comigo, de que não tenho que escrever a V. S.ª cousa alguma, assim para o tratamento destes negocios, como d'outros mando á presença de V. S.ª a meu Chrisná Naique com o sagoate, o que V. S.ª mande aceitar conforme a lista, e o que tenho comunicado ao dito Chrisná Naique, o qual dirá a V. S.ª pelo que V. S.ª considerando procure que a amizade de ambas as coroas vá em maior augmento, e não sou mais largo a V. S.ª por carta, por ser pessoa de grandissima prudencia. O mais será presente a V. S.ª pela carta de Malliopá. 1678

Carta que escreve ao Senhor Governador, Malliopá, da presença delRey do Canará

Ao possuidor de toda a grandeza, e pessoa de boas partes, Governador do Estado de Goa, a quem escrevo eu Malliopá com toda a cortezia e obediencia, e faço por esta a saber em como as novas destas partes são boas, e fico de saude; estimarei que V. S.ª me mande mui alegres novas suas.

Entre nós e ElRey de Portugal ha amizade e conformidade antiga, e ella não he nova, e nesta razão desejo que entre ambos os Estados haja grandissimo augmento na dita amizade que temos, e V. S.ª debaixo da dita amizade faltou de sua parte, e tomou os barcos delRey meu Senhor com toda a fazenda, e derão molestia por mar para os nossos portos, o que não convinha fazer V. S.ª em razão da referida amizade que ha, a qual V. S.ª procure de sua parte que seja ella acrescentada entre ambas as coroas, e para o tratamento e ajustamento desses negocios para se fazer presente a V. S.ª vai por parte de Sua Alteza Chrisná Naique com o sagoate e

1678 carta do dito Rey: o que comunicar a V. S.ª o dito Chrisná Naique, a quem ouvindo, e considerando obre V. S.ª de maneira que venha ajustado o negocio, que leva a seu cargo o dito Chrisná Naique, e com isso lhe despache V. S.ª O mais praticará a V. S.ª o mesmo Chrisná Naique.

Carta que Chrisná Naique, Embaixador delRey do Canará, escreveu ao Senhor Governador e Capitão geral da India, Antonio Paes de Sande, depois de chegar a Barcelor

1679 Fevereiro 21 Senhor. — Cheguei a este Barcelor com saude, e cheo das honras e favores que V. S.ª me fez mercê; que toda a vida que Deos me der eu saberei reconhecer no serviço de V. S.ª e do Senhor Rey de Portugal. Do que tenho obrado depois de minha chegada dará a V. S.ª conta o Reverendo Padre Manoel Themudo. A Senhora Rainha me ordenou por seu Nerupo que do arroz, que nesta occasião vai dos mercadores desta terra, eu satisfaça ao Estado os trinta mil xerafins do concerto das pazes, e como eu do meu dinheiro satisfiz onze mil, V. S.ª por me fazer mercê mandará cobrar deste arroz os ditos trinta mil xerafins, e delles se pagará á fazenda real os quinze mil que se devem, e os outros quinze mil que restão, que me pertencem, mandará V. S.ª se entreguem a Antá Naique, irmão de Polpeteá Naique, e para ajudar nestas cousas, e as fazer, mando a Nanum Naique. V. S.ª me fez mercê mandar largar a coleta do arroz da quantia de trinta mil xerafins, dos quaes já se tem descontado a coleta de vinte e cinco mil xerafins, e restão somente agora a coleta de cinco mil, a qual V. S.ª me fará mercê mandar descontar no arroz, que nesta occasião vai de Polpoteá Naique, que tenho contas com elle; e V. S.ª me perdoe dar-lhe tantos enfados. A muita mercê que V. S.ª me fez nessa cidade me deu esta confiança; e quando eu preste no serviço de V. S.ª e do Senhor Rey de Portugal, não hei de faltar, como o tempo mostrará. Deos guarde a V. S.ª como lhe desejo. Barcelor, 21 de fevereiro 1679 annos. Criado de V. S.ª — (assignatura canará de Chrisná Naique).

Treslado do Nirupo de letra canará feito pela Rainha do dito Canará, para o General Malliopá, sobre os mil e quinhentos fardos de arroz, que nas pazes se obrigou a dar de mais em cada um anno ao Estado

(Arch. da India, livro 1.º de Pazes, fol. 220.)

O anno dos gentios Sidarthy Sâvassar Sravana Sudatahe, em portuguez vem a ser, o primeiro de agosto de 1679, eu Chenama, Rainha do Canará, escrevo e ordeno a Malliopá em como em Cundapor e Onor os juncões que ha; e nestas duas partes o que se havia dado de ancoragem e lagimas para os Portuguezes; e no limite de Barcur o que tinha dado em Cottessar de mercê a Soamy Gollos, assim o lugar da dita mercê, como o outro que está no limite de Onor, e ambos estes lugares para vos entregarem ordeno a Trimalia Parpaty, Vencatexa Mallo, Chrisná Botto, de Cundapor, e Mallepay, de Barcur; a todos estes quatro escrevo que vos entreguem aquelles lugares e aldeas com suas lagimas e ancoragem; e elles vos entregarão na forma da minha ordem, pois os rendimentos que importarem das ditas aldeas com as ditas lagimas e ancoragem, de que fareis a cobrança, e pagareis em cada hum anno por via de vosso Chrisná Naique mil e quinhentos fardos de arroz para os Portuguezes na forma do contrato da paz assentada entre ambos os Estados; e paga esta pensão de mil e quinhentos fardos de arroz, o dinheiro que restar enviareis a minha presença.

1680 Junho 3

Este treslado foi tirado por mim Narná Sinay, lingoa do Estado, por ordem do Senhor Governador e Capitão Geral da India Antonio Paes de Sande, do original, que se entregou ao Reverendo Padre Manoel Themudo, Embaixador do Canará, para o fazer dar á execução. Goa, 3 de junho de 1680 — Narná Sinay.

Concertos que faz o Capitão geral, D. Rodrigo da Costa, com Mirzá Raze, Provedor Mór dos contos do Reino da Persia, por ordem que trouxe do seu Rey por meio de Manuel Mendes Henriques, Provedor Mór dos contos do Estado da India, no ultimo de Agosto de 1680

(Arch. da India, livro 1.° de Pazes, fol. 254.)

1680 Agosto 31

1. Primeiramente que o Xibandar que assistir neste porto do Congo dará ao feitor do Serenissimo Principe de Portugal mil tumões cada anno do dia deste concerto a hum anno, pela ametade da alfandega, que o Serenissimo Principe de Portugal tem neste porto do Congo do rendimento da dita alfandega, para com este concerto se evitarem as dissenções que entre os officiaes Parsios e Portuguezes havião sobre a cobrança dos meios direitos da dita alfandega.

2. Que o dito Xibandar dará a Manoel Mendes Henriques cem tumões cada anno para o seu prato, alem dos mil tumões acima referidos, assistindo neste porto do Congo, e não assistindo, os dará o dito Xibandar ao feitor, que assistir no dito porto, para dispôr delles conforme a ordem que tiver do Senhor Governador.

3. Que os barcos portuguezes que vierem a este porto do Congo com fazendas do Serenissimo Principe de Portugal, não pagarão direitos na alfandega, nem Radares nos caminhos.

4. Que os barcos portuguezes de mercadores, que vierem a este porto com suas mercancias, pagarão de entrada onze menos meio quarto por cento, sem serem obrigados a nenhuma outra pensão; e todas as fazendas que comprarem neste porto, as poderão embarcar livremente sem pagarem sahidas; e estando surtos no porto, vindo os Arabios a tomalos, o Xibandar e Governador o não consentirão.

5. Que o Xibandar e Governador do porto farão boa passagem ao feitor, e ao Padre, e ao Escrivão, e aos mais Por-

tuguezes, que assistirem neste porto do Congo, e lhes não levarão direitos das suas encommendas, que lhe vierem, assim por mar, como por terra, nem menos lhe levarão radarias do caminho. 1680 Agosto 31

6. Que o Governador e Xibandar serão obrigados a entregar aos Portuguezes os marinheiros, e escravos que fugirem da armada, ou dos barcos mercantins, como sempre se usou.

7. Que as demandas que entre os mercadores Parsios e Portuguezes tiverem entre si, o Xibandar e o feitor farão ambos justiça com que as partes fiquem contentes.

8. E que a bandeira do Serenissimo Principe de Portugal estará sempre arvorada na sua feitoria.

Os quaes concertos vão aqui tresladados bem e fielmente dos proprios da letra parsia, que ficão nesta feitoria, em que está assignado Mirizá Razi, em fé de que se assignarão o dito Manoel Mendes Henriques, e o feitor da armada Gonçalo Simões, e o Reverendo Padre Vigario deste Congo Frey Manoel de Jesus, e o Escrivão da armada Pero da Costa, e o feitor da feitoria do Congo Paschoal Gonçalves, e o escrivão da feitoria João Saraiva. Congo, 15 de setembro de 1680. — Manoel Mendes Henriques — Gonçalo Simões — Fr. Manoel de Jesus — Pascoal Gonçalves — Pedro da Costa — João Sarayva — Ha outra assignatura portugueza, que não podémos decifrar.

Formão que Xá Sulimão, Rey da Persia mandou ao Sr. D. Rodrigo da Costa, Capitão geral da armada dos galeões do Estreito de Urmuz e Mar Roxo, traduzido da lingua parsia em portuguez pelo Provedor Mór dos contos e Superintendente da fazenda Real do porto do Congo, Manuel Mendes Marques

Xáa Sulimão — O mandado daquelle Rey, que a todos manda, ficou. Saibão todos os grandes da minha côrte que o Capitão Geral da armada de Portugal por mercê real fique sempre grande na sua presença. Saibão que nesta hora me foi presente e por minha grandeza ouvi que os Xibandares 1680 Julho 20

1680 Julho 20 do porto do Congo, que cobrão os meios direitos na alfandega, não tratavão aos Portuguezes como era uso e costume, e que não pagavão o que primeiro pagavão os outros Xibandares, e por este respeito foram as náos mercantins, e mercadores da Persia represados, e porque os Xibandares usavão este máo termo com os Portuguezes, mandei logo hum Ministro da Fazenda da minha côrte, e Provedor Mór dos contos do meu thesouro, que fosse ao porto do Congo, e se enformasse de tudo o que se tinha feito contra os Portuguezes, e se os Xibandares não tinhão pago como antigamente se pagava, e tudo o mais que tivessem feito o emendasse logo, e tudo que se estivesse a dever dos annos atrazados se pagasse, como antigamente se pagava, e que a pessoa que mando para este concerto chegaria brevemente ao Congo, e tanto que este meu formão chegar, peço que os mercadores, e todos os mais grandes e pequenos, que navegão pelo mar, não sejão aveixados, nem oprimidos, nem se lhe faça aveixação, nem agravo, porque a pessoa que mando concertará tudo como antigamente, e nas mercês e honras do Rey sejaes sempre grande. Aspão, 20 de julho de 1680. — E o nome do Rey está acima.

Por este por mim assignado confesso eu Gonçalo Simões, feitor que fui da armada, e ora com o favor de Deos fico por feitor neste porto do Congo, ser verdade entregar-me Manoel Mendes Henriques o formão em lingua parsia, que ElRey da Persia mandou ao Senhor Capitão Geral Dom Rodrigo da Costa, e outrosim entregar-me mais o dito Manoel Mendes Henriques os concertos que se fizerão, em que o dito Senhor Capitão Geral com Mirizá Razy, Provedor mór do Reino da Persia em letra parsia [1], assignado pelo dito Mirizá Razy, para eu ter cuidado de os entregar ao fejtor, que me suceder, e tomar recibo delle de como lhe ficam entregues, e por tudo passar na verdade passei este por mim assignado. Congo, 19 de setembro de 1680. — Gonçalo Simões.

[1] Falta alguma palavra para completar o sentido.

Propostas que fazem ElRey de Patte, Banna Famau Becar Yuà, Banna Famau Ymary, e os Fidalgos do seu Conselho, e Procuradores do povo da dita cidade abaixo assignados, a D. Rodrigo da Costa, do Conselho delRey de Portugal nosso Senhor, Governador e Capitão General do Estada da India.

(Collecção dos meus mss.)

Primeiramente pedem ao dito Senhor Governador, que em nome de Sua Magestade, que Deos guarde, lhes faça mercê de conceder as vidas e fazendas, esquecendo-se das rebelliões passadas, pois de prezente entregarão voluntariamente sem estrondo de armas a dita cidade de Patte a João Antunes Portugal, Capitão da fortaleza de Mombaça; e desde agora para todo sempre se reconhecem por vassallos delRey nosso Senhor, e se sometem debaixo de seu amparo, e protecção, e jurão pelo juramento de seu mussafo guardarem todas as ordens, e mandados de Sua Magestade, e dos seus Vice Reys e Governadores da India, como seus leaes vassallos, e prometem não hirem nunca contra as ditas ordens e mandados em todo, nem em parte sob pena de serem castigados como traidores e rebeldes a seu Rey e Senhor natural. 1687 Outubro 11

Item prometem de não darem ajuda, nem favor a nenhum dos inimigos da Corôa de Portugal, e deste Estado da India, de qualquer lei, ou nação que sejão, nem com elles ter comunicação, nem trato algum, mas antes fazer-lhes toda a guerra e hostilidades, que por ElRey nosso Senhor, ou por seus Vice Reys e Governadores lhe for mandado.

Item prometem não consentirem, nem admittirem em tempo algum na dita cidade de Patte, nem nas terras de sua jurisdição aos Arabios inimigos do Estado, antes lhes farão toda a guerra que puderem para conservarem a dita cidade na obediencia delRey nosso Senhor.

Item prometem e se obrigão a não fazerem guerra, nem

1687 Outubro 11 paz com nação alguma, sem expressa ordem, ou licença del-Rey nosso Senhor, ou de seus Vice Reys e Governadores.

Item se obrigão a fazerem á sua custa huma fortaleza na povoação da dita cidade de Patte, em que possão estar de prezidio cem soldados com seu Capitão e officiaes dando toda a pedra, chunambo e madeira para a fabrica da dita fortaleza, e dos alojamentos que se hão de fazer para comodidade do dito prezidio, e todo o dinheiro que for necessario para se pagar aos officiaes que trabalharem nas obras della por ser a dita fortaleza necessaria para guarda e defença da dita cidade e ilha de Patte.

Item se obrigão a fazerem tambem á sua custa hum forte na boca do rio de Ampaza, em que possão assistir 20 soldados, com seu cabo para guarda e defença da dita ilha.

Item se obrigão a dar todos os direitos da alfandega da dita cidade de Patte para paga e sustento do Capitão, officiaes e soldados, que hão de assistir de guarnição na dita fortaleza, e no forte de Ampaza para o que provera Sua Magestade ou os seus Vice Reys, e Governadores os officios da dita alfandega nas pessoas que lhes parecer para cobrarem os direitos de todas as fazendas que nella se despacharem por entrada e sahida sem ElRey de Patte rezervar para si, nem para sua fazenda couza alguma dos ditos direitos, e quando elles não bastem para pagamento do dito prezidio, se obriga elle Rey de Patte satisfazer o que faltar das mais rendas que tem na ditá ilha, e nas terras suas anexas, para cuja cobrança lhe dará o Capitão da dita fortaleza toda a ajuda e favor que lhe for necessario.

Item se obrigão a que emquanto não houver rendimento na alfandega para se pagar ao Capitão, officiaes e soldados do prezidio a contribuir em cada anno cinco mil e quinhentos cruzados moeda de Patte a cinco larins compridos a cada cruzado para se fazer o dito pagamento, a qual quantia entregarão ao feitor de Sua Magestade aos quartes rata por quantidade do que couber a cada hum, e os ditos quarteis serão de tres em tres mezes pagos adiantados em razão de ser para o sustento da dita gente.

Item se obrigão a darem inteira satisfação ao resto que se estiver devendo dos dezesete mil cruzados que prometerão a João Antunes Portugal, de que logo derão parte, e não terão duvida alguma a satisfazerem pontualmente o dito resto. 1687 Outubro 11

Item são contentes que se levante e fabrique logo huma igreja na dita cidade de Patte dentro na fortaleza ou fora della, no lugar que for mais accomodado para ouvirem missa os christãos, e se celebrarem os officios divinos e fazerem suas festas, e procissões com toda a liberdade sem impedimento algum.

Item querendo-se alguns mouros gentios, ou escravos fazer christãos e receber a agoa do santo baptismo lho não impedirão, nem sobre isso farão força, nem violencia alguma.

Item poderá Sua Magestade rezervar para sua real Corôa o dominio e governo da dita ilha de Patte, e das terras suas anexas, e conceder ao Capitão que assistir na dita fortaleza toda a jurisdição e poder necessario a quem ElRey de Patte e seus successores e vassallos estavão sojeitos, cumprindo inteiramente suas ordens, e mandal-os, sem contradição alguma.

Item se obrigão a desfazerem, e derrubarem todas as cazas altas, e terradas que ha na dita ilha de Patte, reduzindo-as a cazas baixas e terreas, em que possão viver o que farão dentro no termo de dous annos.

Item pedem a Sua Magestade, e aos seus Vice Reys e Governadores não permittão que em tempo algum succeda no governo da dita cidade e ilha de Patte o Principe de Ampaza, nem outro qualquer Principe estrangeiro. E sempre andará o dito governo nos portuguezes que ElRey nosso Senhor nomear, ou os seus Vice Reys e Governadores da India.

Item que todo o ambar que o mar lançar nas praias de Patte, e de Ampaza, e nas mais terras daquella costa, será para Sua Magestade, e o poderão cobrar, e pôr em arrecadação os officiaes de sua real fazenda.

Item que poderão morar e rezidir na dita ilha de Pátte os

1687 Outubro 11 Maracattos, Gallas e Bagunhos, e outras nações, que forem amigos do Estado e vassallos delRey nosso Senhor, e fazerem seus contratos.

Item se obrigão a tirar do fundo do rio as seis peças de artelharia que gente que vinha nas suas barcas lançou a pique, e desencravar as peças que estiverem encravadas, e fazerem carretas e reparos para todas, assim as que tirarem do rio, como as que estiverem em terra para se poderem laborar com a artelharia em defença da praça.

Item pedem prostrados aos pés de Sua Magestade como seus humildes vassallos em seu nome ao Senhor Governador os conserve em seus foros, privilegios e liberdades, e em todas as terras da jurisdição de Patte que sempre lograrão e pessuirão os Vice Reys da dita cidade, e que o governo dos mouros della fique sempre radicado na pessoa delRey de Patte e de seus successores para por si e por seus ministros lhes administrar justiça em suas cauzas, e castigar aos que delinquirem, ficando sempre subordinados e seguros ao Capitão da fortaleza e prezidio.

Item pedem de mercê a Sua Magestade lhes conceda licença para viverem na sua ceita como sempre viverão, e terem suas mesquitas fóra da povoação, sem por isso se lhes fazer força nem violencia alguma.

Item pedem de merçê a Sua Magestade os mande conservar na posse de seus bens e fazendas, assim moveis, como de raiz, e os deixe viver nellas, como sempre fizerão.

Item pedem de mercê a Sua Magestade lhes conceda licença para poderem navegar com seus barcos pequenos e grandes para todos os portos, que não forem dos inimigos do Estado, nem para os prohibidos por regimentos e ordens do dito Senhor e só poderão fazer a dita navegação livremente para todos os mais portos tirando primeiro cartazes do Capitão da fortaleza para fazerem viagem os ditos barcos, de que pagarão os direitos devidos a respeito dos candins da carga de cada barco, os quaes direitos cobrarão os officiaes da fazenda real.

Item pedem de mercê a Sua Magestade, e em seu nome

ao Senhor Governador lhes mande restituir e entregar todo o fato e fazendas que os moradores de Patte tiverem espalhado nas povoações suas vizinhas de Cio, Maracatos, Lamo, Bagunho, Xaqua, Loja e Ampaza, que estavão recolhidas nestas povoações nomeadas, e a mesma restituição farão os moradores do dito Patte de todas as fazendas que estavão na dita cidade dos moradores das mesmas povoações sem a isso porem duvida alguma. 1687 Outubro 11

Item pedem de mercê a Sua Magestade, e em seu nome ao Senhor Governador seja servido ordenar que se restitua a ElRey de Patte e aos seus Conselheiros que assistem em sua companhia qualquer furto que se haja feito em suas cazas e fazendas na sua auzencia depois de virem de Patte para esta cidade de Goa, em razão de que elles deixarão pazes feitas com o Capitão de Mombaça João Antunes Portugal em nome delRey nosso Senhor.

Item que elle Rey de Patte e seus Conselheiros, ficarão em refens nesta cidade emquanto se dão execução ás condições conteudas nestas propostas; e só poderá o dito Rey mandar hum dos ditos Conselheiros que elle escolher, nas embarcações que estão de partida para Patte com soccorro de infanteria, munições e mais petrechos de guerra para segurança e defença da dita praça, ao qual Conselheiro dará ElRey de Patte sua comissão, e todos os poderes necessarios para fazer dar comprimento ás condições destas propostas, e acrescentar mais que apontar o Capitão de Mombaça João Antunes Portugal que ficou governando a dita cidade de Patte.

E com isto dão por findas e acabadas estas propostas, e pedem ao Senhor Governador Dom Rodrigo da Costa aceite em nome de Sua Magestade as condições dellas, que elle Rey de Patte, e seus Conselheiros prometem guardar inviolavelmente, sem em tempo algum hirem contra ellas, e se sometem e sojeitão a serem daqui em diante firmes, e leaes vassallos de Sua Magestade, reconhecendo-o por seu Rey e Senhor natural, e do contrario que delles se não pode esperar não querem uzar, nem gozar de privilegio algum, antes ficarão sojeitos ao castigo que merecerem com o rigor que

1687 Outubro 11 dispõem as leis estabèlecidas, contra os rebeldes e traidores. Goa 11 de outubro de 1687.—Sinal delRey de Patte Banna Famau, Becar Vuà, Banna Famau Vmary—Sinal de Banama Madixe—Sinal de Bana Faque Xame Vabanamade—Sinal de Maracato Hascorco—Sinal de Bana Vaumba Vahaxy—Sinal de Bana Banatuio Xande—Sinal de Bana Mady Quexindy—Sinal de Bana Vaxa Movaxe—Sinal de Bana Quipay Hamana Muca—Sinal de Xarifo Kaquily Vaxarifo Abbu Ramane—Sinal de Bana Faque Cady—Sinal de Xarifo Aly Vaxarifo Abacar—Sinal de Aacoda Amisse Vabana Muxute.

Carta de D. Rodrigo da Costa, Governador e Capitão geral da India, a El-Rey, sobre a tomada de Patte

(Collecção dos meus mss.)

1688 Janeiro 24 Senhor.—Em Setembro de 1686, escreveo João Antunes Portugal ao Conde de Alvor, que estava governando este Estado, e como intentava hir a Patte por avizos que tinha do pouco com que se achava aquella Praça, o Conde de Alvor que se não achava com grande socorro para lhe poder mandar aprestou logo a charrua *Charidade* com oitenta homens que lhe mandou e hindo João Antunes a esta funcção em Abril, ou em Maio com huma fragata sua, e com mais algumas embarcações que pode ajuntar dos moradores da terra, e o Principe de Ampaza, e os mais mouros daquella povoação o não pode conseguir daquella vez, por estarem alguns Arabios dentro que a não a defenderão, se tornou a vir para Mombaça depois de varios successos, e com as mais diligencias que fez, e intelligencia que teve se resolveo outra vez a fazer a mesma viagem, nos ultimos de Julho com tão bom successo que se lhe entregou a Praça a 4 de Agosto dia de S. Domingos, como será prezente a Vossa Magestade pela sua carta com as mais circumstancias que nella declara. E porque depois de estar na Praça lhe derão algumas noticias, de que os mouros intentavão alguma rebelião contra elle, e os mais me remeteo o Rey com mais doze cabeças principaes, que comigo fizerão as capitulações, que tão bem remeto para Vossa Magestade mandar ver sendo servido, e suposto que eu não tinha tenção de o tornar a restituir á sua terra, nem aos mais por me parecer não ser conveniente a sua assistencia nella, ainda assy detremino hilos entretendo com todo bom modo, para que não desmayem os que lá ficão, e possão ajudarnos na defença que sem esta circumstancia me parece impossivel aquella conservação, eu socorry, com tudo que me foi possivel, que me não custou pouco o podelo fazer pela impossibilidade em que se acha o Estado, e o determino fazer todos os annos com o que puder, para que se conserve, espero em Deos que nos hade conservar esta conservação, devendo ser o successo tão milagroso, mandey tambem Capitão Engenheiro para fazer huma fortaleza para o prezidio que lá hade assistir com hum forte na barra de Ampaza, que he o que segura toda aquella ilha; neste successo não tem pequena parte o conde de Alvor por ser disposição sua, e o que fez ser melhor, he conseguir sem nenhum dispendio da fortaleza real, e me parece que Vossa Magestade deve mandar agradecer a João Antunes Portugal, o valor e a disposição com que se ouve, fazendolhe mercê, e tendo respeito ao dispendio que nelle fez de sua fazenda, honrandoo como a real grandeza de Vossa Magestade costuma aos vassalos. Deos guarde a muito alta, e muito poderoza pessoa de Vossa Magestade felicissimos annos. Goa, 24 de Janeiro de 1688.=Dom Rodrigo da Costa. 1688 Janeiro 24

Carta do Governador e Capitão geral da India, D. Rodrigo da Costa, a El-Rey

(Collecção dos meus mss.)

1688 Janeiro 24 Senhor. — Das copias das cartas inclusas dos moradores da Costa, e dos mais papeis será presente a Vossa Magestade de como ficão alguns de posse da cidade do Appostolo S. Thomé, e dos mais constará das disposições que fiz para que se não mallogre o trabalho destes Portuguezes que ao principio começárão com tanto zello, e fervor a solicitar esta cidade procurando para isso delRey de Golconda o formão que tão bem acompanha aos mais papeis, sem embargo de que os estrangeiros fizerão toda a força possivel para que estes moradores o não conseguissem, mas todas as suas diligencias forão baldadas, porque se conseguio o que elles não desejavão, não sendo os que menos diligencias fazião os inglezes, que hoje são inimigos comuns; eu lhe mandei ordem para que todos os Portuguezes que estavão espalhados viessem a povoar a dita cidade, e escrevi a ElRey de Golconda agradecendo-lhe este favor. E porque ElRey Mogor se achava na conquista daquelle Reino, como em breves tempos reduzio a sua obediencia, me antecipei em lhe dar os parabens da victoria mandando a carta aos mesmos moradores para que se ouvesse este successo lha entregassem; como até agora não veyo a resposta, não posso dizer a Vossa Magestade o que tem resultado deste negocio, cuido que só a se não unirem estes moradores se poderá seguir o não conseguir o que tanto desejarão, porque a emulação nelles he muito grande, e como isto fica tão fora de mão, e estão enterrados mouros só obedecem ao governo da India no que querem, sendo que se puder preparar alguma fragata a heide mandar, mais para segurar os animos inquietos dos nossos, que para enfrear o temor dos inimigos, permitirá

Deos, que vá por diante esta nova fundação, pois tem tão bom principio. 1688 Janeiro 24

Guarde Deos a muito alta, e muito poderosa pessoa de Vossa Magestade felicissimos annos. Goa, 24 de Janeiro de 1688. — Dom Rodrigo da Costa.

Treslado do Formão que El-Rey de Golconda passou aos Portuguezes para povoarem Meliapor, vertida bem e fielmente de parsio em portuguez

Do Rei.

Ordem do Rey, beleza, e luz do mundo, resplandor do sol, á qual ordem he necessario que todos obedeção, como de altissimo, e supremo Rey, afamado, cheo de boas fortunas, e por ella faço saber ao amado, venturoso, espanto do mundo, grande entre os mais grandes, e mais fiel dos meus fieis, amorozo, leal e dezejozo do bem do Rey Mahamed Alibeiga generalissimo, e Vice Rey das terras do Carnate, e os mais officiaes, como Capitães; Avaldares e Escrivães do venturoso Porto de Meliapor, e saibão todas (que eu faço esta alta e grande merce) em como na era de mil noventa e sete veyo o Padre Fr. Luiz da Piedade com dez pessoas suas aos pes do meu Real e soberano Trono, semelhante ao de Salomão a sombra de Deos, e me fez petição em como o p.e Gov.or Constantino Sardinha Rangel, Alvaro Castella do Valle, Lucas Luiz de Oliveira, Antonio Ferreira, e mais Portuguezes mercadores, desejavão, e querião povoar o sobredito Porto, que estava despovoado havia muito tempo, e fazer ortas e casas para se ocuparem em mercanciar, e anno por anno conforme a renda, e cantia dos interesses, querião mostrar á minha coroa o proveito dos direitos reaes, e por boa justiça, e minha real benevolencia aceitey a petição do dito Padre, e consenty nella, e esta ordem altissima declara que todas as vezes que esta dita nação moradora no sobredito Porto quizerem povoar o povoem, e os direitos da Alfandega, e do mais pagarão conforme no Porto de Mattulapatão pagão os Olandezes, e Inglezes, e os ditos officiaes 1686 Dezembro 18

1686 Dezembro 18 arecadarão a dita renda dos ditos mercadores, e mais que do Porto de Meliapor athe Golconda na ida e na vinda os juncaneiros do caminho, não ponhão impedimento algum, e com toda a liberdade, e franqueza poderão hir, e vir suas fazendas, e saibão que he ordem real, e tirarão o treslado desta, e lhos tornarão o proprio. Escrita oje aos nove da Lua de Maharam na era de mil noventa e oito, que são aos 18 de Dezembro de 1686.

Carta de João Antunes Portugal ao Governador da India sobre a tomada de Patte

(Collecção dos meus mss.)

1689 Agosto 22 Por via de Damão fiz prezente a V. S.ª as cauzas que motivarão o ficar a charrua, e eu repetir a conquista de Patte, agora Deos seja louvado faço estas regras já Senhor de Patte, que não podia lograr menos fortuna quem entra nas occasiões debaixo da de V. S.ª

Em 11 de Julho sahy de Mombaça com a minha fragata *Nossa Senhora dos Milagres* e charrua *Charidade*, ambas pagas por 4 mezes de minha fazenda e com dez embarcações pequenas, em que me acompanharão o Principe de Ampaza, Estevão Pinto morador de Mombaça, e o Governador dos mouros Xá de Benage, os quaes tambem em as suas embarcações fizerão a suas custa os gastos, em dous dias de viagem dey fundo em Patte na barra de Cirancaza, aonde fui sabedor em como a cidade estava falta de presidio por haver hido a melhor gente della a expugnação de Xiugaya com intentos de a destruir, aproveitandome da occasião mandey logo huma carta a ElRey de Patte da qual foi portador hum inglez, Capitão de huma galiota que havia vindo de Surrate, e sem esperar resposta da dita carta me fui a reconhecer hum porto da ilha de Quiajullo por ter noticia ser mais comodo para o inimigo passar á ilha de Patte, e deixandoo guarnecido de minhas embarcações me voltey para a fragata por me chegar noticia, em como havia vindo resposta da carta que havia escrito a Patte, a qual achey abundante de palavras mais para entreter, que para conseguir, pedindome entre outras couzas, segurança das vidas, em nome de Sua Magestadė, a qual em nome do dito Senhor lha concedi para segurança de dous mouros principaes que pedi viessem á minha fragata para capitularem; tornou a resposta com razões tão frivolas, que bem deixavão conhecer, era o intento entreter, até ver se chegava a sua gente, a quem já havião mandado avizo; e chegando-me noticia do Cabo das embarcações que assistia em Quiajullo em como o inimigo era chegado com largas marchas que havia feito pela terra firme, trazendo as embarcações por mar; mandey acrecentar o numero das minhas para melhor segurar a defença daquelle paço; Breves dias esteve o inimigo á vista tendo já chegado as suas embarcações, mas não se atrevendo a intentar a passagem se resolveo a queimar os barcos que erão oito, e dar fundo a seis peças de artilharia, e se poz em marcha pela terra firme sempre á beira mar, buscando porto por onde introduzirse na ilha, mas vendo frustrados seus intentos pelo cuidado com que estavão os postos, guardados com as minhas embarcações se alojou em hum em que tinha dous barcos escondidos com esperança de nelles introduzir algum socorro na Praça, do qual intento, fui sabedor por algumas pessoas que para my fogirão, e dobrando as guardas que no dito posto tinha o segurey e estando esperando as agoas vivas para poder dezembarcar mais perto da cidade, e ganhala por assalto. Receosos os que nella estavão do mesmo que eu intentava, e atemorizados de haverem fogido para mim 60 gallas que elles tinhão para sua defença, os quaes comprei á custa do meu dispendio, me mandarão pedir novo seguro para virem dous mouros principaes fallar comigo, como emfim vierão debaixo do ponto seguro que lhe havia dado, cujos nomes são Banaquipar e Banamadexê, e capitulando segurança das vidas, por assy o trazerem por comição do Rey e mais povo, fizerão entrega da Praça, da

1689 Agosto 22

1689 Agosto 22 qual tomey posse em 4 de Agosto, dezembarcando em terra adonde veo o Rey, e mais principaes a receberme, me fui alojar em humas cazas, em as quaes com as cerimonias a seu modo, fizerão nova entrega da cidade e sua jurisdição, sobmetendose debaixo do dominio de Sua Magestade como seus vassallos, que jurarão ser debaixo de seu juramento e entregarão seis peças de artilharia e dous pedreiros, e se obrigarão a mandar tirar as seis peças a que havião dado fundo; e assy mais entregarão setenta armas de fogo, e declararão entravão nestas capitulações os mouros que estavão na terra firme, e se obrigarão a dar dezasete mil cruzados para os gastos da Armada, e paga da infantaria.

Este foi Senhor o feliz successo, que debaixo do governo de V. S.ª lograrão as armas de Sua Magestade, que Deos guarde, e elle permita se continuem as felicidades deste Estado, conforme seus vassalos dezejamos. A pessoa de V. S.ª guarde os ceos por felizes annos, como este seu criado lhe dezeja. Patte, 22 de agosto de 1689. De V. S.ª seu menor criado João Antunes Portugal.

Pazes com o Imamo de Mascate

(Arch. da India, livro 5.º dos Reis vizinhos, fol. 86 v.)

Carta do Governador D. Rodrigo da Costa a Gonçalo Simões, Superintendente do porto do Congo

1690 Fevereiro 6 Recebi a carta de Gonçalo Simões escrita em 29 de dezembro em 29 de janeiro, e não veio a tão máo tempo que me não livrasse de hum bem grande cuidado pelas novas que andavão nesta terra do que tinha socedido nesse porto, e como vai tanta gente, lá se saberá melhor, e não posso dar no motivo que isto teve. Sempre tive para mim que essas embrulhadas do Congo, e pelo conhecimento que tenho da pouca união, com que ahi vivem os Portuguezes, sendo tão poucos, havião de vir a parar em algum máo fim, cuidando os que sayem desta terra para alguma ocupação, que tudo quanto ha pode, e cada hum per sy governará hum mundo, sem repararem que tudo hade vir a parar aqui, e que quem tiver culpa a hade pagar. 1690 Fevereiro 6

Sobre a deixação que fez o escrivão dessa feitoria, cá hade vir parar, e quando assy seja, será castigado quem tiver culpa.

Vai esta armada, e o que me obriga mandala he o trazer o dinheiro da pensão, e os cavallos que estão vencidos de todos estes annos, advertindo ao superintendente Gonçalo Simões que o seu maior empenho hade ser para que não fique lá nenhum, porque necessitamos delles: tambem não ter vindo o dinheiro nos fez bem grande falta, sendo que me persuado que não vem via segura hoje pelos barcos cossarios que andão no mar, causa porque me resolvi a mandar esta armada, como tambem por ver se se ajustão estas pazes, pois Gonçalo Simões me certefica tanto que o Imamo as deseja.

Sem embargo que Gonçalo Simões me diz que lá se não acha clareza das pazes que fez Antonio de Mello, vai huma breve noticia do que pudemos achar, e por ella se governará Gonçalo Simões para ajustar a tregoa, porque sempre hande vir cá á confirmação. Se nesta diligencia puder Gonçalo Simões empenhar Abdul Xeque para que venha cá por parte do Imamo com poder para as ajustar, pode segurarlhe da minha parte toda a boa passagem. Espero que a diligencia de Gonçalo Simões, e a sua experiencia, seja muita parte de que isto se consiga.

Quando se foi daqui Gonçalo Simões lhe encomendei as alcatifas que tinha mandado fazer ao feitor Joseph Pereira, que erão de duas cores, sendo o campo verde e escuro, e os ramos de verde claro, e seu comprimento de sete varas e meia, ou oito, com a largura ordinaria, e porque ha tantos annos está esta encomenda sem se poder conseguir, nesta forma espero que Gonçalo Simões mas mande, vencendo

1690 Fevereiro 6

todo o impossivel que pareça tem esta extravagancia: quando para isso seja necessario dinheiro, se pode valer do que vier de Sua Magestade, que eu aqui o entregarei logo ao feitor, como se fez em tempo do Conde de Alvor.

Pela experiencia que tenho de que pagandose o quartel aos soldados, fica outra vez o dinheiro nesse porto, ordeno ao superintendente Gonçalo Simões que se lhe não pague lá, o que se fará nesta cidade chegando a armada, e nisto não haja falta pela conveniencia que nisto tem a fazenda de Sua Magestade.

Ao superintendente Gonçalo Simões encomendei cobrasse os cartazes do tempo que fui general, e que cobrados elles se pagasse do que do mesmo tempo lhe fiquei devendo, e quando faltasse, me avisasse para mandar dar aqui ao seu procurador o resto; e porque até agora me não tem feito este aviso, e eu quizera pagarlhe, lhe torno a dizer que faça nesta forma, porque não quero hir para o Reino com esta divida. Se tambem ouver algumas alcatifas, que sejão cousa boa, sendo de oito varas para cima, e não excedendo o preço, mas remeterá Gonçalo Simões, para haver de pagar na forma que digo acima. Tambem quero nesta ocasião quinhentos pardáos de aljofres que sejão de pardáo cada grão, e de dous pardáos, que tudo venha a fazer esta quantia, e que sejão os melhores que puderem ser na cor. Tambem se ouverem alguns gatos que sejão cousa fermosa, mos remeta com a conta que tudo isto custar, para entregar ao seu procurador como digo.

O Padre Manoel Gonçalves me pede que encomende ao superintendente Gonçalo Simões quatro alcatifas de seis varas cada huma, e seis mais de tres varas cada huma, e mais quatro de palanquim, as quaes remeterá o superintendente na fragata, em que vier o dinheiro de Sua Magestade, e porque estas alcatifas são para S. Francisco Xavier, e o Padre não pode saber o custo que farão, podem vir da quantia do mesmo dinheiro de Sua Magestade, o que elle promette satisfazer aqui em chegando; e porque creio que o dito Senhor o haveria assy por bem, se tivesse esta noticia de serem para o Santo, ordeno ao superintendente Gonçalo, Simões que as remeta. Nosso Senhor etc. Goa, 6 de fevereiro de 1690. — Dom Rodrigo da Costa. 1690 Fevereiro 6

Capitulações que ajustou Antonio de Mello de Castro com o Imamo de Mascate

Que seria o dito Imamo obrigado a dar lugar para feitoria aos Portuguezes em Mascate, donde estaria feitor, e o Padre Vigario, na qual feitoria poderião levantar bandeira das armas delRey de Portugal.

Que todos os barcos dos portos dos Portuguezes que fossem aos do dito Imamo, levando capitão Portuguez, pagarião o que se costuma pagar as mais nações.

Que os barcos dos Arabios navegarião com cartaz, que tomarião na mesma feitoria e nesta conformidade poderião vir a nossos portos, donde serião bem recebidos com todo o agasalho.

Que querendo os Portuguezes fazer hum forte em Cassapo, ou Cassapinho, lhe darião lugar para isso.

Que ao feitor, que assistisse no dito Mascate, seria obrigado o dito Imamo a dar hum veneziano todos os dias para o seu sustento.

Esta he a clareza que se acha no ajustamento que fez Antonio de Mello de Castro, e daqui para cima tudo o que puder ser, e quando venha nisto, se ajustará a tregoa por seis mezes, dentro dos quaes se virá buscar a confirmação, ou irá de cá; e nestas pazes não entrará o Reino de Patte, por termos guerra com elle.

Capitulações que o General do Estreito de Ormuz e Mar Roxo, Antonio Machado de Brito, assentou com Calil Baxá de Bassorá

(Arch. da India, livro das Monções, n.º 57.)

1690 Junho 26 Pelo poder que me concede a Serenissima Magestade do muito alto e poderoso Senhor Dom Pedro Segundo, Rey de Portugal, meu Senhor.

Antonio Machado de Brito, Geral do Estreito de Ormuz e Mar Roxo, por El-Rey meu Senhor, concedo e firmo a paz que me pedio por parte do Gram Turco, Soltam Soliman, seu Ministro Calil Baixa, que ora governa Bassorá, o qual em nome de seu Senhor e dos povos me representou que todos de commum consentimento erão contentes não se eximir do foro de vassallos com os costumes antigos, que para bem dos povos estabelecemos, e confirmarão os Princepes Arabios que possuião a dita terra, e agora novamente depois de desfeitas as duvidas que de parte a parte podia haver, concordarão todos os povos commumente neste novo assento, que por nenhuma circumstancia poderá ser derogado, o qual nossos Ministros guardarão inviolavelmente, assim faremos guardar a nossos mandados, em quanto os Turcos derem inteiro cumprimento a todo abaixo capitulado.

Em primeiro lugar terão os Portuguezes em Bassorá liberdades e isenções de maneira que os Turcos os não poderão obrigar a condição alguma que pareça violenta; que os Portuguezes poderão entrar e sahir, e andar pela terra com suas armas, e que serão os Turcos obrigados a responder delles, e das suas fazendas; que todo o mercador vassallo da Serenissima Coroa de Portugal poderá livremente fazer a sua mercancia não pagando mais de tres por cento.

Que se nos restituirá a nossa Igreja para assistirem os nossos Padres, e os mais lugares que nos pertencerem; que estará a nossa Feitoria com a bandeira larga, aonde estará o Feitor e Escrivão, para passar cartazes ás embarcações, que serão todas obrigadas a tomalos, e a que o não fizer, poderá licitamente ser perdida, e tomada por nós; e para assistencia do dito Feitor lhe darão os Turcos hum Venesiano por dia, outrosy meio ao Padre, e meio ao Escrivão; que a Cidade de Bassorá contribuirá por anno com 5:500 patacas, e hum cavallo de raça. 1690 Junho 26

Que poderemos comprar cada anno quinze cavallos para a cavallariça, e tirados sem pagar direitos.

Que nas causas que tiver christão com christão, se não poderá meter o Baixá, nem os Ministros da terra, e que se a causa for de Mouro para Christão, o Baixá e o Feitor ambos juntos devem decidir a tal causa, ficando sempre o castigo do delinquente Christão reservado para o Feitor, e o do delinquente Mouro para o Baixá.

Que serão obrigados os Turcos a defender de qualquer invasão os nossos Ministros da maneira que o tempo der lugar.

Que nenhum vassallo, escravo, ou subdito da Serenissima Corôa de Portugal, e assim se entende todo o que for Catholico Romano, não poderá trocar a Religião, nem lhe consentirão por nenhum caso fazerse Mouro; e em caso que a este ponto se falte, havemos toda a paz por nulla.

E por evitar discordias de huma e outra parte, poderão em caso que o fação os nossos subditos, entrar nas cazas das Pollicanas, que para tão indigna acção se não olhará pelo bem da conservação das gentes; he este o melhor modo de reparar as desordens da plebe.

Que os Turcos poderão licitamente vir commerciar aos nossos portos e terras da India da maneira que o fazem os vassallos dos Reys nossos amigos, e serão como os mais por nós muy bem tratados.

Da nossa parte nos obrigamos dar ajuda e favor aos moradores de Turquia para que passem livre e seguramente com as suas fazendas, e abrir o comercio de huma e outra banda para bem commum.

Em virtude do que se firma esta capitulação, á qual os Mi-
1690 Junho 26 nistros de huma e outra parte inviolavelmente darão inteiro comprimento, por ser esta paz com outorga comua debaxo da fé natural, com que o mundo se trata.

Nestas condições não entra o dinheiro dos mercadores Portuguezes que violentamente tomarão em Bassorá, o qual dinheiro requeremos ao Baixá e arrecadaremos por ser de nossos vassallos; ficando sempre este capitulo em seu vigor. Congo 26 de Junho de 1690. — Antonio Machado de Brito.

Certificamos nós Gonçallo Simões, Superintendente da fazenda real deste porto Congo, e João da Silva, Feitor delle, e Jorge de Freitas, Escrivão desta Feitoria, em como estes são os Capitulos da paz, que o General Antonio Machado de Brito assentou com Calil Baxá de Bassorá, e serem fielmente tresladados, os quaes ficão nesta Feitoria por entrega ao Feitor della, e por entrega da Caza; e por verdade passamos esta certidão, que vai concertada pelo Escrivão Jorge de Freitas, e assignada por nós. Congo 26 de Junho de 1690.

Carta do Baxá de Bassorá a Antonio Machado de Brito

(Arch. da India, livro das Monções, n.º 57.)

1690 Janeiro 18 Grandissimo Senhor da Nação Christianissima fiel de Jesus, que sempre esteja com saude, livre de todo o máo sucesso. V. S.ª Senhor Antonio Machado, creia que estimo muito a occupação com que veio digna do seu merecimento. Saberá V. S.ª que em Bassorá perguntei com todo o cuidado pela pessoa de V. S.ª me disserão que de Babilonia se havia passado a Persia; a minha vontade era de fazer bem a toda a criatura de Deos como bom companheiro, e assistir a V. S.ª pelo muito que desejo a sua amizade. Tenha V. S.ª seguro o meu coração, e eu não duvido que o favor de V. S.ª tornará a seu antiguo estado; o custume dos antepassados, que eu não sei, nem o Secretario do Thesouro me dá noticia disto para eu a dar a quem V. S.ª quizer, e assim com o favor de Deos se consiguirá a boa amizade. Todo o serviço que eu poder fazer a V. S.ª esteja seguro que não heide faltar. Tudo o que o Reverendo Padre fizer de concerto estou por isso, e hade ficar para sempre. Tudo o mais que se offerecer do serviço de V. S.ª mandame V. S.ª que o servirei como seu criado. Deos guarde a V. S.ª 18 de Janeiro de 1690. 1690 Janeiro 18

Resposta de Antonio Machado de Brito ao Baxá

(Arch. da India, livro das Monções, n.º 57.)

Dignissimo Senhor da Nação Maumetana, que sempre esteja com saude. V. S.ª Sercalil Baxá me escreveo huma carta, mostrando a vontade que tem de tornar a seu primeiro estado, e capitulado, que os antigos estabelecerão em Bassorá, para que assim se consiga a boa correspondencia que com termo estava quasi esquecido nessa terra, cujos moradores devem muito a V. S.ª pela acertada disposição com que trata do bem commum, e conservação desse porto; eu não heide faltar em tudo o que for razão, e ouvirei de boa vontade toda a proposição que V. S.ª me puzer, e deferirei com tanta justiça que seja á satisfação de todos, vindo pessoa idonea, e com poderes para tratar este negocio; o Reverendo Padre, que V. S.ª me diz tras ordem para ajustar comigo, me disse que não tinha otorga de V. S.ª para ajuste, nem instrucção do Secretario do thesouro, o qual tem bastante noticia de tudo como nós, e do que passou com o fementido Osen Baxá; que alem de tomar aos mercadores cantidade de dinheiro em nome dos Portuguezes, e o recolheo, assim faltou áquella fé publica, com que o mundo se trata, reprezando a hum Cavalheiro Portuguez, que pedio lhe mandasse debaxo de palavra para tratar negocio, mal satisfez, ficando a sua carta de treiçaõ; do grande zelo, e juizo de V. S.ª, espero não dará lugar a queixa semelhante a ésta, nem aquy me chegue outras; e eu offereço a V. S.ª a minha vontade, e lhe seguro que para este particular, e todos os mais que o tempo offerecer, me tem prompto. Deos guarde a V. S.ª De Fevereiro 22 de 1690. 1690 Fevereiro 22

Carta de El-Rey ao Vice Rey da India sobre as capitulações de Bassorá

(Arch. da India, livro das Monções, n.º 57.)

1692 Fevereiro 5 Conde de Villa Verde, Vice Rey da India, Amigo. Eu El-Rey vos envio muito saudar, como aquelle que amo. Mandando ver e considerar o que Antonio Machado de Brito, Geral do Estreito, escreveo em carta de 26 de Junho de 690 sobre a paz que tinha assentado com o Baxá de Bassorá na forma das capitulações, e mais papeis, de que com esta se vos envião as copias, me pareceu ordenarvos (como por esta o faço) que segundo o estado em que se achar a observancia destas capitulações, as guardareis, ou não; e se na dilação não houver inconveniente e prejuizo, as não alterareis sem me dar conta, mas havendo-o, fareis o que tiverdes por util ao estado, e mandareis conta do que obrardes, e da rezão que para isso tiverdes. Escritta em Lisboa a 5 de Fevereiro de 1692. — Rey — O Conde de Val de Reys.

Para o Conde Vice Rey da India.

Resposta do Vice Rey a El-Rey

(Arch. da India, livro das Monções, n.º 57.)

1693 Dezembro 8 Senhor. — A estas capitulações de Bassorá não achei nenhum inconveniente, mas antes as considerei muito uteis ao serviço de Vossa Magestade, pois alem de não prejudicarem ao porto do Congo, segundo o que até agora alcanço, ficava em certo modo o Grão Turco rendendo vassalagem á Coroa de Vossa Magestade; porem em uma feitoria que no tempo dos Governadores meus antecessores ali se eregio ante tempo, sem que esta negociação tomasse aquelle assento necessario por meio da confirmação, que se esperava do mesmo Grão Turco, veio este negocio a arruinarse; e sem embargo de que o anno passado pagou a dita praça o tributo das 5:500 patacas com o cavallo, na forma ajustada pelas suas capitulações, tenho agora novamente avisos que ficava esta materia alterada de maneira que o Feitor que alli se havia posto se retirou para o porto do Congo com bem pressa e perigo, e que o povo executára na nossa bandeira e feitoria os effeitos daquella falta de fé, que já outras vezes este Estado naquella mesma praça experimentou; porém se este anno puder mandar armada a aquelles Estreitos, verey a forma em que isto se pode remediar, e satisfazer; e de tudo darey conta a Vossa Magestade pelas vias que me forem possiveis. A muito alta e muito poderosa pessoa de Vossa Magestade guarde Deos por muitos annos, como estas christandades e seus vassallos havemos mister e desejamos. Goa 8 de Dezembro de 1693.— Rubrica do Vice Rey. 1693 Dezembro 8

Carta de El-Rey ao Vice Rey, pelo Conselho Ultramarino, sobre as cousas de Bassorá

(Arch. da India, livro das Monções, n.º 59.)

Conde de Villa Verde, Vice Rey da India, Amigo. Eu El-Rey vos envio muito saudar, como aquelle que amo. Havendo visto o que respondestes sobre as capitulações, que Antonio Machado de Brito, Geral do Estreito, assentou com o Baxá de Bassorá, em que não achastes inconveniente, mas sy serem muito uteis a meu serviço, porque alem de não prejudicarem ao porto do Congo, ficava de algum modo o Grão Turco rendendo vassallagem a minha coroa; porem que em huma Feitoria que no tempo dos Governadores vossos antecessores, que aly se erigira ante tempo, se viera o negocio a ruinar, porque sem embargo de que no anno de 692 pagára a dita praça o tributo das 5:500 patacas como o cavallo na forma ajustada pelas suas capitulações, tivereis novamente avisos que ficava a materia alterada de maneira que o Feitor se retirára para o porto de Congo com bem pressa e perigo, e que o povo na nossa bandeira e feitoria executará os effeitos daquella falta de fé, que já outras vezes esse Estado na mesma praça experimentára; e que se pudesseis mandar armada áquelles estreitos, verieis a forma em que isto se 1695 Março 1

1695 Março 1 podia remediar e satisfazer: e porque o que se pode recear será só o não nos querer a Praça (*sic*) satisfazer os meios direitos de Congo, ainda que a isso mesmo o poderão obrigar as nossas náos; e assim ficará sempre mais util á fazenda real a cobrança dos direitos destas feitorias; me pareceu avisarvos que não podendo hir armada, neste caso proponhais esta materia no conselho do Estado, para que nelle se siga aquella resolução que parecer mais prudente e acertada. Escrita em Lisboa a 1.º de Março de 1695.—Rey—O Conde de Alvor, P.

Para o Conde de Villa Verde, Vice Rey da India.

Resposta do Vice Rey

(Arch. da India, livro das Monções, n.º 59.)

1695 Dezembro 8 Senhor.—As cousas de Baçorá estão hoje em differentes termos daquelles em que estavão quando dei conta a Vossa Magestade, por quanto o Xeque Manne, Princepe dos Arabios da Arabia de cima, tomou o dito porto de Baçorá ao Turco, e está hoje senhor delle, e supposto tenho noticia que elle deseja a nossa amisade, com tudo he necessario que vá a nossa armada áquelle porto para á vista das armas se fazer o concerto; e já neste anno o podéra ter feito o Capitão mór do Estreito Francisco Pereira da Silva; porem teve causa mui relevante e razão politica mui forçosa que o obrigou a não sahir do Congo, e foi ella a noticia universal que no Congo e em todo o estreito corria, de que o Arabio vinha com certeza ao dito Congo a pelejar com a nossa armada, e assim estavão cada dia vindo avisos de Mascate, que a gente do Congo tinha por infalliveis, e não era credito deixar o posto onde corria o boato que nos vinha buscar o inimigo, e mais na occasião em que tinha hido a nossa armada a fazer com o Persa a liga, e segurar o Congo que estava temendo outra invasão do Arabio; com que neste anno disporei sobre esta materia conforme derem os accidentes lugar.

O ajuste que se fez com Baçorá não prejudica aos meios

direitos que nos paga o Congo, pois hum e outro porto he de diverso dominio, e os barcos que da India vão para o Congo, não vão para Baçorá, e se vão a Baçorá he despois de fazerem direitos no Congo, porque são diversos os generos e as fazendas que vão para hum e outro porto, e assy tambem as embarcações que vem das partes do Estreito para Baçorá despois de descarregarem as fazendas que para alli trazem vem com os outros generos para o Congo aonde delles fazem direitos. Deos guarde a muito alta e muito poderosa pessoa de Vossa Magestade felicissimos annos. Goa 8 de Dezembro de 1695. 1695 Dezembro 8

Carta de El-Rey ao Vice Rey, pelo Conselho Ultramarino, sobre as cousas de Bassorá e Persia

(Arch. da India, livro das Monções, n.º 59.)

Conde de Villa Verde, Vice Rey da India, Amigo. Eu El-Rey vos envio muito saudar, como aquelle que amo. A vossa carta de 3 de Dezembro de 93 me foi presente, em que daveis conta de achares perdida a feitoria de Baçorá, a qual era de conveniencia e reputação para o Estado, não prejudicando a do Congo, mas que mandaveis ao Estreito o General Antonio Machado a tratar da restituição da dita feitoria, e a tomar satisfação do menos respeito que se havia tido a minha bandeira; e na mesma carta me pedieis vos ordenasse o que devieis seguir se achasseis meio para se vos entregar a praça de Ormuz, ou tomala no caso que possa ser com reputação das minhas armas, e sem se romper com o Persa, fazendo negociações para conseguir este effeito, a que só vos era embaraço os Inglezes pelas capitulações feitas com a Corôa de Inglaterra, e que por esta causa sem expressa ordem não innovarieis cousa alguma. Espero que da jornada do General do Estreito resultasse os fins para que o mandastes; e no que respeita á praça de Ormuz não ha capitulação celebrada com Inglaterra que possa embaraçar tomarse esta praça por força, ou por negociação, e assy nesta materia 1695 Março 18

1695 Março 18 podereis obrar o que tiverdes por mais conveniente ao meu serviço nos termos em que se não rompa com o Persa, nem se arrisque a reputação das armas Portuguezas, e á vossa prudencia fio o medires esta resolução segundo o estado presente em que vos achares, e vos agradeço muito o zelo e cuidado com que procuraes adiantar o meu serviço, que he mui proprio de quem vós sois. Escripta em Lisboa a 18 de Março de 1695. — Rey.

Resposta do Vice Rey

(Arch. da India, livro das Monções, n.º 59.)

1695 Dezembro 8 Senhor. — No que toca a Baçorá está hoje em diversos termos, porque tomou ao Turco este porto o Xeque Manne, Principe da Arabia de cima, e tenho noticia que quer amizade comnosco, e fazer concerto; este hade ser com a presença da nossa armada, e este anno não pôde hir lá, porque não era credito sahir do Congo quando corria boato geral da Persia, que nos vinhão buscar ao Congo o Arabio, e assy vinhão cada dia avisar ao nosso capitão mór de dentro de Mascate; e por esta resão foi preciso mostrar aos Persas, e gente do Congo que não temiamos o inimigo, assistindo alli até 8 de outubro, em que sahio a nossa armada, e não era já tempo de hir a Baçorá.

Quanto a Ormuz reconheço que entre nós, e os Inglezes não ha capitulação de paz, que prohiba a tomarmos esta praça, mas sim a ha entre o Inglez e o Persa, porque quando o dito Inglez ajudou ao Persa para nos tomar Ormuz, paccionarão que todas as vezes que nós a invadissemos, soccorrerião ao Persa para a defensa; com que supposto que a restauração desta Praça nos he mui facil hoje pela pouca força que o Persa nella tem, emprehendendoo nós, já nos implicamos com Inglaterra, e rompemos com o Persa, o que hoje he digno de grande reparo em resão da liga, que com elle contra o Arabio temos feito, e amizade que nelle experimentamos.

Esta negociação de Ormuz pede sagacidade e manha; eu a comecei já a ordir nas condições da liga, em que propuz, como Vossa Magestade verá, o andarem navios nossos de remo por aquelles mares, e já com esta concessão nos adiantaremos a pedir faculdade para invernarem em Ormuz com o pretexto de que não podem invernar no Congo, e postos nestes termos, o tempo e o estado das cousas insinuarão o progresso. Deos guarde a muito alta e muito poderosa pessoa de Vossa Magestade felicissimos annos. Goa 8 de Dezembro de 1695. 1695 Dezembro 8

Formão que existe na Secretaria do Governo, em letra arabica, e sua traducção parsia, que tudo foi traduzido em inglez em Bombaim, e diz assim a traducção:

May God bless Mr. Joseph Cohen who is a gentleman of the christian religion and a rich and an honest merchant of the Portuguese caste.

After compliments:

Let it be known to you that a communication to the address of my great benefactor, may God prolong his life, has, in these days, been received from you, in which you request him to allow the Portuguese trading ships to come into and go out of this port in the same way as he does in respect to the trading vessels belonging to the merchants from other parts of Europe; and in which communication you also state that you agree to pay customs duty at the rate of Rupees three per cent. My benefactor, may God keep him safe for a long time, took the above request into consideration and has been pleased to comply with them granting permission for the Portuguese vessels to have access always to the Busra port for trade, and my master, may God prolong his existence, has sent a *Firman* (an order) on the subject. I have therefore sent this letter to you by way of informing you about the same. On receipt of this communication by you you should understand that my master, may be kept safe, has granted you the permission asked for, and that he has sent an order on the subject. You should informe the people of your caste and your dependants that they might annually go to the Bunder Busra for trade. When the vessels belonging to the Portuguese merchants and containing merchandise will arrive in this Bunder nothing will be spared to extend to them protection, and due notice and care from here in the same way as is done in reference to the trading vessels from other European countries. What more need be written. —Your sincere friend=signature of Abdoolla.

Abdoolla Kud Khood Bayg bears witness that a letter on the above subject has been received from my master Sooleman Pasha.

Moorar Hulubi bin Oomar Hulubi Durvesh bears witness that this communication has been received from my master Sooleman Pasha.

Hajee Sooleman Durvesh and Meerjan, a dependant of Haji Hoosein Toobal, bears witness that this communication has been received from our master Sooleman Pasha. — Correct translation Mirza Yakobe Beg.

Traducção portugueza do inglez

Deos abençôe ao senhor Joseph Cohen, que he um cavalleiro da religião christã, e um rico e honrado mercador da casta portugueza.

Depois dos cumprimentos:

Saiba v. m. que uma communicação vossa dirigida, ao meu grande bemfeitor, cuja vida Deos dilate, tem nestes dias sido recebida, na qual vós lhe requereis que permitta que os navios mercantes portuguezes entrem e saião deste porto do mesmo modo que o fazem os navios mercantes dos outros portos de Europa; e na qual communicação vós tambem propondes pagar direitos da alfandega a tres rupias por cento. O meu bemfeitor, a quem Deos guarde por muitos annos, tomou o requerimento acima em consideração, e foi servido conformar-se com o pedido concedendo licença para que os navios portuguezes possam sempre vir ao porto de Bassorá a tratar mercancia. E meu senhor, cuja existencia

Deos dilate, mandou um *Formão* (ordem) sobre este assumpto. Por tanto vos envio esta carta para vos informar disto mesmo. Ao receberdes esta communicação, deveis ficar inteirado que meu senhor, seja elle guardado são e salvo, vos tem concedido a licença que pedieis, e que tem mandado uma ordem sobre o assumpto. Podeis informar a gente da vossa casta, e vossos dependentes, de que podem annualmente vir ao porto de Bassorá para mercadejar. Quando as embarcações pertencentes aos mercadores portuguezes, e trazendo mercadorias chegarem a este porto, nada será poupado para se lhes dar protecção, e se tomar delles aqui a devida conta e cuidado no mesmo modo que se faz no que toca ás embarcações mercantes dos outros paizes da Europa. Não ha mais que escrever. Vosso sincero amigo — (Assignatura de Abdullá).

Abdullá Kud Khuda Beyg dá testemunho de que a carta sobre a materia sobredita foi recebida de meu senhor Sulemão Pachá.

Murar Hulubi bin Omar Hulubi Durvesh dá testemunho de que esta communicação tem sido recebida de meu senhor Sulemão Pachá.

Haji Suleman Durvesh e Mirjan dependente do Haji Hussein Tubal dá testemunho de que esta communicação tem sido recebida de meu senhor Suleman Pachá.

Instrucção que ha de seguir o Dr. Gregorio Pereira Fidalgo, o qual vai por Embaixador a El-Rey da Persia, assim para lhe dar os parabens de sua promoção á Corôa, como para ratificar a liga que entre elle e as armas de El-Rey nosso Senhor fez por ordem minha o Capitão mór da armada de alto bordo do Estreito de Ormuz e Mar Roxo, Francisco Pereira da Silva, tudo na fórma dos regimentos que para isso lhe dei

(Arch. da India, livro de Registos, fol. 6 v.)

1696 Março 20 Com a vinda da armada da Persia me chegou o Tratado da liga entre as armas de Sua Magestade e o Rey da Persia, e pelos informes que tive, assim de pessoas praticas daquellas partes, como do Superintendente, e Capitão Mór do Estreito, que seria mui conveniente mandar-se Embaixador a aquelle Principe, assim por elle haver succedido no Reino pela morte de seu Pae, como pelo novo Tratado da amisade que haviamos feito com elle, e achal-o propicio, e inclinado a tudo o que nos tocava, e outrosim constar-me pelos mesmos informes que os ministros da Persia fazião reparo, e ainda davão queixa que mandando a maior parte dos Principes da Europa Embaixadores áquella Côrte, só o de Portugal se não visse nella; com esta noticia, e com a razão de já pela mesma causa na monção passada ter eu ordenado por cartas minhas ao Superintendente do Congo, e Religiosos, que assistem na côrte de Aspão, se desculpassem desta falta quando lha propozessem, com dizerem não ter ainda noticia na India da morte do Rey defunto, nem de que o novo successor occupava o throno, tinha sido a causa de naquella mesma não mandar o Embaixador, porém com a noticia que elles mandarião, tinhão por certo não faltarião naquella côrte com a respondencia, com todas estas causas mandei propor ao conselho do Estado, que me assiste, dessem o seu parecer sobre esta materia de mandar o Embaixador, sem embargo das duvidas que se offerecião da sua recepção de levar carta delRey nosso Senhor, assignada por sua mão, e como ao dito conselho parecesse ser preciso nesta occasião dar-se esta embaixada, e eu me accommodasse com o dito conselho, resolvi eleger a vossa pessoa para esta funcção, fiando de vosso talento, letras, procedimento, e zelo do serviço de Sua Magestade vos havereis nella com tanto acerto, que fique o dito Senhor bem servido, e eu com o gosto da eleição que fiz de vós; e para que saibaes os negocios que se vos encarregão, como a fórma que nelles haveis de proceder em tudo o mais que toca a vossa Embaixada, me pareceu dar-vos esta Instrucção, a qual seguireis na fórma dos capitulos della. 1696 Março 20

1. Chegando aos Cabos de Monssemdão e Jasques, pedireis ao Capitão Mór vos dê embarcação para fazeres avisos ao Superintendente da vossa chegada, e commissão que levaes, remettendo-lhe a minha carta, encommendando-lhe muito que logo expeça aos chauteres ou correios com as cartas, assim para a côrte, como tambem para o Governador de Lará e Schiraz; por esta mesma embarcação mandareis ao Superintendente tres cartas, huma para que elle entregue logo ao Visir, que estiver no Congo, outra para o Governador de Lará, e outra para o de Schiraz, e outra para mandar a Fr. Antonio á côrte; o conteudo destas cartas não ha de ser mais que dares parte a estes cabos em como hides por Embaixador a ElRey da Persia mandado por mim em nome delRey nosso Senhor, e que esperais delles que para mais depressa chegares á côrte, vos tenhão prompto a carroagem, de que necessitares, e franco os caminhos; a de Fr. Antonio ha de conter o mesmo, ordenando-lhe que faça presente a ElRey por via de Grão Visir, ou do Secretario a quem tocar, esta expedição, ou em pessoa a ElRey mesmo na fórma que ao dito Fr. Antonio lhe parecer melhor, accommodando-se sempre aos usos e costumes da terra, e juntamente lhe pedireis vos mande os formões, e expedições necessarias para o commodo de vossa viagem, advertindo-lhe tambem que não sáia da côrte até outra nova ordem vossa, para que occorrendo-vos ser necessario de novo algum requerimento, ou diligencia para a vossa conducção, o tenhaes

1696 Março 20 prompto naquella côrte para o expedir, e no aviso que fizeres ao Superintendente, lhe advertireis que offerecendo-se alguma duvida no remetter das cartas aos Governadores, e Capitães apontados, suspenda estas até vós chegardes ao Congo para conferir com elle, e dispor o que for mais util, porque poderá succeder que sejão mais do que os tres mencionados, e então he necessario escrever aos outros, para que se não escandalisem, e porque a vida dos homens he tão instavel, e fragil, que muito facilmente falta, vos prevenireis na ausencia nas cartas que mandares, sendo a do Superintendente ao Feitor, e a de Fr. Antonio ao Prior do seu convento de Aspão.

2. Chegando ao porto do Congo, não saireis a terra, senão depois de prevenir o que se vos aponta. Em primeiro logar vos informareis do Superintendente se expediu as cartas, que lhe remettestes, se deu conta ao Visir da vossa chegada com a vossa carta, e informando de tudo, obrareis na fórma seguinte. Se o Superintendente não tiver expedido o chauter, o fareis logo partir com as prevenções do capitulo acima. Sabereis do mesmo se o Visir tem disposto mandar-vos visitar a bordo, e quando elle o faça assim, mandareis a vosso Secretario a terra agradecer-lhe esta cortezia, e quando elle se haja descuidado nella, fareis muito por introduzir que elle o faça, ou insinuando-lhe o Superintendente por si em fórma de amisade, e confiança que faz delle, ou por algum fiel que o dito Superintendente tenha para com este; mas esta negociação ha de ser com grande cautella, que não pareça nunca pretenção vossa, porque não se entenda o pretendestes, e o não conseguistes, advirtindo-vos que daqui havereis de principiar a norma que haveis de seguir nas mais terras, em que houver mais Visires, e Cabos das cidades, em que passares. E no caso que o Visir haja faltado a esta civilidade, ou se não dê por entendido das insinuações que lhe fizerem, mandareis a vosso Secretario a terra com recado ao dito Visir dizendo que lhe dais parte em como sois chegado áquelle bandel, e vindes com Embaixada a ElRey da Persia, mandada por ElRey nosso Senhor, e expedida por

mim pelas ordens que tenho de Sua Magestade, que Deos guarde, e depois destas primeiras cerimonias, e tendo prevenido casas no Congo, aonde vos aposenteis, e poderá ser a feitoria, ou aposentos dos Padres, saireis a terra, e se depois de estar nella o Visir vos vier a visitar, lhe pagareis a visita na mesma fórma. 1696 Março 20

3. Chegando os chauteres assim da côrte, como das praças, a que forão remettidos, e vos trouxerem resposta da boa recepção da vossa pessoa, em que vos esperão com prompta carruagem para a expedição da vossa viagem, e vos cheguem outros seus despachos da côrte, vos poreis logo a caminho, e no caso que as expedições da côrte não tenhão chegado, e só vos tenha vindo as respostas dos Governadores e Capitães das praças, e nestas vires vos facilitão sem opposição o fazeres a viagem, e ser recebido como Embaixador delRey nosso Senhor, neste caso podereis logo fazer vossa viagem, e avançar o tempo e caminho, que vos havia detido a espera da resposta da côrte, para o que prevenireis a Fr. Antonio ordene ao chauter que encontrando-vos no caminho, vos dê as cartas, para o que por todas as cidades por onde passar perguntará se sois chegado a ellas.

4. Durante a vossa estada no Congo vos prevenireis de tudo o que vos for necessario para a jornada, e tendo o Superintendente cobrados os cavallos da pensão, tomareis delles os que vos forem necessarios, assim para vós, como para a vossa familia, e no caso que estes se não tenhão ainda cobrado, ordenareis ao Superintendente e Feitor comprem logo todos os que necessitares para esta condução, para o que vae assento do conselho da fazenda assim para esta despeza, como para as mais que haveis de fazer, tudo na fórma do dito assento.

5. No decurso da vossa viagem seguireis a fórma que usou Garcia da Silva Figueiroa na Embaixada que foi dar á Persia, para o que levais o diario della, mas de modo que poreis todo o cuidado em evitar os vagares, com que este a fez, nem tambem vos deveis atar restrictamente ás cerimonias daquella Embaixada, porque poderá ser que a diversidade

1696 Março 20 do tempo tenha introduzido novos estillos e costumes, mas sempre deveis de procurar se vos fação todos os obsequios que a este, e ainda com mais vantagens que poderes conseguir.

6. Em todas estas cerimonias que vos apontão, e achares na Embaixada de Garcia da Silva de Figueiroa, vos havereis com grande prevenção, não as praticando a vossos conductores, como pretensão que vós tendes de que se vos faça o que a aquelle, senão só como quem sabe as cerimonias e costumes do paiz; porque de se entender o requereis, poderá nascer duvidarem o que talvez não tenhão de fazer, e vireis a advertir-lhe o de que se não prevenião, principalmente com os Cabos e Visires das cidades por onde passares, aos quaes direis sempre hides em nome delRey nosso Senhor, e expedido por mim, porque como estes estão longe da côrte, não poderá a malicia estrangeira introduzir politicas para embaraçar a nossa negociação com pôr duvidas no vosso recebimento, os quaes fazendo-os estes como devem, ficais com posse para a côrte, aonde os estrangeiros já não poderão fallar, por não dizerem ao Persa, ou mostrar-lhe não sabia o que fez.

7. E porque os informes de algumas pessoas differem no de onde ha de principiar o Persa a fazer a condução e despeza da Embaixada, e huns digão que logo do Congo, outros de Xirás; neste caso com as prevenções que se vos apontão saireis do Congo o mais prompto que vos for possivel, e esperareis huma jornada de Xirás as resoluções da côrte, sem as quaes convem não entreis na dita Xirás, porque se não desculpe o Governador daquella cidade, de que não tem ordem do Rey tocante a vossa pessoa, e commissão que levais; porém se o dito Governador vos mandar recado a caminho dizendo que espera por vós, neste caso continuareis a vossa viagem, e entrareis na cidade, fazendo nella a menor dilação que vos for possivel.

8. Tereis particular cuidado assim no discurso da jornada, como na entrada, e assistencia da côrte de que se vos não falte em nada que se fez aos mais Embaixadores, antes pro-

curareis ser tratado com mais vantagem, e avançar a grandeza delRey nosso Senhor aos mais Reis do mundo, havendo-vos com grande consideração nesta materia. 1696 Março 20

9. Antes de chegar á côrte, e tendo-vos ajuntado com Fr. Antonio, sabereis delle se antes de entrar nella vos ha de vir receber algum ministro delRey, e que pessoa he, e se he o de igual cargo e titulo dos que conduzir os mais Embaixadores, ou se a estes se dão conductores como em Europa, e informado que em tudo se obra com igualdade, não tendes que pôr duvida em nada; porém se aos Embaixadores das outras coroas se deu conductores, deveis deter-vos, e antes de entrar na côrte pedil-o, advertindo-vos que em tudo deveis seguir o costume da nação, e não as normas da Europa.

10. Se na côrte com o vosso aviso se vos tiver prevenido palacio para o vosso aposento, ireis logo para elle, e se não, em quanto se vos accommoda, podereis aposentar no nosso convento dos Augustinhos, observando primeiro o não se fazer na côrte reparo nisto.

11. Estando prevenido de tudo o que for necessario para a vossa entrada, pedireis logo audiencia a ElRey, e nesta primeira não tratareis de mais que de dar-lhe a carta de crença que levais, e dizer-lhe que ElRey nosso Senhor lhe manda dar os parabens da nova successão do governo, e agradecer-lhe a amigavel liga, em que contra o inimigo Arabio quiz Sua Magestade entrar unido ás soberanas armas de sua corôa com as sempre invenciveis e reaes delRey nosso Senhor; e nesta primeira audiencia não tratareis mais que cumprimentos. Se o Rey vos fallar logo em alguma negociação, lhe direis que guardais esta materia para a segunda audiencia, por não ser razão misturar no primeiro dia que o vedes o recado que levaes delRey nosso Senhor com os negocios politicos, que esperaes delle vol-a dê brevemente, e juntamente achal-o com igual vontade para as utilidades de um e de outro Estado.

12. E porque poderá succeder que os Persas, como bons politicos, queirão primeiro ver a fórma da carta de crença

1696 Março 20 na duvida de não ser assignada por ElRey nosso Senhor, ou em seu nome, lhe podereis mostrar a minuta della, a qual se vos dá com o traslado da minha patente, quando elles reparem, para assim lhe mostrar o poder que me he concedido, em que me parece não porão duvida alguma, principalmente tendo nós a experiencia com que sempre tratarão comnosco em todos os nossos concertos e tratados que fizemos, e ultimamente o do anno passado feito commigo em nome de Sua Magestade, de mais que vos não faltarão exemplos, com que reforçar as vossas razões, principalmente os da Europa, como he o Vice Rey de Napoles, Capitão General de Flandres, Governador de Milão, que todos mandão Embaixadores ás côrtes vizinhas em nome do seu Rey, e com carta sua, e sem ella muitas vezes só por si proprios, deixando os mais exemplos da India, em que os soberanos della recebem os embaixadores do Vice Rey, de que será boa testemunha o Principe Sultão Acabar, filho do grande Rey Mogor, assistente na côrte da Persia, o qual na de seu pae vira muitas vezes Embaixadores nossos, mas poreis todo o cuidado em evitar estas duvidas, nem pol-as em pratica, ainda com pessoas mais confidentes, porque muitas vezes dos reparos he que nascem as difficuldades, e do muito prevenir suscitar o que talvez não lembra, e assim os exemplares da carta de crença, como da minha patente não mostrareis senão depois de esgotar a ultima destreza politica, e ficar certo que sem isto não conseguireis a boa recepção, e o fim a que sois mandado.

13. Passada a primeira audiencia pedireis segunda, em a qual dareis a minha carta, pedindo a ElRey que vos dê conferente para tratar os negocios que levais, quando se vos já não tenha dado, porque me dizem ser costume daquelle Reino o dar-se logo immediatamente á primeira audiencia, e porque poderá ser que ElRey da Persia vos responda lhe deis por escripto as negociações que levais, e o mesmo diga o confidente para mostrar ao seu Principe, poreis grande attenção na fórma destes papeis, de maneira que nunca interprete a soberba daquelle Principe he petição, ou aras, como

elles chamão, senão huma proposta de coroa a coroa, e de Soberano a Soberano, e assim sempre lhe poreis na primeira.—Propõe o Embaixador do grande Rey de Portugal ao grande Rey da Persia — e nas seguintes — Propõe mais, etc.—advertindo-vos que posto que deis ao Rey, ou ao Ministro vosso conferente, ou áquelle que na côrte tivér incumbencia dos negocios, o que lhe propozeres por escripto, os praticareis tambem para melhor lhe mostrares as utilidades que se propõem, e facilitar o fim da negociação. 1696 Março 20

14. Dando-se-vos conferente, procurareis logo o logar, onde se ha de ajuntar para a conferencia, que sempre deve ser no palacio, secretaria d'Estado, ou logar terceiro, e não havendo este naquella côrte deputado para similhantes actos, pretendereis seja em vosso palacio, e não em caza do Ministro conferente, tendo entendido que não só nos dias das conferencias, e no logar assentado para ellas, podereis com o dito Ministro fallar nas negociações que levaes, senão tambem nas visitas reciprocas, que com elle tiveres, quando occasião se offereça para isso, e vos parecer necessario.

15. Entrando na negociação para desta sahires com todo o acerto, em primeiro logar haveis de observar se o Persa está persistente para fazer a guerra, e se este a continuará com effeito, e se o leva a ella o aggravo que se lhe fez no Congo, e se não só para o castigo deste, mas tambem pela ambição da conquista, se tem já expedido as ordens para a campanha, formado os exercitos, nomeados os Cabos delles, promptas as munições, bagagens, e mais necessario para ella, e pelo contrario, se se acha frio na guerra, que promettia fazer, se não tiver disposto nada para esta, se não tiver levantado gente, e promptos os petrechos, como polvora, balla, e mais munições de bôca e guerra, se o animo do Rey he mais inclinado ao regalo da côrte que á fadiga da campanha, se será facil em abraçar a paz deixando-nos fóra della, ou se preferirá a sua palavra ás maiores conveniencias, se se deixa governar pelos Ministros, ou se com liberdade os manda, e tomando o melhor informe destes affectos e disposições podereis caminhar seguro nas negociações que le-

1690 Março 20 vaes, ficando certo que do conhecimento se segue o acerto a quem n'o procura.

16. Se o Persa estiver firme na guerra, e com todas as disposições necessarias para ella, o estimulareis á brevidade da expedição desta, para que neste anno se comsiga alguma empreza na Arabia, mostrando-lhe as conveniencias que se seguirão da promptidão, e para o obrigar a esta, lhe repetireis o aggravo que lhe fez o Arabio, e o atrevimento deste, sendo tão inferior a sua grandeza, e que da dilação se seguiria o entender aquelle inimigo dissimula Sua Magestade com o castigo, e soffre o aggravo, não poupando diligencia, nem arte para o persuadir lhe convem o fazer esta guerra, assim pelas razões ditas, como por ser a primeira acção do seu governo, a qual deve ser principio para as mais; porem em todas estas praticas, e estimulações que fizeres, sempre ajuntareis a ellas alguma reserva, para quando se offereça ser necessario persuadil-o á paz, não esteja elle tão preoccupado das vossas razões para a guerra, que depois com ellas vos responda a negativa da paz.

17. Porém, pelo contrario, achando o Persa lento na guerra, sem disposições para ella, que busca cautellas para se desculpar comnosco para a fazer, procurareis persuadil-o a ella com as razões acima, e com as mais que se poderão offerecer, dizendo-lhe que Sua Magestade não deve faltar ás condições da liga que comnosco fez, e a carta que me escreveu, em virtude da qual lhe remetti huma grossa armada, divertindo-a de emprezas mui necessarias, e uteis, que tinha na India, e dispendendo com esta grossos cabedaes, o que não fizera, se não fôra o agradal-o e soccorrel-o em empreza do seu credito, e tambem para mostrar-lhe o quanto nós sabiamos empenhar-nos pelos amigos, e por que poderão elles defender-se com que, posto nos hajão promettido fazer a guerra, e pedido nos ajuntassemos para ella, que como da nossa parte não foi o soccorro, que pelo Persa se pedia, não estava elle obrigado, havendo nós faltado no numero dos barcos, a sem elles emprehender a guerra, a que lhe podereis responder que nos seria mui facil mandar este numero, se a

necessidade o pedisse, mas como para o inimigo Arabio, ainda o que hia superabundava, era de mais mandal-o maior, antes seria a causa de impossibilitar a peleja, porque se o inimigo se não atraveu a sair ao combate com a pouca força que mandei o anno passado ao Estreito, como ousaria a fazel-o com o maior poder; demais que se ElRey queria os vinte barcos para a segurança do mar, vós lhe asseguraes com aquelles se franqueia; e quando diga que os queria para os transportes da gente, lhe respondereis que nunca os barcos de guerra podião servir para o tal effeito, e que a gente e cavallaria ha de passar nas terradas dos portos maritimos do dito Rey, cujas embarcações ha em abundancia nellas, e são proprias para o desembarque, e se os ministros da Persia e o Rey disserem que elles não receberão aggravo no saque que o Arabio deu no Congo, e que só este foi feito a nosso respeito por estarmos lá com a feitoria, tendes a resposta e prova contraria tanto a mão, que he demais o explicarvol-o.

1696 Março 20

18. E por que poderão os Persas persuadir ao Rey a dissimulação da guerra com difficultarem as consignações para ella, neste caso proporeis, e fareis muito para introduzir que quando a não fação ao Arabio com as armas, ao menos se faça com as ordens, e devem ser mandal-as o Persa a todos os seus portos maritimos, inviolaveis e precisas, e com cominação de pena capital a todo que fizer commercio com o Arabio, e levar mantimentos, e consentir que o Arabio os venha buscar a elles, e as mesmas penas para todo o vassallo do Persa que for servir ao Arabio, e ordenará aos Baluchos o mesmo; as negociações, escrever o Rey aos Principes confinantes com a Arabia, e ás cabildas della, para que sacudindo o jugo, com que os opprime o Imamo, promettendo favorecel-os e ajudal-os com os soccorros, e com estas negociações se fará ao Arabio ainda maior guerra, as quaes as deveis persuadir não só achando-o lento na guerra, mas ainda estando elle persistente em a fazer, e com tudo prompto para este effeito, porque ainda no caso que se passe gente a Arabia, sempre o Persa deve fazer o mesmo com as cabildas, e mais

1696 Março 20 Regulos, promettendo-lhe seguro, e favores, e guardar-lhes seus previlegios e isenções no caso que elles tomem o seu partido.

19. E porque me dizem que hum Principe Arabio da contra costa tinha mandado offerecer-se ao Persa para fazer guerra ao Imamo, se o Embaixador deste ainda se achar na côrte, procurareis ter boa côr com elle para introduzires tambem alguma negociação comnosco, e juntamente persuadil-o ás utilidades que tirará da guerra contra o Arabio, e da nossa amizade; porque não só estenderá os seus dominios, mas tambem do commercio que nós lhe franquearmos assim para os portos que conquistar, como os que tem no Mar Roxo, não poupando diligencia ao estimular á guerra com razões que conduzão para ambição, ou para a gloria, dizendo-lhe outrosim que ainda não entrando o Persa na invasão do Imamo, bastará elle por terra, e nós por mar para o obrigarmos a saír do que tem usurpado.

20. E porque poderá succeder que ao tempo da vossa chegada á Persia tenha o Imamo mandado Embaixador ao Rey da Persia, e este esteja recebido na côrte por dar satisfação do aggravo que lhe fez, vereis em primeiro logar o como este tem sido recebido, se ouvem as suas propostas, e se recebem a sua escusa, e se se achão os Ministros, e o Rey com a inclinação de assentir ao que lhes pede, e com esta observação introduzireis a vossa negociação, que todo fim della ha de ser encontrar que o Persa não venha na paz sem que nós entremos tambem nella, na fórma do capitulo 8.º dos concertos da Liga, em que o Rey da Persia segura com a sua palavra o fazel-o assim; e se este Embaixador for mal acceito na corte, despresado nella, e o Rey esteja firme em o não ouvir, neste caso procurareis introduzir ao dito Embaixador por alguma espia de maneira que nunca se persuada nem elle, nem nenhuma da corte ser insinuação vossa, a que solicite a vossa protecção para com o Rey, e vos offereça para a alcançar todo o bom partido para nós: e se este cahir nesta destreza, e vos fizer propostas avantejosas, mostrando-vos poderes que para isso

tenha, e pedindo-vos a vossa mediação, a primeira resposta que lhe dareis será, que nós não procuramos interesse algum mais, que a satisfação do aggravo feito ao Rey da Persia ao porto do Congo, e aos barcos de seus vassallos, e que sem o Imamo dar esta muito á satisfação e grandeza delRey da Persia, não havemos de admittir pratica alguma, nem sobre qualquer materia, sem a participar ao dito Rey da Persia, e procurareis muito que esta proposta ou seja feita por pessoa em diante de alguma, que vos possa servir de testemunha assim de sua pratica, como da vossa resposta, no caso que vos seja necessario, e logo immediatamente hireis buscar o vosso conferente, e dareis parte da proposta que vos fez o Arabio, dizendo-lhe lho fazeis presente, e lhe daes aquella parte para que logo o faça presente a ElRey, porque não quereis se entenda de vós, nem dos Portuguezes fallarmos, e ouvirmos pratica, que não for muito a seu gosto, e que lhe pedis vos ordene o que quereis faça, mostrando-lhe em tudo grande franqueza, e confiança que fazeis do dito ministro. 1696 Março 20

21. E dando-vos resposta, em que entendais que poderá o Rey ouvir pela vossa mediação algum ajuste da paz, e receber a satisfação que lhe der o Arabio, fareis muito que esta seja tratada por vós para juntamente melhor assentarmos a que tambem deve ter comnosco, e neste caso direis ao conferente, que visto a piedade delRey em perdoar áquelle inimigo, que para que a satisfação seja toda a agrado do dito Rey, vos deixe obrar nesta materia para que o Arabio venha em tudo que se quizer, devem os Ministros da Persia, ainda o mesmo Rey, mostrarem-se persistentes na negativa, e vós fazer ao Arabio mui difficultoso o conseguir-se que o Persa lhe perdoe, mas sempre dando-lhe esperanças de que vós fareis tudo possivel para o conseguir, quando o Arabio venha n'uma paz aventejosa, assim para nós como para o Persa.

22. E porque he mais provavel pelas noticias que temos que não terá o Arabio mandado Embaixador á côrte, e antes esperará que a nossa armada chegue, ou na consideração de

1696 Março 20 faltar ella este anno naquelles mares, para melhor lograr sem a nossa opposição os insultos nos portos daquelle Estreito, ou para que vendo nelles e arreceando a guerra com a franquia que nós faremos aos Persas para passar a Arabia, e neste caso poderá mandar propor ao Capitão Mór, e a vós partidos das pazes, deveis de responder-lhe com tal destreza que nem pareça lhe concedemos, nem lhe negamos, desculpando sempre que sem a satisfação do Persa não havemos de vir nunca nellas; com advertencia porém que as respostas hande ser segundo achares as disposições das praças, porque se estas estiverem prevenidas e promptas para a disposição da guerra, devem ser mui succintas, e remettendo tudo á vontade do Rey da Persia, e pelo contrario não achando estas prevenções, deve ser ouvida esta pratica, porém nunca com duvida *(sic)* sem primeiro ser tratado tambem com o Rey da Persia, ao qual depois das primeiras visitas dareis parte, ou pelo conferente, ou em pessoa a elle, do que se nos propoz, e das respostas que destes; e achando que o Arabio pede a paz com certeza, e nos satisfaz na fórma dos capitulos, que se vos dão para ella, dando-nos as conveniencias que pretendemos, não poupareis diligencia alguma neste caso para fazer vir o Persa na paz com as prevenções, que nesta Instrucção se vos dão, e quando se consiga, deveis de procurar sempre que seja na fórma dos capitulos que se ajuntão a esta.

23. E porque poderá tambem succeder que ainda tendo o Persa expedito a guerra, e os seus generaes hajão passado, e feito alguma conquista na outra banda da Arabia, e neste tempo escrevão á côrte dando parte que o Arabio lhes pede paz, e o Capitão Mór vos faz o mesmo aviso, sempre obrareis em fazer vir o Persa nella, obrando em tudo na fórma dos capitulos acima, e segurando-vos sempre da certeza da petição do Arabio, porque poderá mui bem succeder, que como estes Mouros são venais, hajão comprado os Cabos da Persia, ou para com a pratica da paz entreter as acções da guerra, ou para fazer que o Persa lhe remetta esta determinação a elles, que pela mesma razão poderão deixar-

vos de fóra, o que não poderão conseguir fazendo-o o Rey, e ainda poderá haver mais razão para os Cabos Persianos fingirem esta proposta ao seu Rey, e será que como são deliciosos e amigos do descanço, valerem-se desta escusa entretida para se defenderem, por não haver dado promptamente execução ás ordens do seu Rey: e assim deveis ir com grande cautella nesta materia, e não dar credito sem teres aviso do Capitão Mór e Superintendente, mas ainda que estes vos não previnão, como poderá ser verdade o que os Generaes avisão, tereis grande reserva para a fórma em que vos haveis de haver neste caso, sem negal-o, nem concedel-o até não virem os vossos avisos, e podereis dizer que sempre entendeis que o Arabio ha de pedir as pazes a Sua Magestade, pois se vê tão apertado das nossas armas, e das da Persia, mas não podeis certificar em quanto vos faltão os avisos. 1696 Março 20

24. Se o Arabio pedir pazes ao Capitão Mór, não estando ainda os Generaes da Persia em campanha, ou estando elles já nella, buscar o Arabio a sua medição para a conseguir, com o seu aviso obrareis em fazer vir o Persa nella na mesma fórma que se vos tem dito, e poreis todo o cuidado em que quando o Arabio não mande Embaixador á côrte para a satisfação que deve dar nella, como tambem para na mesma se fazer o Tratado, e este se faça em baixo por meio de algum Vizir em nome delRey e pelo nosso Capitão Mór, fazendo que os despachos da côrte para este effeito vão ao Vizir tão precisos, que não se possa afastar delles pelo receio que comprando-o o Arabio, não meta algum artigo na paz em desvantagem nossa, e assim fareis os que nos tocarem vão inclusos, e referidos nas ordens do Persa.

25. E porque pelas novas que tive de Surrate, posto que não certas, em como o Imamo era morto, e os filhos e sobrinhos se achavão divisos entre si com evidencias de passarem ás armas, para por meio dellas occupar o throno aquelle, a quem o poder e fortuna lho adquirisse, causa porque ordeno ao Capitão Mór que achando ser isto assim, faça toda a negociação por fomentar estas divisões; e quando alguma das parcialidades pareça ser util o favorecel-a, promettendo-nos

1696 Março 20 aventejosos partidos, o faça; e neste caso, ou com aviso do Capitão Mór, ou com sciencia que levais já do Congo, fareis tambem com o Persa tome a dita parcialidade debaixo de sua protecção na mesma fórma que nós havemos feito; e para que elle não desconfie de a havermos recebido sem a sua participação, direis que nós favorecemos aquella parte não tanto por nós, quanto em seu nome, por entender que Sua Magestade assim haveria por bem; pois era acrescentarmos mais hum inimigo ao contrario, diminuindo-o ao seu e nosso poder, e por este meio teriamos mais franca passagem na Arabia, e o desembarque sem opposição.

26. E succedendo que os pertensores á successão do Imamo se tenhão accommodado entre si, e eleito hum só para o goverino, e este por querer a paz, ou para com ella não divertir as forças, que lhe são necessarias para sustentar o throno, haja dado satisfação ao Persa, ou lha queira dar, e este lha admitta, querendo-nos deixar de fora pela razão de dizer que elle não fez a Liga se não entre o Imamo defunto, do qual tinha recebido o aggravo, e faltando aquelle, lhe faltava juntamente o objecto para a vingança, que não he razão que castigue ao innocente do delicto de que a morte livrou ao culpado; quando o Persa queira valer-se desta tão frivola razão para vos deixar de fóra, ou para não continuar a guerra, vos opporeis com toda a razão a este seu dizer, mostrando-lhe a despeza que fizemos em vir ajudar aquella guerra fiados na sua palavra, e que faltando Sua Magestade ao promettido, não só falta a ella, mas tambem a se satisfazer do aggravo recebido do Arabio, porque este entre as testas coroadas nunca se entende de pessoa alguma, senão de corôa a corôa, e como estas nunca morrem, sempre a pedra que em huma se manchou, nunca póde tornar ao seu lustre sem que pela outra com a satisfação seja limpada, e que posto que ElRey diga que já tem recebido esta satisfação, por lha ter dado o novo Imamo, nunca terá aquelle lustre, antes ficará mais embotada no caso de nos deixar de fóra, porque no mesmo tempo que disser a historia, memoria do mundo, que Seha Hocen deu a paz ao Imamo polla satisfação que

lhedeu, tambem hade constar que faltou ao seu amigo o grande Rey de Portugal, com que se tinha ligado, por este com o animo generoso ao mesmo tempo que soube do insulto do Congo lhe mandou offerecer suas armas para o castigo do inimigo; e quando pelo contrario o Persa não tenha recebido a satisfação do novo Imamo, e a não queira admittir, fazendo-nos este os partidos que pertendemos, pela ambição da conquista; neste caso vos valereis então das mesmas razões que elle vos podia dar nas escusas de haver recebido a satisfação, e para que em Capitulo vos diga o que deveis obrar em tudo, e ao que se encaminha a vossa Embaixada, he que a paz do Arabio, ou seja pedida ao Rey da Persia por Embaixador que o Imamo mande, ou por via dos Generaes da Persia, ou polla do nosso Capitão Mór, sempre haveis de fazer que nós entremos nella com credito e gloria das armas delRey nosso Senhor, e utilidade do Estado, preferindo sempre primeiro as duas cousas á terceira; e no caso que para a paz não haja nenhuma apparencia, deveis com toda a força apertar as expedições da guerra, porque da promptidão e execução desta se poderá tirar depois as consequencias da paz. 1696 Março 20

27. Ao conselho do Estado pareceu, posto que não uniformemente, que não invernasse a armada do Congo, e porque o Persa, e seus ministros poderão considerar a mesma impossibilidade, e com esta presumpção valerem-se de destreza comnosco para mostrar que querem fazer guerra, e que á execução desta se falta por nós, por não podermos ajudar no tempo da invernada, em que nos recolhemos a Goa, desfareis as suas razões com muitas que vos não faltarão para lhe mostrares o falso da sua opinião, principalmente dizendo-lhe se com effeito se elles quizessem a guerra, tiverão a gente prompta, e as disposições para ella nos portos maritimos, para que no mesmo tempo que a nossa armada chegasse a elles, a escoltasse para a passagem da Arabia, que esta supposição me obrigou, e tirou toda a duvida para mandar promptamente a armada, como se me pedia, e como o dito Persa não teve a gente prompta, está

1696 Março 20 foi a causa de se perder tanto tempo da invasão, e conseguir alguma conquista contra o inimigo, e do mais que ainda ajuntando-se o exercito até aos primeiros de Outubro, poderão neste mez, e de Novembro, e de Dezembro fazer a passagem a outra parte, e nella tomar alguma praça, a qual se faça de armas, e nella ficarão os Persas sustentando-se, em quanto nós himos accommodar e concertar os nossos navios a Goa, demais que o de que o Persa necessita he que nós façamos a guerra por mar, e elle por terra, para a boa disposição do que he melhor que a nossa armada venha invernar a Goa, porque tendo no mez de Outubro e Novembro franqueado a passagem ao exercito Persiano, e este tendo assente arraial e praça de armas na parte mais conveniente da Arabia que lhe parecer, para a facilidade dos soccorros, e conducção dos mantimentos, ha de nossa armada hir pela costa abaixo, fazendo toda a destruição ao Arabio, e depois vir á da India para impedir os soccorros que do Canará vão para Mascate, e concertada e apparelhada na invernada, partir no mez de Março subsequente a pôr-se no Cabo de Rosalgate, e barra de Masquate, para impedir outrosim os barcos, que do mesmo Canará, e mais partes vão para Mascate, fechando-se esta porta ao inimigo, por onde lhe entra o alimento para a sua subsistencia, e na falta deste, e a força com que por terra lhe apertar o exercito Persiano, o fará brevemente render, ou consumir entre si mesmo, e demais que armada só assim poderá fazer grande effeito, porque partindo de lá no mez de Novembro, ainda a poderei mandar no mesmo anno em Março para os cabos, porque com pouco tempo que esteja na India, poderá refazer para tornar ao Estreito; porém esta ultima razão não promettereis senão no caso que vos parecer ser necessario e preciso, porque poderá ser que a não possamos aprestar em tão breve tempo pela falta que temos nos armazens, como vos he notorio.

28. E posto que se vos ordena que com toda a brevidade, acabada vossa funcção, venhaes nesta mesma monção para a India, não he isto tão preciso que não no seja

mais o effectuares os negocios que se vos manda, e assim 1696
quando entendaes o ser preciso ficares na côrte, e com Março
vossa assistencia nella tendes por certo e sem duvida con- 20
guir infallivel expedição da guerra, ou a effectuação da paz, neste caso só vos podereis deter, e esperar para outra monção; porém se vires que nos Persas tudo são promessas, e nada effeito, neste caso vireis logo, porque posto que não se consiga mais do que o Persa não admittir commercio dos Arabios nas suas terras, e nellas ordene lhe não vão mantimentos nenhuns, nos basta isto para lhe fazer sufficiente damno, pois com os dois mil Timões, que o Persa nos ha de dar para pagamento de nossa armada, e com a meia alfandega fazemos as despezas da armada.

29. Os Hollandezes como os nossos maiores inimigos na India handem ser os que mais se opponhão aos nossos partidos, assim contra estes he que vos haveis de armar de toda a destreza politica, e se estes disserem que nós faltámos de invernar no Congo por falta das embarcações, que temos, gente e mais soccorros de Portugal, podereis mostrar ao Persa que muito mais lhes falta a elles com as guerras da Europa, mostrando-lhe tambem se achar com a esquadra que aqui esteve, e forão fugindo dos Francezes, pois se não atreverão com onze barcos a pelejar com cinco; mais que tudo vos fundareis que estes homens não são mais que huns mercadores vassallos de huma republica sem Rey, e o seu interesse não he mais que mercancia, e aonde acharem mais lucro, para esta o hande ir buscar, sem cuidar na fidelidade que se deve á amisade que tem com o Persa, e tanto assim que estão levando monições, e mais necessarios aos Arabios, e que ao mesmo tempo que negoceiam com o Rey o fazem tambem com o seu inimigo, o que se não acha em nós, pois não fazemos o commercio mais que de armas.

30. Os Inglezes tambem póde ser se nos oponhão com o receio de que o Persa com a nossa amisade nos torne a largar Ormuz, e contra estes achareis as mesmas razões que os Hollandezes, e muito mais sendo elles os que provêm de armas, polvora, e ballas aos Arabios.

1696 Março 20

31. A conformidade da Liga he materia de tanta importancia que necessita de toda a attenção, porque o pedir ao Persa retefique o que já deu, poderá dar-lhe razão para duvidar do que prometteu com apparente desconfiança do pouco que seguramos da sua palavra, e assim sempre haveis de mostrar não duvidaes nada da certeza e effectuação dos Capitulos dos concertos, e o que só procuraes he a explicação de alguns delles.

32. No que toca ao 1.º em que diz nós levemos vinte barcos para aquella empreza, affirmareis a facilidade de os podermos mandar, e que não por esta causa, senão pela de não ser necessarios tantos, o não fazemos; demais que nós nunca faltámos a esta condição; e posto que para o Estreito não vá completo este numero, não faltámos nós em pôr no mar as ditas embarcações por causa da mesma guerra, pois as que faltam para o Estreito, as deitamos na costa do Norte e Sul a impedir que os Arabios não venhão a ella, fazendo-lhe com isto não menos guerra com lhe tirar os grandes lucros que levão da India; e posto que a armada esteja no Estreito, como Mascate está fóra delle, não he possivel sem náos na India fazer-lhe esta guerra, e impedir lá aquella porta; e assim vereis se podeis fazer declarar neste Capitulo diga só o Persa que tragão a força que lhe parecer para esta empreza; porém vos advirto que entendendo que fallar nisto parecerá falta nossa, e lhe daremos motivo para largar o nosso partido, não fallareis em tal, antes facilitareis o hirem as vinte embarcações que se nos pedem, com as desculpas que faltarem este anno, o que se vos tem dito.

33. No Capitulo 6.º das embarcações de remo, que se nos pedem para guarda do Congo, proporeis que não só estas seis, mas muito mais forão, se tivessemos logar seguro onde as recolher na invernada, o que se não póde fazer no Congo, por ser costa brava; e assim que deve Sua Magestade darnos logar em Ormuz para este effeito; mas tereis grande cautela nesta proposta, e a não fareis sem primeiro vol-a facilitarem, porque a desconfiança dos Persas não entenda que por este meio queremos introduzir-nos naquella praça, que

foi nossa, e os Inglezes moradores no Comorão com o ciume 1696 Março 20
de nos ter tão vizinhos lho dem tambem desta nossa pretenção.

34. No Capitulo 7.º deveis pedir que não tão sómente aos estrangeiros que commerceão nas suas terras ordene que não vendão polvora e munições ao Arabio, como prometteu, mas tambem não fação contrato nenhum com os Arabios, nem vão ao porto de Mascate, porque indo a elle, fica improvavel o vender-lhe polvora e balla.

35. No Capitulo 9.º no caso que o Persa não tenha já gente em baixo para passar a Arabia, fareis que se declare neste Capitulo com quanta entra elle para esta guerra, que tempo o em que ha de estar junta, e em que parte ha de fazer o arraial, e assim o numero, o logar, e fórma ha de declarar neste Capitulo por parte do Persa, advertindo-vos que posto que este Rey tenha muita gente na marinha, nenhuma dêlla he capaz para esta empreza, excepto os Arabios do Xeque Ques, seus vassallos, e assim he esta os Baluchos, e alguns Gazeis (?) baixos, á conta delles deve fazer esta guerra, e de todas estas cousas ficarem com as declarações que se pede, he que se segue obrar-se com o seguro effeito della, porque então saberei eu dispôr o tempo preciso em que a armada ha de ir, e em que deve chegar ao Estreito, que casta de embarcações são mais necessarias, pois a duvida desta certeza he que foi a causa de eu não passar em pessoa a aquelles mares, por não ser razão que fosse na incerteza de não achar prompta a gente para a expedição, e fizesse huma viagem sem fim certo, pondo em duvida muitas consequencias que se podião seguir na India.

36. No Capitulo 11.º se acaso se fizer a paz, vereis se podeis conseguir que o Persa nos continue os dois mil Timões, que nos dava para a guerra alem da meia alfandega, mostrando-lhe que sem embargo da paz se effeituar, para fazer que os Arabios como pouco fieis não alterem esta, e vivão com respeito, he necessario que a nossa armada vá todos os annos áquelles mares, o que não poderá fazer senão ajudados com este subsidio, cujo dispendio será em

1696 Março 20 grande util do dito Rey, por grandes lucros que tirarão as suas alfandegas de nós lhe franquearmos os mares, e assim vereis se podeis meter no dito Capitulo por parte do Persa que durante a guerra, e ainda depois della, nos dará sempre, ou em agradecimento de lhe havermos soccorrido, ou por hirmos lá todos os annos com a nossa armada, os dois mil Timões; isto se entende sempre alem da meia alfandega do Congo.

37. E para que elle confirme assim os concertos que elle fez comnosco o anno passado, como as declarações que delles se pedem, vereis se podereis tirar hum acto de confirmação, mostrando-lhe lho não pedis por duvidares de sua palavra, nem tão pouco por eu vol-o mandar, senão por vós mesmo, por quanto quereis trazer-me signal de que obrastes alguma cousa neste negocio, porque como os concertos que o anno passado se fizerão, forão tratados pelo Capitão Mór, quizereis vós tambem que em huma liga entre dois tão grandes Monarchas como ElRey nosso Senhor, e o da Persia, querieis vós tambem que assim como o Capitão Mór teve a fortuna de se fallar nelle naquelle tratado, se fallasse tambem em vós que haveis servido a estes Monarchas; para isto vos não faltará a razão para corar que a ratificação não he desconfiança que tenhamos do Persa, senão acto pedido por vós, e assim para a effectuação deste, como para evitar toda a desconfiança, não poupareis destreza e arte alguma, e sendo necessario fazer alguma despeza para comprar algum valido do Rey, a podereis fazer.

38. Estes são os negocios e Capitulos que se devem acrescentar para no caso que se continue a guerra, e no caso que se falle em paz, e se effectue esta o que havemos de tirar della em ordem ao Persa, em que ha de elle ficar por segurador da paz, promettendo que no caso que o Arabio falte com as condições promettidas a nós, torne a romper com o Arabio, fazendo-lhe guerra na mesma fórma que tinha ajustado comnosco na Liga antes de fazer esta paz.

39. O que o Arabio nos ha de dar he huma das fortalezas

de Mascate, ou sitio para fortificar huma feitoria nella, e nos dará o rendimento da meia alfandega no dito Mascate, em a qual ha de assistir o Superintendente e feitor na fórma que a temos no Congo, e nos ha de mais pagar o Arabio a importancia dos barcos que tem tomado em Mecca debaixo do salvo conducto daquella barra. Tambem nos hade pagar as despezas da guerra que temos feito, e a nossa artelharia que nos tomou em Mascate, o que estimareis em o maior preço que poderdes. Demais se ha de fazer o Imamo pensionario a El Rey nosso Senhor de certo numero de cavallos todos os annos, que sempre ha de ser em dobro dos que dá a ElRey o Rey da Persia. Demais se ha de obrigar a que tendo nós guerra com alguma nação, ou seja da Europa ou da India, entrará comnosco nella com os seus barcos e gente, expressando logo o numero de huma e o de outra cousa, e não permittirá em seus portos a dita nação. 1696 Março 20

40. E posto que todos estes pontos são os que nós queremos do Arabio, comtudo não vol-os ponho tão precisos, que não possais sahir de alguma cousa, principalmente nas materias de direito, porém duas precisamente haveis de guardar sem vos apartares dellas, que he a feitoria, e meia alfandega junto com a pensão dos cavallos.

41. Sempre fareis grande força pela pretenção da entrega de Mascate, e a primeira cousa que haveis de pedir ha de ser esta, e com a persistencia desta pretenção virá o Arabio mais facilmente em todas as outras, e poderá ser que Deos nos dê a fortuna de que o seu temor, ou a morte do Imamo nos facilite a recuperação daquella praça, não cedereis da pretenção da restituição della, sem de todo estar desenganado de o conseguir, ou entender que a teima de querermos esta praça seja causa de romper a negociação da paz, que não nos he menos util.

42. Nos Tratados e concertos que fizeres, ou sejão com o Persa, ou com o Imamo, sempre poreis grande cuidado em fazer preferir o nome delRey nosso Senhor aos mais, como dizendo—Tratado ou Liga que o grande Rey de Portugal faz com o grande Rey da Persia—e posto que o Persa

1696 Março 20 terá razão para pretender pôr o seu nome em primeiro logar, visto ser elle o que nos faz na sua côrte os partidos, e ha de assignalos, comtudo fareis muito, e com alguma destreza de que os Persas se não precedão *(sic)*, que he a vantagem que vós quereis tirar á corôa delRey nosso Senhor, para que elle com effeito a consiga, porém vos não opinionareis, nem insistireis muito neste parecer, assim por o Persa não estar destituido de razão, visto se fazer na sua côrte, e com elle em pessoa o Tratado, como tambem ser esta da Asia, que não tem consequencia para as de Europa.

43. E porque poderá ser que o Persa, ou por desconfiança de não vir a carta assignada por ElRey nosso Senhor, ou por lho introduzir assim os estrangeiros, não queira assignar na confirmação, e Tratado da explicação dos Capitulos referidos nesta, mandando ao seu Ministro o faça em seu nome com a mesma razão de eu mandar em nome delRey nosso Senhor, dizendo lhe dá os mesmos poderes que Sua Magestade, que Deos guarde, me tem dado a mim, e que se eu com elles posso fazer Tratados, tambem elle póde nomear Ministro para igualmente o fazer comnosco, no que não vireis em nenhum modo, dizendo-lhe que aquillo tivera logar só se fosse feita em huma cidade terceira, e não na côrte de Sua Magestade, onde está a sua pessoa, a qual não assignando por si proprio todos os concertos, se entenderá o não quiz fazer; e posto que eu entenda que não lembrarão ao Persa e seus Ministros estas subtilezas, como na côrte assistem estrangeiros, que lhas poderão ministrar, me pareceu dizer tudo aqui para vos prevenires.

44. Porém se as pazes e tratados dellas com o Arabio e Persa forem feitos no Congo pelo Ministro, que para estes deputar o Persa, neste caso basta que assigne o dito Ministro e o do Arabio com o nosso Capitão Mór, advertindo que o Capitão Mór ha de preferir a todos, e na mesma forma o nome delRey nosso Senhor; isto se entende sendo conveniente que vós fiqueis na côrte, assim para abreviar as resoluções, como para encontrar a algumas propostas que o Ministro do Persa faça em menos util nosso, e não sendo necessario ficar na

côrte, antes queira o Rey da Persia que vinhais junto com o deputado que tiver elle nomeado para o dito Tratado, e vos achares ao fazer delle, assignareis tambem com o Capitão Mór com preferencia aos deputados do Persa e Arabio, mas não ao Capitão Mór, que este ha de assignar primeiro que vós, porque ainda que pelo caracter que levais representaes a minha pessoa, tambem elle pelo posto que tem, e poderes que leva, faz a mesma representação, e neste caso poreis no titulo das pazes que se ajustarem, nesta fórma: 1696 Março 20

«Tratado, em que o grande Rey de Portugal, e o da Persia dão paz ao Imamo de Mascate, o qual fizerão os deputados de Portugal Francisco Pereira da Silva, Capitão Mór da armada de alto bordo do Estreito de Ormuz e Mar Roxo, e Gregorio Pereira Fidalgo, segundo os poderes e ordens que trouxerão do Vice Rey Dom Pedro Antonio de Noronha, Conde de Villa Verde, do conselho de Estado de Sua Magestade, e Capitão Geral da India».

45. Depois das primeiras audiencias visitareis ao Principe Sultão Acabar, filho delRey Mogor, para o que fareis que Fr. Antonio lhe tenha por si, ou por outra via noticiado em como trazeis ordem para o buscar com carta minha, isto para ver se podeis conseguir que elle antes de vós lhe teres pedido audiencia vos mande visitar, e quando elle se não antecipe com este cumprimento, mandareis a vosso Secretario a fazel-o, e dizer-lhe que depois da audiencia delRey lha haveis de pedir a elle para lhe dares carta minha que levais, e saber da minha parte de sua saude, mostrando-lhe sempre que esta visita não he em nome delRey nosso Senhor, senão só minha, e tereis grande attenção assim nas visitas que fizeres a este Principe, como nas praticas que com elle tiveres, não dar algum ciume aos Ministros do Persa, para o que sabereis do Ministro vosso confidente, ou do Secretario do Estado, se levará ElRey em gosto que façais esta visita, pedindo-lhe outrosim o queirão saber do dito Rey, e não pondo este duvida a ella, a fareis; e quando o não permitta, com a mesma negativa tendes a desculpa com o Principe Acabar de não o veres, e parecendo-vos convem mandar-lhe a minha

1696 Março 20 carta o sagoate, escolhereis huma das pessoas que vos acompanha, a quem commettereis esta funcção, e achando que não póde nascer desta correspondencia embaraços para os mais negocios, a procurareis ter com elle assim para o empenhar com o Persa em nossa vantagem, como por outras muitas razões de que em algum tempo nos póde servir sua amizade na India.

46. Para o levares a este fim lhe mostrareis as grandes utilidades que se lhe seguirão da nossa amizade para as pretenções que elle tiver no Industão como filho do Mogor, achando-se este tão velho, he força tenha pouca duração a sua vida, e que na decadencia della não tem quem melhor o introduza nos seus dominios que nós, que temos tantas portas para elle, quantas são de Dio até Goa, pois com o nosso soccorro será mais facil conseguil-o tendo nós os mares, e sendo os portos delles mais consideraveis nas riquezas em razão do commercio, pondo nós estes á sua obediencia, ficará logo com cabedaes para continuar a conquista da terra, e que posto que elle esteja na protecção do Persa, e que o reino deste confina com o Industão, lhe não ha de ser tão facil o metel-o nas suas terras com o seu tão grande poder, como nós com o nosso, ainda que inferior; demais que sempre o Persa o ha de entreter com promessas sem effeito, por ser costume dos Reys não quererem que o vizinho se faça poderoso, e assim com estas, e com outras muitas razões que vos occorrerão, o podereis hir empenhando de sorte nas nossas negociações que não só se empenhe para as conseguir, tanto para ajudar da nossa parte, quanto por esperança de nos ter da sua, e faça o nosso interesse o seu proprio.

47. E porque poderá ser que este Principe intente fazer algum Tratado comnosco, não desprezareis esta pratica, antes ouvireis assim o que pretende de nós, como as utilidades que nos promette, respondendo-lhe a tudo que mo fareis presente, e que esperais que eu não falte no que me pede, e se elle apertar que logo quer fazer tratado comvosco, lhe respostareis que não levais mais ordens que para o visitar, e que sem estas não podeis vós obrar na conclusão, que tra-

reis tudo o que elle vos representa, e que fique Sua Alteza certo não havemos de faltar em lhe dar gosto, e favorecer a sua justiça. 1696 Março 20

48. E porque poderá este Principe intentar, ou pedindo-o elle em gratificação do que obrar por nós na Persia, ou empenhar ao mesmo Rey da Persia a que nos peça para que o tragamos na nossa armada para a India, lhe respondereis em primeiro logar que nem vós podeis permittir isto, nem o Capitão Mór o poderá fazer sem expressa ordem minha, e como esta se não preveniu, he certo a não traz para similhante caso, e quando elle ainda aperte, lhe respondereis que em quanto seu pae for vivo, não he razão que nós o façamos, por não faltar á amizade que com elle temos, e ao Persa acrescentareis que os Portuguezes não costumão faltar á boa fé, e sempre se põem por parte da justiça, e como o Principe Sultão Acabar a não tem naquelle Reino, senão depois da morte de seu pae, só no caso della he que nós podemos entrar a favorecer os seus interesses, e sempre o remettereis a não levar ordens para fallar em similhante negocio, que vireis á India, e mo proporeis.

49. Em todas estas negociações que tocarem ao Principe Acabar vos havereis com duas cautellas, a primeira não dar ciumes aos Ministros da Persia de que o tratais mais a este do que a elles, a segunda em procurar saber se o pae o Grão Mogol tem na côrte alguns parciaes, que lhe sirvão de espias para observar o trato de seu filho, vos prevenireis muito destas, antes conhecendo-as lhe mostrareis a fidelidade que usamos com o Mogor, porque se não escandalise este, que como he tão vizinho nosso, e o seu poder abraça as nossas terras, poderá escandalisado romper comnosco em grande damno do Estado, que não está em tempo de resistir a tão grande inimigo.

50. Quanto á fórma em que vos haveis de haver no caso de que na côrte se achem Embaixadores de Principes estrangeiros, em primeiro logar, e antes de entrar na côrte, vos informareis se estes se visitão entre si, a quaes o Rey da Persia dá preferencia, e se a todos recebe igualmente como de

1696 Março 20 testas coroadas, ou se faz differença entre os que não tem esta preeminencia, ou os que a tem, como tambem se o Persa he cioso destas visitas, e as não permitte, ou se os mesmos Embaixadores por incivilidade (*sic*), ou por na realidade o não serem mais que pela recepção que se lhe faz na côrte: com estes informes procedereis na maneira seguinte.

51. Se os Embaixores se visitarem huns aos outros, e logo que vós chegardes á côrte vos mandarem cumprimentar em quanto elles não vem, e este cumprimento for feito por pessoa sua, depois de responder a elle, mandareis outra vossa de igual gráu á que por estes vos for mandada, e vindo-vos elle visitar, lhe pagareis a visita, e o não deveis fazer senão depois da vossa primeira audiencia, advertindo-vos que por livrares da questão de preferir huns aos outros, direis ao gentil homem por quem lhe tiveres mandado satisfazer o cumprimento, diga ao que vol-o veiu fazer que por evitar questões tendes resoluto pagar as visitas com a preferencia com que vos forem feitas, não entrando nesta regra o Nuncio, ou pessoa que estiver da parte do Pontifice, porque este sempre ha de ser preferido em tudo, assim pelo obsequio que devemos á Igreja, como por ter este a precedencia em todas as côrtes, ainda naquellas que lhe negão a obediencia, não se entendendo este Capitulo mais que com aquelles Principes que a nossa côrte não tem mandado Embaixadores, porque os mais delles que se acharem na do Persa me parece serão desta natureza, porém achando-se alguns na côrte da França, ou do Imperio, com estes regulareis a precedencia pela que ElRey nosso Senhor lhe dá.

52. E porque o estilo seja que o ultimo que chega á côrte deve logo mandar aos Embaixadores que nella se achão por hum gentil homem a dar-lhe parte da sua chegada a ella, e elles com esta noticia mandal-o logo visitar por outro, o não fareis por razões que para isso se offerecem em huma côrte que não tem as regularidades das da Europa, só no caso que estejaes bem informado de que os outros o hajão feito assim, porque então deveis seguir a regra geral.

53. E porque me dizem que muitos destes Ministros não

são verdadeiros Embaixadores, senão só huns missionarios, huns a quem o Pontifice deu cartas para o Rey da Persia, e poderes espirituaes para os Christãos vassallos daquella corôa e os de França, outros a quem a carta do seu Rey não he mais que de intercessão para aquelle Principe, e a soberba do Persa para mostrar grandeza, e que tinha Embaixadores de todo o mundo, os tratava como taes; vendo vós que a estes lhe não faz nenhuma differença os que trouxessem carta de crença, e viessem expedidos do seu Rey com este caracter, não disputareis nesta materia, porque me parece não vos toca se são ou não Embaixadores, mas só se são tratados naquella côrte como taes, demais que serviria a disputa de escandalisar o Persa, que a tomaria por reprehensão da sua ignorancia, ou por abatimento a sua grandeza, querendo-se alludir huma correspondencia que os outros Principes lhe não davão; e porque esta duvida poderão tambem mover para a precedencia das visitas os Embaixadores da Polonia, Moscovia e Hollanda com a mesma causa de não terem o Nuncio, e Embaixador de França o verdadeiro caracter de Embaixadores dado pelos seus Principes, posto que daquelle sejão recebidos como taes, e lhe respondereis com a mesma razão que tivestes para os tratar. 1696 Março 20

54. Tambem se vos adverte a differença que haveis de fazer no receber as visitas, porque aos Embaixadores de testa coroada haveis de tratar igualmente, acompanhando-os até a ultima porta da rua, deixando-lhe primeiro tomar a carruagem, e partir antes que vos recolhais, e o mesmo vos hão elles fazer, dando-lhe a porta, mão direita, e cadeira, o que não haveis de fazer aos que não são de testa coroada, como he o de Florença, que me dizem assisté agora naquella côrte, o qual creio não pretenderá tal, pois em todas as côrtes excepto a de França, não tem este tratamento de testa coroada. Tambem se vos adverte que das republicas só a de Veneza e Hollanda tem o tratamento de testa coroada, e a primeira ha de pretender preferir a ElRey de Polonia, e ao Duque de Moscovia, e assim tudo que vos for possivel evitar estas competencias, o fareis, porque não só vos servirá

1696 Março 20 de embaraço ás vossas negociações, mas ainda poderá a parte escandalisada mover a duvida, e ainda introduzil-a com os ministros da Persia de que vós não sois Embaixador delRey nosso Senhor, se não do Vice Rey da India, pois não levais cartas assignadas por Sua Magestade, senão por mim; e quando por qualquer motivo a levantem os estrangeiros, alem das razões do direito que a minha patente me dá para poder mandar Embaixadores em nome delRey nosso Senhor, e as muitas que vos são presentes, podereis acrescentar os exemplos que aqui vos ponho dos Vice Reys de Napoles, Governadores de Flandres, e de Milão, como são, em o anno de 1524 o Conde de Lanois Vice Rey de Napoles mandou a João Baptista de Gatinara a Roma, só com o poder do dito Vice Rey, a fazer hum Tratado entre o Pontifice e os Florentinos, em o qual entrou a Republica de Veneza, polla conservação de Francisco Sforze, Duque de Milão, o qual foi concluido o 1.º de Abril, e publicado no mesmo de Maio, e depois de ratificado do Vice Rey, havendo o Pontifice, Venezianos e Florentinos por boa a ratificação, sem que para ella fosse necessaria a resolução de Carlos V, nem tão pouco que no Tratado se fallasse em ser por ordem sua, senão só no Vice Rey D. Pedro de Aragão: tambem o Vice Rey de Napoles mandou dar os parabens ao Papa Clemente IX de sua exaltação, e foi recebido pelo Pontifice sem nenhuma controversia, e com todas as cerimonias de Ministro em o anno 1577; D. João de Austria, Governador dos Paizes Baixos ao Imperador, e aos Principes de Allemanha, e em o mesmo tempo mandou outra a Inglaterra: e o mais proprio exemplo foi o que succedeu em o anno de 1588 em Flandres em huma deputação para certos Tratados entre Embaixadores de Hespanha e Inglaterra, em que se achou no examinar dos poderes que os dos Hespanhoes erão assignados pelo Duque de Parma, Governador dos Paizes Baixos, e não por ElRey, e os Inglezes continuarão na conferencia dando por bem o poder; o Governador de Milão não só manda Embaixadores, mas logo que toma posse do seu governo todos os Principes vizinhos lhe mandão Embaixador, sendo o primeiro a fazer este obsequio a Republica de Veneza, e Genova, os Cantões Suissos, os Duques de Saboya, de Mantua, de Padua, e de Modena, e o Governador lhe satisfaz esta cortezia com lhe mandar outros, e quando os Hollandezes, como mais nossos oppostos nesta amizade com o Persa, sejão os que pelas razões ditas, ou por encontrarem e embaraçarem a vossa negociação, sejão os que levantem esta pratica, e introduzam a duvida, a podereis convencer com elles mesmo, pois são mandados pelo Governador de Batavia, cabeça da sua mercancia, e não pelos Estados Geraes, e quando estes digam serem mandados pela Republica, e que levarão carta assignada pelos deputados della, lhe respondereis que como estes são muitos que formão aquella Republica, podião elles fazer as cartas como quizessem pondo os signaes que lhes parecessem, o que no nosso governo monarchico não he permittido, e por isso dá ElRey nosso Senhor aos seus Vice Reys tão grandes poderes.

1696 Março 20

55. No caso que fizeres visitas aos Embaixadores, devem ser depois da que fizeres ao Principe Acabar, e ao primeiro Ministro, e se na côrte houver outros a quem os Embaixadores daquella côrte costumão visitar primeiro que aos do seu caracter, o fareis na mesma fórma que os mais, e então seguireis o costume da terra na visita dos grandes, de maneira que se for este o virem visitar primeiro, os não visitareis, se vos faltarem a esta obrigação, mas se pelo contrario os mais Embaixadores os visitão a elles primeiro, o fareis na mesma fórma, pois não podemos regular as cerimonias da Europa pelas da Asia, tão differentes.

56. Aos Embaixadores que não forem de testa coroada dareis o mesmo tratamento que aos Enviados, mas sempre fareis alguma differença, a qual me parece ser o acompanhal-o, se for escada, deve ser ao primeiro lanço della, e se esta não for mais que de hum, bastará alguns degráus, e se não houver escada, huma casa mais que aos Enviados, e a cadeira lha podereis dar de braços, e se forem almofadas, as mesmas, em que estiveres assentado, mas nunca lhe haveis de dar porta, mão, ou melhor logar na fórma do assento.

1696 Março 20 57. Aos Enviados não deveis dar nem mão, nem porta, nem cadeira, e antes deveis para isto mandar, que se vos preparem no Congo alguns tamboretes de espaldas sem braço, e como lá se não costumão cadeiras, senão almofadas, neste caso podereis fazer differença, como lhe pôr a elle huma só, e vos assentardes em duas, e o acompanhal-os tambem ha de ser só até a ultima porta da escada, e se as casas as não tiver, podereis pôr esta meta na penultima que tiver a porta para a rua, ou pateo.

58. A mão esquerda entre os Parsios he o melhor logar, como se mostra pela viagem do Figueiroa, e por alguns informes que pude tomar, e assim tereis esta advertencia para vos fazer dar esta quando visitares aos desta nação, e juntamente para a preferencia que deveis ter aos mais Embaixadores na côrte nas occasiões que vos achares com elles juntos, porém nas visitas particulares, que tiveres com os estrangeiros europeus usareis sempre ao modo da Europa.

59. Procurareis com toda attenção preferir a todos os Embaixadores na côrte da Persia, e não cedereis desta preferencia, pois tendes os exemplos de Garcia da Silva Figueiroa, que quando foi áquella Embaixada precedeu a todos; e porque poderá succeder que os estrangeiros se opponhão a isso, principalmente o de França, ou do Imperio, dizendo que na côrte de Roma nos preferem, e que quando Garcia da Silva foi, era Embaixador delRey de Castella, rebatereis as suas razões com a posse que temos naquelle Reino de preferir a todos os Embaixadores; e no que toca a Garcia da Silva mandado por Castella, fôra por naquelle tempo a tirania do Rey Castelhano ter usurpado o Reino ao nosso verdadeiro Rey e Senhor, e por esta causa mandou Embaixador em seu nome, não como Rey de Castella que era, senão porque occupava a corôa de Portugal, e mandava em nome della, e posto que eu creia que não poderão elles pôr nenhuma duvida desta, comtudo me pareceu precaucionar-vos aqui, e só vos deixareis preceder do Nuncio do Pontifice, por que como estamos nas terras dos Mouros, alem de se dever, he

razão que mostremos a estes infieis a grande veneração que tomos á Sé Apostolica. 1696 Março 20

60. E porque poderá ser que este Nuncio, e os mais Embaixadores Catholicos, pretendão que vós entreis tambem na persuasão ao Persa para romper com o Turco, ou por querer ajuntar o maior numero de Corôas a esta instancia, ou por acharem que a vossa pessoa possa conseguir com aquelle Rey este empenho, neste caso vos deveis de haver com toda a cautella assim para com os Embaixadores, como para com o Rey, para que aquelles não entendão faltais em solicitar hum negocio de tanto util para toda a Christandade, e para com este, que não entenda ser a guerra em que o desejamos interessar em odio da sua nefanda Lei; e assim procedereis neste negocio vendo primeiro a inclinação do Persa, e achando-o com o espirito marcial, lhe podereis mostrar para o levar á guerra, a que Turcos fizerão aos seus antepassados, cidades e provincias que lhe usurparão, tiranias que usaram com elles, tudo isto para a estimulação da vingança, acrescentando-lhe que como os Principes da Europa conseguirem deitar o Turco della, poderão cessar na guerra, e neste caso aquelle como soberbo ha de pretender estender os seus dominios na Asia, e como lhe fica tão vizinho, lhe não está bem á Persia ter hum tão poderoso; para a de util e ambição lhe podereis mostrar as grandes conveniencias que terá em fazer a guerra nestes tempos, em que se acha o Turco na decadencia, todos os Principes da Europa em guerra contra elle, as grandes batalhas que tem perdido, em as quaes ficarão mortos o melhor da sua milicia, com o que poderá o dito Rey da Persia em pouco tempo não só recuperar as suas terras, mas tambem conquistar muitas de novo, principalmente ajudado tambem de nós na Asia, que com as nossas armadas o poderemos fazer senhor do Mar Roxo, e das cidades de Meca, Judá, e das mais hidrographicas de hum e de outro Estreito.

61. E quando Deus permitta que por nossa intervenção se consiga este bem á Christandade, deveis de pôr todo o cuidado em que na resolução desta guerra, ou no Tratado

1696 Março 10 della, seja o nome delRey nosso Senhor a quem se dê a primeira causa della, e que o seu respeito he que obrigou ao Persa a abraçal-a; e quando se faça Tratado para se assentar o interesse com que cada Principe entra nesta pugnação, da parte das nossas armas não obrigareis mais que as da India, que com ella faremos todo o dano, e digressão no Estreito de Meca, em que não faremos menos dano ao Turco que os mais Principes da Europa, pois o grande commercio e riquezas, que daquelle Estreito tira he hum dos maiores subsidios que tem para a guerra, e neste Tratado fareis sempre meter o nome delRey nosso Senhor o primeiro na mesma fórma que se vos diz das capitulações do Arabio, e quando se não faça Tratado, sempre procurareis que o Persa diga ao Nuncio, e aos mais Embaixadores Christãos a faz por respeito delRey nosso Senhor, e juntamente que os ditos Embaixadores se persuadão a isso. Negocio he este de tanta importancia e gloria para ElRey nosso Senhor, que quando o consigais, nem podereis fazer maior serviço, nem dar maior gosto a sua piedosa christandade.

62. Porém se achares o Persa totalmente separado desta pratica, e entenderes prudentemente não poder conseguir nada nella, e antes embaraçarvos para as mais negociações, e juntamente tirar o odio della, pois como são Mouros se poderão persuadir ser toda esta negociação só pelo que justamente temos contra a sua seita, ao que tambem os herejes interessados na India lho poderão persuadir só pelo apartar de nós, neste caso não tendes que tratar desta pratica, e para com os Embaixadores vos não faltará modo com que lhe possais mostrar o desejo que tendes de entrar nella, o que não fazeis pela certeza que tendes de a não conseguir, e quanto se arrisca a reputação da vossa Embaixada a propor materia sem nenhuma apparencia de effeito.

63. No que toca á fórma e tratamento, que haveis ter com o Capitão Mór assim na vossa chegada ao Congo, e estada nelle, como na côrte, a que lhe haveis de pôr no sobrescripto, e elle a vós, o tratamento deve ser por Senhoria reciproca; o sobrescripto das cartas se ha de pôr «A. F.

General da Armada delRey nosso Senhor no Estreito de Ormuz mandado pelo Vice Rey da India; A. F. Embaixador extraordinario delRey nosso Senhor a ElRey da Persia mandado pelo Vice Rey da India»; e sempre tratareis ao dito Capitão Mór com o titulo de General, porque não lhe pareça aos Persas que com a mudança do posto se lhe diminuirão os poderes. 1696 Março 20

64. Logo que saires do Congo ordenareis á vossa familia vos dê Excellencia, e o mesmo ordenareis aos Religiosos que se acharem em Aspão, porque alem de se vos dever este tratamento pelo caracter que levais, como vol-o haveis de fazer dar aos mais Embaixadores, poderião, que vendo que a vossa familia vos não dava, duvidarvol-o tambem. Adverte-se-vos que a Excellencia reciproca ha de ser com os Embaixadores de testa coroada, e os que não forem desta grandeza lhe haveis de tornar mais que Senhoria, como aos Enviados, os quaes sempre vos hão de dar Excellencia. Se alguns destes duvidarem de o fazerem assim, não correreis com elles por nenhum caso, e antes empenhareis aos mais Embaixadores fação o mesmo.

65. Com esta se vos dá assento do conselho da fazenda que o Feitor, ou Superintendente vos acompanhem para fazer todas as despezas que por vós lhe forem ordenadas, tudo na fórma delle, e nestas vos encommendo, visto o exhausto que sabeis está o cabedal real, vos hajais de fórma que nem excedais as necessarias, nem tão pouco vos coarteis tanto no fazel as que pareção, por limitadas, indecorosas do que representais.

66. E porque nas cidades e praças de armas poderá ser que os capitães dellas vos mandem pôr algumas companhias de guarda, as licenciareis logo agradecendo-lhe a cortezia, e mandando dar algum dinheiro aos soldados; isto se entende no caso que os outros Embaixadores não hajão consentido no mesmo cumprimento, porque se elles o acceitarão, deveis de vós fazer o mesmo, porque se não entenda vos derão menor tratamento que aos mais das testas coroadas. Tambem nestes logares costumão vir alguns balharins e musicos a diver-

1696 Março 20 tir aos passageiros só para tirarem algumas manchas *(sic)* delles, aos quaes mandareis tambem dar algum dinheiro, como tambem aos que vos trouxerem presentes, e esmolas aos pobres.

67. Tanto que chegares á côrte da Persia escrevereis a ElRey nosso Senhor dando-lhe conta de tudo o que tiveres passado até áquella hora, e do animo com que achais o Persa para a Liga, como tambem de todos os negocios que vos forem succedendo continuareis na mesma parte que deveis dar ao dito Senhor: as vias por quem haveis de mandar estas cartas se vos dão, como tambem a cifra que Sua Magestade, que Deus guarde, foi servido dar-me, e por ella não escrevereis senão as cousas que penderem de segredo, principalmente todas as que tocarem em nações estrangeiras, e para que na secretaria d'Estado se conheça a cifra porque escreveis, tereis attenção de pôr-lhe á margem: cifra que trouxe o Conde Vice Rey.

68. Tambem deveis dar cifra ao Capitão Mór, para que quando se offereça algum negocio de segredo, lhe escrevais por ella.

69. Poreis todo o cuidado na vossa familia, assim para que entre si vivão com toda a amisade e quietação, como tambem para que fóra da casa vos não dêem algum escandalo, evitando-lhe todos os desmanchos, principalmente o concurso das mulheres, do qual não só se seguirá grande escandalo, e offensa de Deus, mas tambem poderá trazer-vos alguns embaraços entre os Mouros, de que vos custará muito saír; e tambem lhe prohibireis jogos de parar em casa, e fóra della todos; e porque para a observancia de guardarem as vossas ordens será necessario prendel-os e castigal-os, o podereis fazer, para o que vos dou poderes necessarios, exceptuando a pena de morte.

70. Tambem vos declaro, por evitar toda a duvida, que a vossa familia emquanto embarcada está sujeita a toda lei militar, e debaixo da disciplina e poder assim do Capitão Mór, como dos Cabos, em cujas embarcações forem, e assim fazendo algum crime por que mereção castigo, os poderá cas-

tigar o Capitão Mór, segundo o poder e ordens, regimento, e patente. 1696 Março 20

71. Depois de ter escripto estes Capitulos me chegou a carta do Superintendente do Congo em como os grandes da côrte da Persia por arruinarem ao Tamaledane do valimento, tinhão dado ao Rey capitulos contra elle, entre os quaes entrava o haver-se-nos dado a meia alfandega, dizendo que nella se nos dava mais de dez mil timões; que o mesmo Tamaldane, por se livrar deste cargo, propozera a Fr. Antonio tornassemos a receber os mil e cem timões; e porque sem embargo de Fr. Antonio dizer que fica trabalhando para que se não altere nada do Tratado, poderá a instabilidade de Persa de ter feito alguma mudança nelle, e assim persistireis a que se nos guarde o promettido, e quando de todo não poderes vencer a meia alfandega, fareis ao menos que se nos dê mais mil timões do que se vos dava, fazendo tudo doze mil; e isto conforme ao assignado pelo Persa, em que se faz pensionario delRey nosso Senhor; e quando de todo se não possa vencer, e que fique como dantes, sempre fareis que se passe disto Formão delRey fazendo-se pensionario delRey nosso Senhor na fórma que o Conde de Alvor pedia no tempo que D. Rodrigo da Costa foi ao Estreito, o qual então se não quiz conceder, e por não vir em fórma, o rasgou o dito General D. Rodrigo.

72. E porque na carta de Fr. Antonio diz elle ha de vir ao Congo a esperar a armada, achando-o ali, depois de vos instruir com elle, se vos parecer ser necessario mandal-o adiantar á côrte, e prevenir as expedições, e a vossa casa, o podereis fazer, e quando não, leval-o comvosco; e como este Religioso he tão pratico, sempre vos deveis acommodar muito a seus informes.

73. Os Armenios Catholicos Romanos que assistem na Persia, me escreverão pelo Bispo delles os favorecesse em algumas avexações que padecião: quando o tempo e occasião vos der logar para isso, o fareis, como tambem em procurar muito porque ElRey da Persia dê faculdade para que nas suas cidades e dominios se possão levantar

1696 Março 20 as Igrejas, e ter toda a liberdade a Religião Catholica Romana.

74. Aos nossos Padres tratareis com todo o decoro e estimação, para que os Mouros vejão a grande que nós fazemos delles, e por esta lhe tenhão depois todo o respeito.

75. Na côrte de Aspão me dizem assiste ainda aquelle desgraçado, que sendo Religioso da Sagrada Religião de Santo Agostinho, o levou a sua cegueira não só a faltar á observancia dos seus votos, mas ainda a largar a nossa verdadeira Lei para seguir os falsos e nefandos Dogmas de Mafoma, para nelles exercitar com mais liberdade a sua lascivia; e porque se não falte com todo o meio para tirar esta alma do lago do inferno, e tornal-o a reduzir ao verdadeiro caminho da salvação, vos encommendo mui especialmente façais toda a diligencia para o reduzir; e porque o seu prelado lhe manda nesta occasião seguro do Santo Officio, vós da minha parte lhe dareis tambem todos os que elle vos pedir, e nesta materia não poupareis diligencia alguma, ainda fazendo despezas, sendo necessario, para o conseguir.

76. Com o Capitão Mór conferireis as instrucções, assim vossa como sua delle, principalmente os Capitulos que a elle tocão, para que não haja equivocação nas instrucções.

77. Na côrte de Aspão procurareis vias, alem das que se vos dão por terra, para estabelecer correspondencia por terra para a Europa, e sendo necessario para isso fazer procurador nosso nas terras que para isso for necessario, principalmente em Alepo, o fareis, ainda assentando-lhe alguma pensão annual, para que com este interesse se não escusem deste trabalho.

78. Vai hum assento no conselho da fazenda para que vós com o Superintendente ajusteis a fórma e regimento da arrecadação da meia alfandega do Congo, o que fareis informando-se do Superintendente, e das mais pessoas praticas delle, fazendo muito para vos ajustares com a arrecadação em fórma das feitorias.

79. Sem embargo do hir a lista dos presentes com a divisão para quem vão, vós os accommodareis lá no Congo, e os

repartireis na fórma que melhor vos parecer com os informes que ali tomares, advertindo-vos que o que for para El Rey vá logo do Congo com a marca para elle, e o mais não he necessario que leve marca, que vós fareis como melhor vos parecer. Goa, 20 de Março de 1696.—O Conde de Villa Verde. 1696 Março 20

Instrucção secreta que o Vice Rey Conde de Villa Verde deu a Francisco Pereira da Silva, Capitão Mór da armada de alto bordo do Estreito de Ormuz, alem do regimento

(Arch. da India, livro dos Regimentos, fol. 5.)

1. Sem embargo de vos haver dado o regimento do que deveis obrar na vossa viagem, assim nas occurrencias da guerra, e forma della, como tambem do tratamento que haveis de ter com o Embaixador, e com os ministros, e cabos da Persia, me pareceo darvos tambem esta instrucção para no caso que se ajuste a paz, ou negociações, que deveis fazer para que se consiga esta, ou menos para que se falle nellas, para o que, e para melhor saberes assim o que deveis obrar, como o que hade fazer o Embaixador n'esta materia, amostrareis hum a outro as instrucções que levares, tresladando os Capitulos que vos parecerem serem mais necessarios.

2. Se chegando vós ao Estreito, o Arabio vos propuzer as pazes, deveis de responderlhe que vós vindes ajudar ao nosso amigo ElRey da Persia para a guerra que lhe quer fazer, e que sem o dito Arabio lhe dar satisfação, não havemos entrar em concerto, e proporeis ao dito Persa, e a seus ministros, e conforme a sua reposta tomareis a resolução, advertindovos que antes de dar esta reposta, sabereis os partidos que nos fazem, e satisfação que querem dar ao Persa, e sendo assim huns e outros aventajosos, não despresareis esta pratica, e só a remetereis até participar o Persa, a qual estando ainda o embaixador comvosco, a levará ao dito Rey, o qual vos hade avisar da forma, em que o acha, e

1696 Março 20 tambem do que vós deveis de obrar, tudo na forma da sua instrucção.

3. Se os Arabios propuzerem esta paz depois do embaixador partido para Aspão, lhe fareis logo promptamente o aviso por chauter, que vá com toda a brevidade, para que elle participando ao Persa, vos avise do que haveis de seguir.

4. Porem se o Arabio vos fizer esta proposta depois do exercito Persiano estar junto e prompto para a passagem, neste caso não só haveis de fazer aviso ao embaixador, mas tambem dar logo parte da dita proposta aos Cabos Persianos, e com seu parecer seguir o que for mais util, porem me parece que neste caso não devem cessar as armas, porque poderá suceder que o Arabio faça esta proposta só para embaraçar a execução da guerra, e meter tempo que ao depois falta com a invernada para a passagem, mas ainda assim deve de haver grande ponderação neste particular de passar a gente sem embargo da proposta do Arabio, porque como he contingente o bom successo, poderá succeder, faltandonos este, que ao depois o desprese o Arabio, ou com o medo no propõe (*sic*); e assim neste particular vos deveis de haver com toda circunspecção tomando sempre o melhor conselho.

5. Se acaso os Persas não tiverem prompto o exercito, sempre então haveis de admitir esta pratica, dando mais esperanças aos Arabios de haver de effectuar, mas sempre dizendolhe que sem a participação do Persa não havemos de fazer nada.

6. E como a paz com o Arabio seja o que no estado presente he-nos mais conveniente, e poderá ser nos não fallem nella por receio de a não abraçarmos, deixareis com destreza cahir algumas palavras a pessoas, que entendais serem espias delles, em que digais que o Arabio fez mal em nos não pedir pazes, e toda a diligencia que puderes fazer para que elles nola peção fazendonos partidos mui avantajosos, a não poupareis, ainda comprando algumas intelligencias para isso.

7. Os partidos que o Arabio nos hade fazer depois da sa-

tisfação ao Persa, he huma das fortalezas de Mascate, o sitio para fortificar huma feitoria nella, e nos dará o rendimento da meia alfandega no dito Mascate, em a qual hade assistir o Superintendente e feitor, tudo na forma que temos no Congo, e nos hade mais pagar o Arabio a importancia dos barcos, que nos tem tomado em Mecca debaixo do salvo conducto daquella barra; tambem nos hade pagar a despesa da guerra que temos feito, e a nossa artelharia, que nos tomou em Mascate, demais que o Imamo se hade fazer pensionario d'ElRey nosso Senhor de certo numero de cavallos todos os annos, que sempre hade ser em dobro dos que dá ElRey da Persia, e de mais se hade obrigar a que tendo nós guerra com alguma nação, ou seja da Europa, ou da India, entrará nella comnosco com a sua gente e barcos, expressando logo o numero de huma e outra cousa, e não permittirá em seus portos a dita nação, e para fazer vir o Arabio em todas estas condições, fareis todo o esforço pela pretenção da entrega de Mascate, e a primeira cousa que haveis de pedir, hade ser esta, mostrando sempre não desistir desta pretenção, virá o Arabio mais facilmente em todas as outras, e poderá ser que Deos nos dê a fortuna de que o temor, ou morte do Imamo nos facilite a recuperação daquella praça, e assim não cedereis de pedir a restituição della, sem de todo estar desenganado de o conseguir, ou entender que a teima será causa de romper a negociação da paz, que nos não he menos util. 1696 Março 20

8. E posto que todos estes pontos são os que nós queremos dos Arabios, com tudo volo não ponho tão precisos, e que não possais ceder de alguma cousa, principalmente nas materias de dinheiro; porem duas precisamente haveis de guardar, sem vos apartardes della, que he a feitoria, e meia alfandega, junto com a pensão de cavallos.

9. Se o tratado desta paz não for feito na corte do Persa, e este mandar seus ministros que a ajustem no Congo, ou n'outro porto maritimo com o deputado, que vier da Arabia, em vossa presença, neste caso hade de ser tres que assinem no dito tratado, preferindo assim no assinar, como nos lugares vós aos deputados da Persia, e estes aos da Arabia, e

1696 Março 20 fareis que o tratado principie sempre em nome delRey nosso senhor, dizendo: *Tratado que o Grande Rey de Portugal, e o Grande Rey da Persia dão a paz ao Imamo de Mascate, etc.*

10. E porque poderá tambem succeder que o Rey da Persia queira que o nosso Embaixador venha junto com os seus ministros para se ajustar esta negociação, neste caso achandovos presente, tambem hade elle assinar logo e immediato a vós, com as mesmas preferencias aos deputados da Persia e Arabia, e neste caso assinareis vós primeiro que o dito Embaixador, como tambem se hade assentar elle em igual lugar que vós, pois ambos neste caso fazeis hum corpo e hum poder.

11. E assim estes capitulos, como os que pertencem a vós, e os da Instrucção do Embaixador guardareis, para o que vos mostrará elle os da sua Instrucção e vós a elle estes, fasendoos tresladar, para que não haja nenhuma equivocação em huma e outra Instrucção.

12. Havendo chamar ao conselho para estas materias da paz, sendo cousa mais secreta, chamareis só a vosso almirante, e parecendovos chamar mais algum, serão os capitães de mar e guerra, por evitar a confusão que causará em chamar todos os capitães, porém não se vos prohibe o façais, parecendovos ser necessario, advertindovos que assim para o conselho politico, como para o de guerra, achandose o Embaixador embarcado, ou estando ainda no Congo, o haveis de chamar ao dito conselho, e nestes hade o dito Embaixador preferir no voto aos mais que se acharem no conselho.

13. Abdul Xeque me dizem ter mostrado sempre boa fidelidade ás nossas cousas, e assim por elle podereis introdusir negociações na Arabia para fazer revoltar as cabildas, e para o mais que vos parecer conveniente, e assim não poupareis diligencia alguma em o faser entrar nestes interesses, mostrandolhe o util que elle tirará servindonos bem e ao Persa neste particular, porque nós o poderemos faser mui grande na Arabia, e o Persa tambem darlhe remuneração nos seus Estados. Tambem pelos Arabios que vão, e pollos que larga-

res podereis com a boa passagem que lhe fizeres, mover alguma solevação na Arabia. 1696 Março 20

14. Vai hum assento do conselho da fazenda para que o Superintendente ou Feitor acompanhe ao Embaixador, aquelle que menos necessario for a sua assistencia no Congo, e assim poreis grande cuidado a que não haja falta nisso.

15. Por Surrate tive noticia em como era o Imamo morto, e filhos e sobrinhos seus andavão divisos entre si com evidencia de passarem ás armas para por meio dellas occuparem o trono, achando vós ser certa esta nova, não poupareis toda a negociação para fomentar esta dissenção, e quando alguma das parcialidades peça o nosso patrocinio, e vos pareça util o favorecela, por se achar com poder, e que esta nos prometa aventajosos partidos, ajudareis em tudo o que vos for possivel, e deitareis logo aviso ao Embaixador desta negociação, e o mesmo, estando os Cabos do Persa em baixo, lhe fareis tambem presente, mostrandolhe as grandes conveniencias que se tirão, e embaraçar aos nossos inimigos, e acrescentar mais alguma, e quando os pretensores daquella coroa se tenhão acomodado entre si, e eleito hum por Imamo, e este proponha pazes, neste caso obrareis na forma dos capitulos assim vosso, como do Embaixador, que são os mesmos que para o Imamo morto.

16. Tenho por noticia que dentro no Estreito anda hum barco cossario com bandeira ingleza: se isto for assim, e vos constar de certo, o represareis, e para nos livrarmos de toda a molestia, o levareis a Comorão, e mandareis perguntar ao commissario inglez se aquelle barco he da Companhia, ou delRey de Inglaterra, e respondendovos que sim, e affirmando que he de Inglaterra, e pedindovolo elle, o podereis largar, fazendo muito para que volo peça, e vos dê por escripto esta confissão, e dando elle, o largareis, e o mesmo fareis se disser que he Olandez, que tambem estão em Comorão; porem se huns e outros negarem que não he seu, o trareis represado e a fazenda posta a bom recado, como que se fosse de outra qualquer presa.

17. Se acaso o Doutor Gregorio Pereira Fidalgo tardar

1696 Março 20 alguns dias em vir para o Congo depois de chegar o tempo para partires para esta cidade, e que esta espera vos não dilate mais que quinze dias até hum mez, ou esperareis por elle, ou parecendovos deixar o almirante para este effeito, o fareis, considerando sempre que não correrá risco nesta detença.

18. Logo que chegares ao Congo remetereis ao Superintendente o maço que levaes para Pedro Bonifay, em Alepo, para que lho remeta logo pela via mais segura, e mandando embarcação ao dito Congo antes de vós chegares a elle, lho mandareis por ella. Goa 20 de março de 1696. — O Conde de Villa Verde.

Pazes entre o Samorim e o Estado feitas pelo Padre João Ribeiro, da Companhia de Jesus, sendo Vice Rey o Conde de Villa Verde

(Arch. da India, livro das Monções n.° 60, fol. 103.)

1696 Setembro 2 O Vice Rey concedeu ao Padre João Ribeiro os poderes necessarios para ajustar estas pazes em nome do Estado, e aos 27 de Agosto de 1696 partiu de Tanor para Calicut acompanhado dos Regedores, e quatorze Naires do Principe Ramorma; e depois de varios debates convieram as duas partes, aos 2 de Setembro do mesmo anno, nos capitulos e condições seguintes:

1.ª Que o Samorim entregaria ao Padre Portuguez de Calicut todos os Christãos, que se fizeram Mouros depois da ultima paz, e quaesquer outros que intentem fazel-o; e não consentiria que outros daqui em diante deixassem a lei dos Christãos pela lei dos Mouros; e bem assim mandaria entregar ao Padre todo o Christão que lhe elle pedir prezo.

2.ª Que daria em Calicut o chão, que parecesse accommodado para se fabricar Igreja de pedra e cal coberta de telha, com sua torre, e sino, e com cazas capazes de viver nellas o

Vigario e Feitor; o que tudo seria feito á custa do Samorim, que daria logo todo o necessario para fazer a dita obra. 1696 Setembro 2

3.ª Que o chão da Igreja seria couto, com todos os foros e privilegios costumados em tal caso.

4.ª Que não consentiria morar casta baixa junto da Igreja: que o governo do chão da igreja pertenceria aos Padres Vigarios, os quaes terião poder sobre os Christãos para fazerem justiça, conforme as leis da Christandade, sem dependencia de ninguem.

5.ª Que daria licença para se edificar a Igreja de Santo Antonio de Parullá; e confirmaria aos Christãos de S. Thomé todas as honras, e privilegios, que lhe concedera antigamente o Rey Xeraman Perumal.

6.ª Que não consentiria nas suas terras schismaticos, e obrigaria a todos os Christãos a que obedecessem ao Bispo; nem consentiria em algum tempo entre os Christãos de S. Thomé, que morassem nas suas terras, e nas dos seus vassallos, ser recebido Bispo, ou Prelado algum, que não viessem por ordem do Papa, e delRey de Portugal, e deste Estado, e do Arcebispo de Goa, e entrando outro algum nellas, o entregaria á pessoa que o Vice Rey da India mandasse.

7.ª Que daria licença em todo o seu Reino e senhorios, e de seus vassallos, para se prégar o Evangelho, e se poderem fazer Christãos de toda a sorte de gente e casta, sem que por esta causa fossem avexados, nem perdessem suas fazendas, das quaes disporião livremente como se costuma entre Christãos.

8.ª Que seria obrigado a dar o chão necessario para em qualquer parte de seus Reinos e senhorios, e de seus vassallos, se edificarem Igrejas, as quaes serião coutos do mesmo modo que se usa entre os Christãos; e os Padres que nellas estivessem terião poder sobre os Christãos para fazerem justiça conforme as leis da Christandade, sem lho contradizer ninguem.

9.ª Que mandaria pagar os ornamentos e imagens que se queimaram e roubaram á nossa Igreja, e satisfaria em parte

1696 Setembro 2 a perda que derão os Mouros aos Christãos de Calicut, quando lhes roubaram e queimaram as cazas; e ordenaria se lhes restituisse qualquer fato, ou alfaias, que se achassem ainda em ser.

10.ª Que restituiria á Igreja de Calicut o seu palmar; e assim ao Padre, como aos mais officiaes da feitoria confirmaria o privilegio antigo de assistirem á sua mão direita na Mamanga; e todos os mais privilegios e isenções que tinham antigamente.

11.ª Que daria livre passagem por suas terras aos Religiosos e Sacerdotes Portuguezes, ou vassallos do Estado, sem que pelo fato e roupa do seu uso, e de suas Igrejas fossem obrigados a pagar junção, nem consentiria que nas suas terras se lhes désse molestia.

12.ª Que de nenhum de seus portos se navegaria para Mascate, ou qualquer outro porto inimigo do Estado; nem as suas embarcações navegarião para parte alguma sem o nosso cartaz, e achando-se alguma sem elle, ou sem guardar as condições delle, seria tomada por perdida para a fazenda real.

13.ª Que seria obrigado o Samorim a entregar todos os nossos fugidos que fossem a suas terras; e deixaria fazer no seu Reino marinheiros para as nossas armadas, dando-lhes nós a paga que se lhes costuma dar nas suas terras.

14.ª Que nenhum dos parós de seus vassallos faria damno, ou hostilidade alguma por mar ou por terra aos vassallos do Estado; e seria obrigado o Rey Samorim aos castigar, fazendo elles o contrario, e a fazer se largassem as prezas, fazendas, ou embarcações aprezadas.

15.ª Que destas capitulações cumpriria o Samorim sem demora aquellas, a que logo se podesse dar inteiro cumprimento; e se depois de jurada a paz o dito Rey quebrasse algumas dellas, ficaria em todo quebrada a paz, e lhe poderiamos fazer todo o damno, e tomar todos os seus barcos, ainda que tivessem cartazes nossos.

16.ª Que o Padre Vigario de Calicut em falta do feitor daria expedição ao commercio dos portos do Samorim, e passaria cartazes a todas as suas embarcações, e de seus vassallos. 1696 Setembro 2

17.ª Estipula o modo da ratificação destas capitulações.

Foram escriptas em óla, segundo o costume da terra, que ainda hoje se observa, e depois escriptas em papel pelo Padre João Ribeiro, e por elle traduzidas em portuguez. Uma e outra copia foi remettida a Goa pelo Padre, mas a das olas perdeu-se, e só resta a que foi escripta em papel, com a sua traducção.

Capitulos com que se deferio a Hary Panta, Embaixador delRey de Sunda, nas propostas que fez ao Vice-Rey, Conde de Villa Verde

(Arch. da India, livro 1.º de Pazes, fol. 263.)

Por quanto ElRey de Sunda, Sadasiva Razendra enviou a este Estado por Embaixador a Hary Panta, pelo qual lhe pedio algumas conveniencias, e insinuou outras, que em consequencia lhe resultarão, foi servido o dito Ex.mo Senhor Vice Rey e capitão geral da India conceder-lhe as ditas propostas, e retificar a amizade, que já antecedentemente havia entre hum e outro Estado, com as condições, declarações, e limitações abaixo escriptas. 1697 Agosto 16

1. Com condição que o dito Rey de Sunda não mandará barco algum a Mascate a negociar, nem para outro qualquer effeito, nem em nome de algum de seus vassallos, nem consentirá em seus portos os ditos Arabios.

2. Com condição que o dito Rey de Sunda poderá ter nesta cidade de Goa huma caza, em que poderá vender a pimenta de suas terras somente, e não a que vem de Cochim, ou de outra qualquer parte, conduzida por outra qualquer pessoa, ou seja natural deste Estado, ou não, nem outrosy a poderá atravessar comprandoa para tornar a revender.

3. Com condição que de toda a pimenta, que o dito Rey

1697 Agosto 16 de Sunda meter nesta cidade, pagará 10 por cento de direitos, ou mais, se por regimento, ou uso e costume for devido, e querendo sacar alguma da dita pimenta desta cidade para fora, o poderá fazer sem pagar direitos alguns da sabida pelos já ter pago da entrada, porem para a dita pimenta ser isenta dos direitos da sabida, se deve entender que hade ser indo por conta e risco do mesmo Rey de Sunda, e em suas embarcações, e sendolhe necessario fretar algumas para a dita saca, se pedirá licença ao governo para o dito fretamento, e lhe será concedida com as condições que forem justas.

4. Com condição que de todo o outro qualquer genero, que o dito Rey de Sunda meter nesta cidade, pagará os direitos, que forem devidos, assim por regimento, como por uso e costume, e querendoas sacar para fora della, o poderá fazer na mesma forma que na primeira lhe he concedido.

5. Com condição que se não poderá vender a dita pimenta por menos peso que o do quintal e candil, e querendo venderse por menos peso, se avençará com o rendeiro da especiaria desta cidade.

6. Com condição que o juiz da alfandega fará em todos os generos, que o dito Rey de Sunda meter nesta cidade, aquelle favor que for possivel.

7. Com condição que assim da pimenta, como de outro qualquer genero, que o dito Rey de Sunda mandar ao porto desta cidade para se baldear em outras embarcações para hir para outro porto, pagará de baldeação a terça parte dos direitos, que havia de pagar, se ficasse nesta cidade, e para este effeito registarão logo os ditos generos em chegando ao porto desta cidade.

8. Com condição que visto como pela variedade dos annos se não pode ajustar certo preço por que se haja de vender a dita pimenta, que o dito Rey de Sunda a mandará vender com a conveniencia, com que sempre se vendeo nesta cidade, havendose sempre respeito no seu preço ao preço da pimenta de Cochim.

9. Com condição que o dito Rey de Sunda dará toda a madeira que for necessaria para este Estado pelos preços em

que na ribeira delle se avaliar, como se faz aos mercadores da madeira. 1697 Agosto 16

10. Com condição que o dito Rey de Sunda deixará levantar huma igreja na sua povoação, em que assiste, em a qual livremente, e com toda a segurança se possa dizer missa, e administrar a lei catholica publicamente, e assistir ao sacrificio divino toda a pessoa, a quem o sacerdote que residir na dita igreja o quizer permittir, de qualquer nação que seja, porem não fará força, ou violencia a pessoa alguma para o dito effeito.

11. Com condição que nenhum sacerdote, ou seja frade, ou clerigo, ou outrosy seus servidores pagarão juncões nas terras sujeitas ao dito Rey de Sunda, ou sejão suas proprias, ou as tenha para o arrendamento, mas antes fará dar toda ajuda, e bom tratamento aos ditos Religiosos, e seus servidores.

12. Com condição que o dito Rey de Sunda não tomará em nenhum caso por captivos os filhos dos christãos, que em suas terras viverem, ou morrerem, mas antes deixará livremente em suas liberdades.

13. Com condição que hum e outro Estado reciprocamente restituirão os escravos e soldados, que fugirem de hum Estado para o outro, e os que actualmente se acharem fugidos em qualquer dos ditos Estados, serão restituidos dentro em dous mezes depois do ajuste destes capitulos, sem que pela dita restituição se peça dinheiro, ou satisfação alguma, porem se as ditas pessoas nas terras, em que estiverem, deverem alguma cousa, não serão restituidos até com effeito pagarem o que estiverem a dever.

14. Com condição que poderá fabricar na ribeira desta cidade hum barco á sua custa, o qual será mercantil, de oito centos candis, e poderá levar as armas que forem necessarias para sua defesa, porem não será obrigado este Estado a largarlhe officiaes para a fabrica do dito barco, estando occupados em alguma embarcação propria, e largandoos, o dito Rey de Sunda lhe pagará os jornaes que ajustar com os ditos officiaes.

1697 Agosto 16 15. Com condição que o dito Rey de Sunda poderá mandar a esta cidade todos os mantimentos que quizer, e as manchuas em que elles vierem, se registarão em Angediva para constar serem do dito Rey, e de todas as que registar pagará ancoragens no dito porto, excepto de dez manchuas, que se dão livres em cada hum anno das ditas ancoragens de Angediva ao dito Rey de Sunda, constando serem suas.

16. Com condição que visto o dito Rey propôr quer ter parte na companhia geral deste Estado, entrando nella com 5:000 xerafins de principal, que o poderá fazer depois do ajuste das contas, que de proximo se fazem dos primeiros tres annos da dita companhia.

17. Com condição que arribando algum barco de qualquer dos Estados por causa de tormenta, ou por outra qualquer causa a qualquer das terras de hum ou de outro Estado, que hum e outro lhe fará toda a boa passagem, e dará toda ajuda e favor.

18. Com condição que o feitor, ou adgente, que por parte do dito Rey de Sunda assistir nesta cidade, feitorisando as fazendas do dito Rey, poderá ter em sua caza para sua defesa dez homens de armas, os quaes serão obrigados a registar perante o ouvidor geral do crime, e alem dos ditos homens poderão ter os serventes que lhe forem necessarios.

19. Com condição que a caza em que ouver de vender a dita pimenta, e mais generos, não será junto da igreja, nem em parte que prejudique a cidade.

20. Com condição que as manchuas, em que vierem os ditos mantimentos, não serão impedidos pelo juiz do terreiro, nem serão obrigados a meter os ditos mantimentos no terreiro, salvo em caso de muita necessidade, e em tal caso se pagarão pelo preço que valerem ao tal tempo.

21. Com condição que sendo devido ao dito feitor do dito Rey algum dinheiro, ou outro qualquer genero, se lhe dará toda a ajuda e favor para o arrecadar.

22. Com condição que nos passos desta ilha se não tomarão bazarucos aos serventes do dito Rey pelas suas pessoas, as quaes serão livres, sendo até vinte pessoas em cada anno,

e se pagarão as passagens das almadias, e não os bazarucos que cobrão os rendeiros, e o mesmo se guardará com os Portuguezes, que pelas terras de Sunda forem para Angediva. 1697 Agosto 16

23. Com condição que este Estado tomará debaixo de sua protecção ao dito Rey de Sunda, e sua familia e vassallos, para os recolherem nas suas terras, em caso que lhe seja preciso ampararse delle. Goa 16 de agosto de 1697. E não se duvidará no capitulo 23 (aliás 22) que está posta huma clausula. Goa 16 de agosto de 1697. O secretario Joseph da Silva e Gouvea a fiz escrever. — O Conde de Villa Verde.

Seguro ao Sar Dessay de Curale Qhema Saunto Bounsoló, e condições com que ha de gosar d'elle

(Arch. da India, livro 1.º de Pazes, fol. 259.)

PORTARIA DE SEGURO

Por quanto, tendo consideração aos serviços, zêlo e lealdade, com que o Sar Dessay Qhema Saunto tem servido a este Estado nas guerras que entre elle houve com o inimigo Sivagy, por cujo respeito foi sempre recebido debaixo da protecção delle, favorecido, e amparado como vassallo, e bom servidor, que confessa ser do Serenissimo Rey de Portugal, meu Senhor, e não obstante a alteração movida por meio dos accidentes da guerra, com que se tirou a vida a Pircan na extremadura das terras deste Estado, seguindo-se deste excesso a demonstração de ser privado das regalias de que gosava; e porque o tempo tem mostrado com cabal justificação que o seu animo não cooperou neste desatino, o qual procedera sómente do impulso, com que seguirão os seus soldados ao dito Capitão, que lhe era contrario, comprovando por todos os meios a fidelidade de sua lealdade nas repetidas instancias, com que tem procurado satisfazer a minha queixa, temperando proximamente esta com a mais confidente de- 1699 Setembro 2

1699 Setembro 2 monstração de mandar render a meus pés a seu estandarte, offerecendo-se com elle, e com todo o seu poder para tudo o de que o encarregar do serviço delRey, meu Senhor, conservação e defensa deste Estado; e por qué por todos estes requisitos se faz merecedor de que se ponha em perpetuo esquecimento a queixa do dito excesso, e seja novamente admittido debaixo da protecção deste Estado, o hey por restaurado a ella com todas as regalias de que gozava antes de succeder o dito caso, e lhe dou por esta portaria seguro de o amparar, e ajudar a defender dos inimigos Sivagis, Arabio, e Malavares, que lhe intentarem fazer guerra, ajudando-o contra elles assim por terra, como por mar, com gente, embarcações, petrechos de guerra, e juntamente polvora e balla, ficando desta regra exceptuado ElRey Mogor, por ser amigo deste Estado, contra o qual o dito Sar Dessay não poderá nunca ter acção de pretender se lhe dê deste Estado adjutorio; mas só sendo caso que os accidentes da guerra movida contra elle por seus inimigos, o obrigue a se retirar das terras em que vive para as deste Estado, seja nellas recebido com toda a sua gente e familia, e aquartellado nas de Bardez, aonde já antigamente esteve, e se lhe fará toda a boa passagem e tratamento, como a vassallo e bom servidor, que mostra ser, e tem sido delRey, meu Senhor, e como tal se admitte a esta graça, ficando obrigado a ajudar e a defender a este Estado de seus inimigos com toda a sua gente de guerra, paga á sua propria custa, reputando a tal guerra que a este Estado se fizer como propria, pelas consequencias dos prejuizos futuros, que juntamente se segue á conservação do dominio das suas terras, sem que nenhum accidente do tempo possa perturbar a sinceridade desta verdadeira, boa e firme confederação, e para que se guarde inviolavelmente o referido, fui servido de lhe mandar passar este seguro, por mim assignado e sellado com o sêllo das armas reaes da corôa de Portugal. Luiz de Albuquerque o fez em Goa a 2 de setembro de 1699. O secretario Antonio Coelho Guerreiro o fiz escrever.—Antonio Luiz Gonçalves da Camara Coutinho.

Condições que reciprocamente ha de guardar o Sar Dessay Qhema Saunto para haver de gosar das primicias do seguro, que lhe foi passado para debaixo d'elle viver, e ser restituido ao gremio dos bons servidores d'este Estado.

(Arch. da India, livro 1.º do Pazes, fol. 259.)

Por quanto, tem cessado os inconvenientes, que se offerecião para se não ter com os Bounsullós aquella correspondencia, que os habilitavão de confidentes para com este Estado na conformidade que fica expressado em huma portaria de seguro, que lhe mandei passar, e para que este em tudo tenha inteiro vigor, se amplia e ratifica novamente com as clausulas seguintes: 1699 Setembro 2

1. Item, que será obrigado o Sar Dessay Qhema Saunto a dar commercio franco a todos os vassallos deste Estado, que o forem, ou mandarem fazer ás suas terras, sem que de nenhum se faça excepção com o pretexto de alguns aggravos passados, que delles tenhão os Bounssulós recebido, os quaes se reputarão por extinguidos pondo-se nelles perpetuo esquecimento, e a franqueza desta condição ficará tambem sendo reciproca neste Estado para com os ditos Bounssulós.

2. Item, que será outrosim obrigado o dito Sar Dessay a mandar entregar todos os soldados, que deste Estado se tiverem ausentado para as suas terras, e todos os mais que ao diante fugirem para ellas, como tambem os cafres, que forem captivos, e tanto estes como os ditos soldados mandará prender onde quer que forem achados, e os remetterá com segurança a este Estado debaixo do seu patrocinio, para por meio delle lhe ser perdoado o crime que commetterão em se ausentarem, e esta mesma disposição se observará neste Estado para com os soldados e lascarins do dito Sar Dessay se ausentarem para este, e só ficarão exceptuados os que por sua livre vontade se fizerem christãos sem constrangimento algum.

1699 Setembro 2

3. Item, que ao Dessay de Bicholim Ramogy Ráo, e a seu Bragmane Ápagy Sinay mandará o Sar Dessay Qhema Saunto entregar tudo o que possuia em tempo dos Governadores de Pondá Sarbascan e Raflcan, sem que para haver de possuir os bens que lhe tocão, haja de ser obrigado e constrangido a viver nas suas terras, por quanto o dito Ramagy Ráo está com assento e domicilio nas deste Estado onde teve o seu nascimento, e está admittido e reputado por vassallo delle, cujas circumstancias o habilitão para a possessão desta graça, sociedade da concordia e boa amisade que o dito Sar Dessay deve com elle ter.

4. Item, que por quanto neste Estado se achão prohibidos os Rupias, que se fazem em Bicholim, assim por se lhe deitar liga na prata, como por serem faltos de peso, se adverte que todos os que passarem com este vicio das ditas terras de Bicholim para este Estado, se hão de tomar por perdidos, e só serão admittidos os que se fabricarem com o peso e limpeza de prata, com que se obrão os que são feitos em Surrate.

5. Finalmente se estabelecem e concluem estas condições com a de que será obrigado o dito Sar Dessay a retifical-as debaixo de seu signal com boa, sincera e verdadeira fé, compromettendo-se em as guardar inviolavelmente, para que lhe seja valido o seguro, que por portaria minha lhe mandei dar e por meio delle amparado, e favorecido, e admittido debaixo da protecção deste Estado, e capazes os vassallos delle de se communicar com honesta affeição com os Bounssulós, aos quaes se não fará damno, prejuizo, ou hostilidade nenhum; nem se dará permissão, ou tacito consentimento aos Dessays que residirem nas terras deste Estado para que nas dos ditos Bounssulós vão commetter algum excesso; e para maior validade do referido debaixo das clausulas insertas nas ditas condições, as mandei reduzir a este tratado, que vae por mim assignado e sellado com o sêllo das Armas Reaes da Corôa de Portugal. Filippe de Albuquerque o fez em Goa a 2 de Setembro de 1699. O secretario Antonio Coelho Guerreiro o fiz escrever.—Antonio Luiz Gonçalves da Camara Coutinho.

Ratificação que fez o Dessay Qhema Saunto, pela qual se obriga a guardar as condições acima referidas

(Arch. da India, livro 1.º de Pazes, fol. 259.)

Por quanto, a benevola generosidade com que o Vice Rey Antonio Luiz Gonçalves da Camara Coutinho me tem restituido e admittido por bom servidor do Serenissimo Rey de Portugal, reconhecendo a lealdade com que sempre servi a este Estado, e não ter incorrido em culpa por onde merecesse ser privado de sua protecção, por este me obrigo a cumprir as condições acima, e atraz escriptas, e na mesma conformidade todas as mais que se contem no seguro, que o Senhor Vice Rey me mandou passar, mostrando na observancia dellas o bom animo, com que o procurei, para que em todo o tempo me seja sempre propicia a graça e protecção do dito Senhor, o que tudo retifico debaixo do meu sêllo e signal com a firme confiança de que em nenhum tempo serão por mim derogadas, etc.—Com o sêllo e signal do dito Qhema Saunto. 1699 Setembro 2

A qual rectificação veio escripta na linguagem do dito Sar Dessay, que foi traduzida pelo lingua do Estado na fórma que fica escripta neste livro. Panelym 2 de Novembro de 1699.—Antonio Coelho Guerreiro.

FIM DO TOMO IV

INDICE

DOS

DOCUMENTOS CONTIDOS N'ESTE TOMO